schuh_tick._

Von kalten Füßen und heißen Sohlen

Hartmut Roder
LWL-Museum für Archäologie, Westfälisches Landesmuseum Herne
Reiss-Engelhorn-Museen Mannheim
Überseemuseum Bremen
(Hrsg.)

schuh*tick.*

Von kalten Füßen und heißen Sohlen

Verlag Philipp von Zabern • Mainz am Rhein

Inhalt

Leihgeber

Assen (Niederlande), Drents Museum I Bad Homburg, Archäologischer Park Saalburg I Beckenried (Schweiz), Galerie Ruf AG I Berg 2, Zahm Collection I Berlin, Deutsche Kinemathek, Museum für Film & Fernsehen, Marlene Dietrich Collection I Berlin, Staatliche Museen zu Berlin, Ethnologisches Museum I Berlin, Staatliche Museen zu Berlin, Antikensammlung I Bocholt, Archäologische Arbeitsgruppe I Bonn, Rheinische Friedrich-Wilhelms Universität , Antikensammlung I Bozen (Italien), Reinhold Messner I Bozen (Italien), Südtiroler Landesmuseum, Südtiroler Archäologiemuseum I Budapest (Ungarn), Zita Attalai I Dithmarschen, Claus Debusman I Dortmund, LWL-Industriemuseum, Westfälisches Landesmuseum für Industriekultur I Düsseldorf, Garant-Schuh+ Mode AG, Schuhmuseum I Elsendorf, Marcus Junkelmann I Eupen (Belgien), Detlef Moritz Abebe I Florenz (Italien), Museo Salvatore Ferragamo I Gaienhofen-Hemmenhofen, Regierungspräsidium Stuttgart, Abt. 11-Landesamt für Denkmalpflege, Ref. 115-Feuchtbodenarchäologie I Gütersloh, Eduard Falkenreck I Halle, Marienbibliothek I Halle, Burg Giebichenstein I Hallein (Österreich), Keltenmuseum I Hamburg, Museum für Kunst und Gewerbe I Hattingen, LWL-Industriemuseum, Westfälisches Industriemuseum, Henrichshütte in Hattingen I Hauenstein, Deutsches Schuhmuseum, Museum für Schuhproduktion und Industriegeschichte I Holzminden, Karl-Heinz Blume, Manfred Blume I Höxter, Stadtarchäologie I Ingolstadt, Bayerisches Armeemuseum I Köln, Deutsches Sport & Olympia Museum I Köln, Römisch-Germanisches Museum I Le Creusot (Frankreich), Gildas Gaonac´h I Mainz, Römisch-Germanisches Zentralmuseum I Waalwijk (Niederlande), Nederlands Leder en Schoenen Museum I Mülheim a. d. Ruhr, Salzgitter Mannesmann GmbH, Mannesmannröhren-Werke GmbH, Mannesmann-Archiv I München, Bayerisches Nationalmuseum I Münster, Gilla Cardaun I Münster, LWL-Archäologie für Westfalen I Münster, LWL-Museum für Naturkunde, Westfälisches Landesmuseum mit Planetarium I Oberhausen, Rheinisches Industriemuseum I Offenbach, Monica Golla I Offenbach, Deutsches Ledermuseum, Schuhmuseum I Paris (Frankreich), Musée du Louvre I Peine, Dr. Heinrich Peyers I Pirmasens, Museum und Archiv I Ratingen, Rheinisches Industriemuseum I Schleswig, Stiftung Schleswig-Holsteinische Landesmuseen Schloss Gottorf, Wikinger Museum Haithabu I Steinau-Ürzell, Hans Lappius I Stuttgart, Landesmuseum Württemberg I Telgte, Museum Heimathaus Münsterland, Krippenmuseum I Trittau, Dr. Ursula Strate I Ulm, Stiftung Donauschwäbisches Zentralmuseum I Vasles (Frankreich), Michel Sancé I Vettelschoß, Birkenstock Orthopädie GmbH & Co. KG I Wien (Österreich), Schloß Schönbrunn I Wien (Österreich), Waris Dirie, Media Pros Handels GmbH I Wuppertal, Von der Heydt-Museum

Vorwort

„Großer Geist, bewahre mich davor, über einen Menschen zu urteilen, ehe ich nicht eine Meile in seinen Mokassins gegangen bin."
(Indianerweisheit)

Wir tragen sie täglich. Sie schützen und schmücken uns. Und sie zeigen, wo und wie wir leben und wer wir sind: Schuhe! Doch wann hat der Mensch die Schuhe erfunden und wie hat er sie über Tausende von Jahren weiterentwickelt? Was haben mittelalterliche Schnabelschuhe mit der Manneskraft ihres Trägers zu tun? Wie fühlt sich rohes Schuhleder an? Und warum sang Elvis Presley über blaue Wildlederschuhe?

Um diese und viele andere spannende Fragen zu beantworten, haben sich das LWL-Museum für Archäologie, Westfälisches Landesmuseum in Herne, das Überseemuseum Bremen und die Reiss-Engelhorn-Museen Mannheim zu einem interdisziplinären Kooperationsprojekt zusammengeschlossen: „**schuh***tick*. Von kalten Füßen und heißen Sohlen" ist das Resultat einer fruchtbaren und engagierten Zusammenarbeit eines Teams von Archäologinnen, Historikern, Kulturwissenschaftlerinnen und Naturwissenschaftlern unserer drei Häuser. In dieser internationalen Sonderausstellung präsentieren wir über 400 archäologische, kulturhistorische und ethnologische Kostbarkeiten zum Teil erstmals der Öffentlichkeit.

Vom ersten Fußschutz der Menschen über römische Militärsandalen bis zum Designerschuh erzählt **schuh***tick* von Schuhgeschichte(n) durch alle Zeiten und über die Kontinente hinweg. In riesigen, begehbaren Schuhkartons eröffnen wir unseren Besucherinnen und Besuchern neue und überraschende Sichtweisen auf das vermeintlich so alltägliche Kleidungsstück. Um einen Laufsteg herum geben prominente Persönlichkeiten wie Marlene Dietrich und Reinhold Messner ihre ganz eigene Schuhgeschichte preis. In ihrer Mitte kann jeder selbst einmal ausprobieren, wie es sich etwa in mittelalterlichen Trippen oder auf High Heels läuft.

Als Veranstalter von **schuh***tick* möchten wir allen Beteiligten, die mit vollem Einsatz und großem Engagement zum Gelingen dieser ganz besonderen Ausstellung beigetragen haben, unseren herzlichsten Dank aussprechen. Ganz besonders danken wir den über 60 nationalen und internationalen Leihgebern, die ihre oftmals sehr kostbaren und einzigartigen Objekte für die lange Ausstellungsdauer von **schuh***tick* zur Verfügung gestellt haben. Dem Hauptsponsor des Projektes gilt unser Dank, der Ludwig Görtz GmbH aus Hamburg, sowie der LLoyd Shoes GmbH Co. KG und den zahlreichen lokalen Förderern, die den **schuh***tick* in sehr großzügiger Weise unterstützt haben.

Eine Ausstellung dieses großen Exponatumfangs auf die Reise zu schicken, bedarf eines erheblichen organisatorischen und finanziellen Aufwandes. Hier hat sich die hervorragende wissenschaftliche, organisatorische und verwaltungstechnische Zusammenarbeit der drei Kooperationspartner sehr bewährt.

Allen Besucherinnen und Besuchern des schuh*ticks* sowie allen Leserinnen und Lesern dieses Kataloges wünschen wir nunmehr viel Freude bei ihrer ganz persönlichen Entdeckungsreise durch viele tausend Jahre Schuhgeschichte.

Dr. Barbara Rüschoff-Thale, Landesrätin für Kultur des Landschaftsverbandes Westfalen-Lippe (LWL)
Prof. Dr. Wiebke Ahrndt, Direktorin des Überseemuseums Bremen
Dr. Alfried Wieczorek, Direktor der Reiss-Engelhorn-Museen Mannheim

LWL
Für die Menschen.
Für Westfalen-Lippe.

völker, handel und natur
übersee museum bremen

rem
Reiss-Engelhorn-Museen

Schuhtick – Eine geheimnisvolle Seite unseres Lebens

Hartmut Roder

Weltweit wurden im Jahre 2006 14 Milliarden Paar Schuhe hergestellt bei einer Bevölkerung von ca. 6,5 Milliarden Menschen. Jeder Deutsche kauft sich durchschnittlich im Jahr drei bis fünf Paar neue Schuhe. Schuhe bzw. Fußbekleidung sind für Jung und Alt elementare Güter des Lebens und manchmal des Überlebens. Sie weisen als Modeartikel bzw. Konsumgüter mit längerer Haltbarkeit einen großen Verschleiß auf und unterliegen einem ständigen Erneuerungsbedarf. Sie sind allein als Schutz für unsere Füße aus unserem alltäglichen Leben ebenso wenig wegzudenken wie Brot, Kartoffeln und Käse für unsere Ernährung oder Hose und Hemd für unsere täglich Bekleidung. Kaum ein anderes Kleidungsstück hat so zahlreiche Spuren hinterlassen und ist mit so vielen Zeichen, Botschaften und Emotionen behaftet wie der Schuh – und dies in Geschichte und Gegenwart. Allein die Frage danach, wie viele Stunden in der Woche jeder Mensch in seinen Schuhen steckt, zeigt die immense Bedeutung dieses Kleidungsstückes. Form, Farbe, Material, Verarbeitung, Design wie auch Wertschätzung und Preis erzählen vom Leben ihrer Trägerinnen und Träger. Im Volksmund heißt es ja, dass die Wahrheit über einen Menschen an seinen Schuhen abzulesen sei: sein Charakter, sein Status, seine mitmenschlichen Tugenden, seine Vorlieben und Abneigungen usw. Frisur, Oberbekleidung oder Make-up lassen sich immer wieder korrigieren und erneuern, die Schuhe lügen selten. Ob mit hochhackigen Pumps oder mit selbstgebauten Sandalen aus Gummireifen – unsere gesellschaftliche Stellung, unsere Lebensart, unsere Einstellungen wie auch unsere Wünsche drücken sich in unserer Fußbekleidung aus. Daher sind Schuhe in unserem Alltag für jeden von uns nicht nur eine ständige Aufforderung zu signalisieren: so bin ich bzw. so möchte ich gerne sein und somit ein Objekt der Begierde ersten Ranges, sondern auch ein permanentes Thema in Familie, unter Freundinnen und bei unzähligen Haushaltsberatungen.

Die Ausstellung „**schuh***tick*. Von kalten Füßen und heißen Sohlen" wie auch die gleichnamige Publikation wollen unseren Schuhen wie auch denen unserer Vorfahren und natürlich deren Trägerinnen und Trägern ihre Geheimnisse entlocken. Sie wollen neue und ungewohnte Sichtweisen auf ein vermeintlich vertrautes Kleidungsstück eröffnen. Als interdisziplinäres Projekt galt es, über einen Zeitraum von mehreren tausend Jahren sowohl die biologischen Voraussetzungen und die produktionstechnischen Besonderheiten des menschlichen Schuhwerks wie auch die kunst- und kulturwissenschaftlichen Überlegungen dazu in den Mittelpunkt der Ausstellung und der wissenschaftlichen Beschäftigung zu stellen.

Dabei sollte der Titel **schuh***tick* keinesfalls nur als leichte Provokation angesehen werden. Dass Schuhe ein besonders attraktives Fluidum und Flair verbreiten, welches gewöhnlich auch mit einer hohen Aufmerksamkeit und einem speziellen Kaufverlangen verbunden ist, gilt als hinlänglich bewiesen. Dass diese als „Tick“ bezeichnete spezielle Aufforderung, emotionale Anmutung oder innere Unruhe mit anschließenden Glücksgefühlen mehr bei Frauen als bei Männern zu beobachten ist, überrascht keineswegs. Dass Frauen evolutionsbiologisch seit der Steinzeit eher Sammlerinnen und Männer Jäger sind, drückt sich ganz offensichtlich schon in der unterschiedlichen Anzahl von Schuhen aus, die Frauen bzw. Männer jeweils für notwendig erachten. Während jede fünfte Frau in Deutschland mehr als 20 Paar Schuhe in ihrem Schrank verwahrt, verfügt lediglich jeder 25ste Mann über eine ebenso große Menge. Auch weiß der Branchenbericht 2006 über „Bekleidung, Schuhe und Lederwaren“ zu berichten, dass ein Schuhkauf immerhin 66 % aller Frauen Freude bereitet, bei den Männern stellt sich dieses Gefühl lediglich bei 39 % ein. Dabei konnte sich dieser geschlechtsspezifische Tick erst so richtig in der Optionsgesellschaft des Massenkonsums entfalten, in der das Einkaufen nicht mehr der Linderung lebenswichtiger Bedürfnisse dient, sondern in dem das „Shoppen“ selbst zur Hauptfreizeitbeschäftigung geworden ist. Denn in der Überflussgesellschaft der Gegenwart braucht niemand wirklich fünf oder zehn Paar Schuhe im Jahr, es sein denn: die durch Mode und Werbung mobilisierten „Schuhsüchtigen“ müssen sich durch neue Schuhe in Szene setzen bzw. in verschiedenen Lebensrollen und -weisen präsentieren. Um in unserer schnelllebigen Konsumgesellschaft bloß nichts zu verpassen, sind Impuls- und Schnellkäufe zudem an der Tagesordnung; denn um das Leben hier und jetzt zu genießen, sollte – so suggerieren die Werbebotschaften – ja alles möglichst sofort erreichbar sein. Dabei besitzen Schuhe ein besonders hohes emotionales Gebrauchswertversprechen. Die Anziehungskraft eines glatten und makellosen Schuhes, auf dessen Absatz fast jeder Höhenflug möglich erscheint, zieht Träger wie Betrachter in ihren Bann, verspricht ein intensives sinnliches Erlebnis. Dabei muss hier nicht auf die erotischen Dimensionen dieses Anblicks näher eingegangen werden, wie sie Sigmund Freud in seinem Aufsatz über Fetischismus beschrieben hat. Mit sicherem Schritt, Anmut und Eleganz die Kollegen, den Ehemann oder die Straße zu überraschen, macht nicht nur Spaß, sondern vermittelt jeder Erscheinung auch zumindest eine punktuelle Überlegenheit. Dieser Kick stellt sich ja nicht nur bei Schuhen ein, sondern wird auch vermittelt durch Kleidung im Allgemeinen oder durch Schmuck (bei weiblichen Wesen), durch technisches Gerät (bei Männern) und auch schon bei Kindern und Jugendlichen durch spezielle Outfits und Computersoftware. Haben also die meisten Menschen somit quasi von Natur aus eine besondere affektive Beziehung zu Schuhen und kompensieren gelegentlich unangenehme Gefühle oder simple Langeweile durch deren Kauf, so sollte dieses Verhalten trotz vieler Überschneidungen und fließender Übergänge nicht mit der Kaufsucht als Zwangsstörung (Oniomanie) gleichgestellt werden.

Denn bei der Kaufsucht besteht ein innerer Zwang, kaufen zu müssen, eine ständige Wiederholung der Kaufhandlung sowie ein Kontrollverlust des eigenen Verhaltens, gepaart mit spürbaren Entzugserscheinungen. Um negative Gefühle wie Ärger und Stress abzubauen, die tägliche Langeweile zu besiegen, sich als Trost und Belohnung etwas zu gönnen und vornehmlich in materiellen Dingen soziale Anerkennung und Zuneigung anderer zu finden, wird bei Kaufsüchtigen die Kaufhandlung selbst zum unwiderstehlichen Drang. Sie wirkt sowohl beruhigend als auch stimulierend. Das in Anfällen auftretende Kaufen versetzt den Kaufsüchtigen in seiner Jagd nach dem Glück in eine Hochstimmung und öffnet ihm ein Ventil für viele elementare Bedürfnisse. Endlich stellt sich die Überzeugung ein: „Ich bin etwas wert“ oder „Ich darf etwas kosten“ – wenn auch nur kurzfristig bis zur nächsten Attacke. In unserer Konsumgesellschaft ist das Kaufen selbst ja fast schon zur ersten Bürgerpflicht und eine Art von kontrollierter Kaufsucht zur Normalität geworden und diese allgegenwärtige symbolische Überhöhung erleichtert den Übergang zu einem süchtigen Verhalten gewaltig. Die zunehmende Unüberschaubarkeit der Warenwelt und ihre Ästhetisierung in Verbindung mit einem immensen Werbedruck stellen für Süchtige ein ebenso günstiges und sozial akzeptiertes Umfeld bereit wie die Möglichkeit der Nutzung von Konsumentenkrediten oder virtuellen Zahlungsmitteln. Während in den Vereinigten Staaten der Kaufsucht zunehmend pharmakologisch mit Antidepressiva begegnet wird, fokussiert die europäische Therapie eher auf Autonomie und Selbstwertgefühl stärkende Verhaltenstherapie und soziale Hilfen zur Bewältigung der sich anhäufenden Schulden.[1]

Auf dem jahrtausendealten und äußerst aspektreichen Schuh-Feld bewegen sich sowohl die Ausstellung **schuh***tick* als auch dieses Begleitbuch. Schuhe in Material und Handwerk, als Lebens- und Überlebensmittel, als Modeartikel, in vielfältigen gesellschaftlichen Bedeutungen von Status und Macht, Sinnlichkeit und Erotik, Glaube und Glück sowie als Themen in Kunst und Literatur sind daher Gegenstand dieser Darstellung. Verbunden mit den speziellen Schuh-Geschichten ihrer Trägerinnen und Träger wollen die Autoren nicht nur einen weiteren Beweis für die elementare existenzielle und affektive Bedeutung von Schuhen in unserem menschlichen Gemeinwesen liefern. Sie sind durch die Ausleuchtung so manchen schuhlichen Geheimnisses bestrebt, den Liebhabern von Sandalen, Ballerinas, Säuglingsschuhwerk, High Heels, Sneakers oder gar verruchtem Fetisch-Schuhwerk tiefere Einblicke zu ermöglichen und weitere Anregungen zu geben. Schuhe beeinflussten unser Leben und dessen Ausbreitung über den Globus von Anbeginn und werden es weiterhin fundamentieren. Und schließlich – was der französische Designer Roger Vivier über seine Erfindung, den Stiletto, bemerkte, sollte für alle Sohlen- oder Absatzträger gelten: „Ein Schuh soll beflügeln, uns in die Lüfte heben. Wer erst einmal auf Wolken geht, der wird auch andere Träume wahrmachen".

Anmerkung

[1] Da fast jeder Nutzer der Massenkonsumgesellschaft unweigerlich betroffen bzw. mehr oder weniger gefährdet ist, kann eine individuelle Selbstbeobachtung erste Hinweise auf den eigenen Kauf-Typ erbringen: Nur-Konsument, Tiqueur oder schon Süchtiger – das ist hier die Frage. Im Internet, z. B. unter www.kaufsucht.org, kann jeder in einem kleinen Selbsttest sein Verhalten überprüfen.

schuh*tick.*
Auf Siebenmeilenstiefeln durch die Ausstellung

Andrea Müller

Schuhe zwischen Alltag und Faszination

Wir stehen und gehen täglich in ihnen. Wir umrunden in ihnen durchschnittlich viermal im Leben die Erde. Sie tragen uns durchs Leben, sie geben uns ein Gefühl von Geborgenheit, sie quälen uns, sie sind Spiegel unserer Persönlichkeit: Schuhe – ein Gegenstand, der die Welt am Laufen hält. Kaum ein anderes Kleidungsstück hat so zahlreiche Spuren hinterlassen und ist mit so vielen Zeichen und Botschaften behaftet wie der Schuh. Formen, Farben, Material, Verarbeitung, Gebrauchsspuren und Design von Schuhen erzählen vom Leben ihrer Trägerinnen und Träger. Die Ausstellung „**schuh***tick.* Von kalten Füßen und heißen Sohlen" beleuchtet aus unterschiedlichen Perspektiven das Thema der Fußbekleidung. Unter thematischem, chronologischem, regionalem oder funktionalem Blickwinkel präsentiert sich ein alltägliches Objekt auf immer neue und andere Art und Weise dem Besucher.

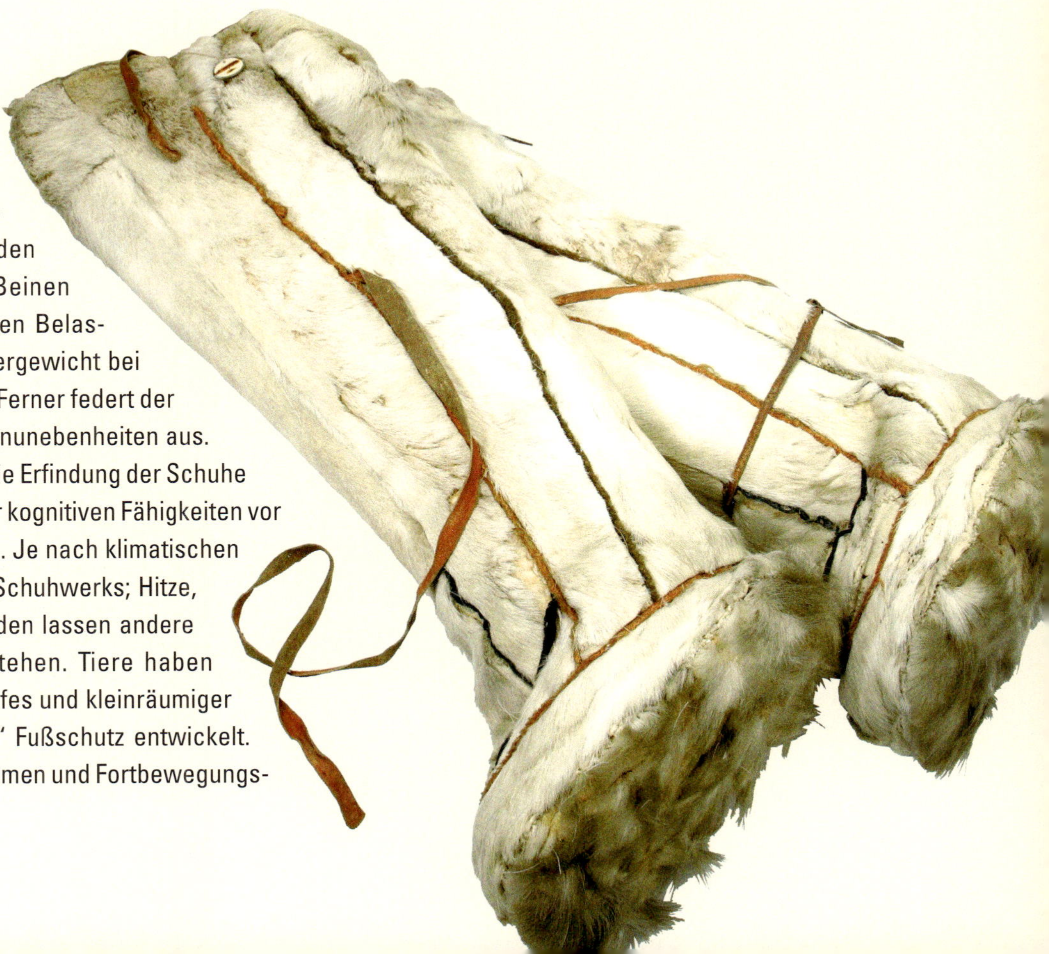

Fellstiefel aus Sibirien, Überseemuseum Bremen

Auftritt Schuhe

Die permanente zweibeinige Fortbewegung ist kennzeichnend für den Menschen; andere Säugetiere sind Tetrapoden oder bewegen sich hüpfend auf zwei Beinen vorwärts. Der menschliche Fuß ist großen Belastungen ausgesetzt, da das gesamte Körpergewicht bei der Gehbewegung auf einem Ballen liegt. Ferner federt der Fuß Erschütterungen ab und gleicht Bodenunebenheiten aus. Diese Belastungen mögen Triebfeder für die Erfindung der Schuhe gewesen sein, die der Mensch dank seiner kognitiven Fähigkeiten vor Jahrtausenden als Fußschutz entwickelte. Je nach klimatischen Bedingungen variiert das Aussehen des Schuhwerks; Hitze, Kälte, Feuchtigkeit oder unwegsamer Boden lassen andere Anforderungen an den Fußschutz entstehen. Tiere haben aufgrund eines längeren Evolutionsvorlaufes und kleinräumiger Biotopanforderungen einen „natürlichen" Fußschutz entwickelt. Der Mensch hat ähnliche Schutzmechanismen und Fortbewegungsprinzipien entworfen: Sandalen mit breiter Sohle eignen sich für die Fortbewegung im heißen Wüstensand, so wie das Kamel dank seiner breiten Hufe nicht in den feinen Untergrund einsinkt. Während der Schneehase mit Hilfe einer üppigen Behaarung an seinen Pfoten, die gleichzeitig wie Schneeschuhe wirken, der eisigen Kälte trotzt, haben sich hohe Fellstiefel als ideale Schuhform für den Menschen erwiesen.

Der Schuh als Statussymbol und Kultobjekt

Als zentrales Element gestalten vier überdimensionale Schuhkartons die Ausstellung. Sie sind begehbare Ausstellungsräume, in denen der Besucher erfährt, dass Schuhe nicht nur ein funktionales und schmückendes Kleidungsstück sind, sondern darüber hinaus Statussymbol, Kultobjekt, Glücksbringer, Fetisch, Designprodukt oder Kunstwerk.

Status und Macht

Keine Schuhe zu besitzen, gilt als Ausdruck von niederer Herkunft oder Armut. In der Römischen Antike mussten die meisten Sklaven barfuß gehen, dies unterschied sie von den freien Bürgern. Bis zur Mitte des 20. Jahrhunderts war es in Europa durchaus üblich, dass Kinder im Sommer barfuß liefen, da auf das für den Winter benötigte Schuhwerk gespart wurde.
Fußbekleidung ist mit Luxus und Prestige verknüpft. Form, Material, Farbe und Verzierungen von Schuhen geben Auskunft über den gesellschaftlichen Rang und über die Zugehörigkeit zu bestimmten sozialen Gruppen. Edle Materialien oder kostbare Verzierungen wie Schnallen oder Edelsteine zeigten eine privilegierte Herkunft an. Hohe Absätze wie sie im Barock üblich waren oder die Stelzschuhe der vornehmen Mandschu-Frauen erhöhten nicht nur die Gestalt, sondern veränderten auch den Gang, indem sie z. B. ein würdevolles Schreiten erforderten. Gern wurden die Schuhmoden der höfischen Gesellschaft von den unteren Ständen übernommen. Aus diesem Grund gab es immer wieder Kleiderverordnungen, die das Aussehen der Fußbekleidung reglementierten. Insbesondere die Farbe der Schuhe betreffend gab es genaue Vorschriften. Das Tragen von roten Schuhen war im Antiken Rom den Patriziern vorbehalten und im Mittelalter übernahm der Papst dieses Privileg. Im 17./18. Jahrhundert war es in Frankreich nur den Angehörigen des Hofes erlaubt, rote Absätze an ihren Schuhen zu tragen. Heute hat sich der französische Designer Christian Louboutin dieses exklusive Merkmal als Markenzeichen auserkoren und seine Kollektionen mit roten Schuhsohlen verziert. Im Zeitalter der Produktpiraterie sind Billigkopien für einen Bruchteil des Preises von echten *Louboutins* zu haben.

In der Moderne wandern Moden in der Gesellschaft nicht nur von oben nach unten, sondern auch in die entgegengesetzte Richtung. So besitzen einige Schuhmodelle Kultstatus und haben sich zu Statussymbolen entwickelt, die ursprünglich aus ganz anderen Zusammenhängen stammten. Der originär als bequemer und solider Arbeiterschuh konzipierte *Doc Martens* wurde zum Kennzeichen der englischen Skinheads und später zum Symbol der Punkbewegung. Als Ikone verschiedener

gegenüberliegende Seite
Stiefel aus Asien,
Überseemuseum Bremen

Subkulturen hat es dieser Schuh geschafft, als hipper Modeschuh seit Jahren im Trend zu bleiben. Eine ähnliche Entwicklung erlebte der Sportschuh – heute auch *Sneaker* genannt –, der seine Karriere als halbhoher Turnschuh zu Beginn des 20. Jahrhunderts begann und in den 1950er Jahren durch prominente Träger wie James Dean oder Elvis Presley den Ruf des Rebellenschuhs erwarb. Seit dieser Zeit ist er aus dem täglichen Straßenbild nicht mehr wegzudenken.

Der Stiefel ist die typische Fußkleidung der Soldaten und besitzt eine dominante und militärische Assoziation. Das richtige Schuhwerk konnte kriegsentscheidend sein, denn fußgerechte Kleidung war für lange Märsche mit schwerem Gepäck bei widriger Witterung überlebenswichtig. Insbesondere der englische General Wellington (1769–1852) widmete der Fußbekleidung seines Heeres große Aufmerksamkeit. Der klassische englische Gummistiefel trägt bis heute die Bezeichnung *Wellington* bzw. *Wellie*.

Sinnlichkeit und Erotik

Je nach Kultur und Epoche variierten das Schönheitsideal und die sexuelle Attraktivität von bestimmten Körperpartien und zielten sowohl auf den Fuß als auch den Schuh. Insbesondere im 18. Jahrhundert galt der Anblick eines unbedeckten, weiblichen Fußknöchels als höchst erotisch. Dennoch, oder vielleicht gerade deswegen, ließen die Damen gerne ihre zarten Pantöffelchen unter langen Kleidersäumen hervorblitzen. Schönheitsvorstellungen im Biedermeier favorisierten den kleinen, schmalen Frauenfuß in zarten Stiefeletten. Auch in China galt jahrhundertelang der winzige, zierliche Damenfuß als weit verbreitetes Schönheitsideal, dem durch Fußdeformation nachgeholfen wurde. Hierzu wurden seit dem 10. Jahrhundert adeligen Mädchen im Alter zwischen vier bis acht Jahren die Füße eingebunden und verformt, um diese am Wachstum zu hindern. Je kleiner der Fuß, desto besser die Heiratschancen.

Dabei war das Ziel der Goldene Lotos: eine Fußlänge von 7,5 cm. Im 19. Jahrhundert pflegten weite Bevölkerungsschichten die Prozedur des Füßebindens. Seit der Gründung der chinesischen Republik stand dieses Verfahren unter Strafe.

Manche Schuhe unterstreichen die Wirkung der Füße und machen sie zu einem erotischen Blickfang. High Heels, Lackstiefeletten zum Schnüren, federverzierte Pantöffelchen, Overknee-Stiefel oder Pumps mit Fesselband – die Übergänge zwischen sinnlichen und erotischen Schuhen oder Schuhen mit Fetischcharakter sind fließend. Aber nicht nur der Anblick, sondern auch die Körperhaltung trägt zur erotischen Anziehung von Schuhen bei. Durch hohe Absätze erhält das Bein eine muskulösere Kontur und wirkt länger. Parallel dazu kippt das Becken nach vorne und der ganze Oberkörper muss sich aufrichten. Ein gekonntes Gehen in High Heels verlangt nach einer Gewichtsverlagerung von einem Bein auf das andere, was einen besonderen Hüftschwung hervorruft.
Auch unter den Herrenschuhen gibt es verschiedene Schuhtypen, die die männliche Attraktivität unterstreichen sollen: Mittelalterliche Schnabelschuhe reizten zum Vergleich mit dem männlichen Geschlechtsteil und der auffallende zweifarbige Herrenschuh der 1920er Jahre, der sogenannte *Spectator*, ging als typischer Dandy-Schuh in die Geschichte ein.

Glaube und Glück

Mehr als jedes andere Kleidungsstück formen wir Schuhe nach unserem eigenen Körper und hinterlassen unseren Körpergeruch in ihnen. Sie sind unsere täglichen Begleiter, sie erden unseren Gang und schützen unsere Füße bei jedem Schritt vor Verletzungen und anderem Unheil. Diese Aspekte sind vermutlich Grund dafür, dass Schuhe weithin im Volksglauben eine große Rolle spielen und mit besonderer Bedeutung belegt sind. Sie gelten als Glücksbringer, darauf deuten auch zahlreiche Amulette und Schmuckstücke in Schuhform hin. Der gängige Brauch, die ersten Schuhe des Kindes aufzubewahren, sollte das Kind vor frühzeitigem Tod schützen. Die Eltern ließen diese Erstlingsschuhe häufig galvanisieren und hängten sie später als Talisman beispielsweise ins

Chinesisches Ehepaar,
Historisches Bildarchiv
Überseemuseum Bremen

Schuhe für den Lotos-Fuß,
Überseemuseum Bremen

Auto. Auf chinesischen Kinderschuhen findet man bis heute Verzierungen mit dem Tierkreiszeichen des Geburtsjahres, um böse Dämonen abzuwehren und die Schritte sicher zu lenken.

In einschneidenden Stationen des Lebenslaufes treten Schuhe häufig als Hauptdarsteller in Erscheinung. Nicht nur den erwähnten Erstlings-, sondern auch Hochzeits- oder Totenschuhen schenkt man in vielen Kulturen besondere Aufmerksamkeit. Im westlichen Kulturkreis sollte die Braut den Kauf ihrer Brautschuhe mit sorgsam gesammelten Pfennigmünzen selber bezahlen, vermutlich um ihre Sparsamkeit zu demonstrieren. Die Entführung der Brautschuhe während der Hochzeitsfeierlichkeiten sowie ihre anschließende Versteigerung zählen auch heute noch zu einem beliebten Brauch. In einigen osteuropäischen Regionen war es üblich, dass der Bräutigam aus dem Brautschuh trank, um die Ehe zu besiegeln.
Auch auf dem letzten Weg erwiesen sich Schuhe als wichtige Begleiter, die dem Toten bei seiner Wanderung den Weg in eine andere Welt erleichtern sollten. Dem Verstorbenen wurden daher häufig speziell für das Begräbnis hergestellte Totenschuhe angezogen oder Schuhe in Amulettform mit in das Grab gelegt.

In den verschiedenen Religionen und Glaubensrichtungen gibt es zahlreiche Rituale um den Fuß oder Schuh, vielleicht weil er unsere Schnittstelle zur Erde bildet. Bereits Mose bekommt die göttliche Weisung „Leg deine Schuhe ab; denn der Ort, wo du stehst, ist heiliger Boden." Bis heute gilt das islamische Verbot, Moscheen und Häuser mit Straßenschuhen zu betreten. Aus hygienischen Gründen, aus Respekt vor dem Hausbesitzer und als Ehrerbietung vor Gott ist diese Geste weit verbreitet. Diese Rituale steigerten im Orient die Beliebtheit der Pantoffelform, weil sie ein rasches An- und Ausziehen erlaubt.

Schuh-Skulpturen
von Zita Attalai
oben I „Virgin"
unten I „Ufo"

Kunst und Design

Das zentrale Thema im letzten Karton ist der Schuh sowohl als Objekt der Mode als auch der Kunst. Schuhdesigner suchen nach immer neuen Formeln, um Material und Form auf elegante und innovative Weise zu kombinieren und dabei zugleich dem Anspruch an Komfort zu genügen. Oftmals gestalten die Designer die Bekleidung des Fußes immer wieder von Neuem und schaffen so eher kunstvolle Objekte als funktionale Bekleidungsteile. Die Übergänge in der Arbeit von Schuhmachern, Modedesignern und Künstlern sind fließend; sie stehen im Dialog und inspirieren sich gegenseitig. Seit Vincent van Gogh erstmalig in einem Stillleben den Schuh als zentrales Bildmotiv verwendete, nahm das Thema „Schuhe" eine wesentliche Stellung in der Kunst des 20. Jahrhunderts ein. Seine Popularität erklärt sich aufgrund seiner zahlreichen Konnotationen als Erotik-, Glücks- oder Statussymbol. Seine dreidimensionale Form, die auch ohne den Körper erhalten bleibt, macht den Schuh zu einem Synonym für den ganzen Menschen und mahnt als leere Hülle an die Vergänglichkeit des menschlichen Daseins.

Zehenkammersandale von Max Mannesmann in kostbarer Goldausführung, Mannesmann Archiv

Damenpromenadenstiefel, um 1900, Schuhmuseum Garant

Zeitzeichen Schuhe

An den Wänden rund um den Ausstellungsraum verläuft ein Zeitfries, der in 25 Stationen einen Überblick zur europäischen Schuhmode eröffnet. Die Absicht dieses Moduls besteht nicht in einer vollständig umfassenden Chronologie der Schuhmode. Stattdessen wird an herausragenden Beispielen schlaglichtartig die Bedeutung der Fußbekleidung hinsichtlich ihres sozialen Umfelds, des modischen Geschmacks und gesellschaftlicher Veränderungen aufgezeigt.
In der Schuhmode gibt es Klassiker wie Sandale und Opanke, die nahezu unverändert die Zeiten überdauern. Andere Mode-Ideale übersteigerten Formen oder Proportionen ins Extreme, wie z. B. mittelalterliche Schnabelschuhe mit ihrer extrem lang ausgezogenen Spitze oder Plateauschuhe der 1970er Jahre, die sowohl Frauen als auch Männer um einige Zentimeter wachsen ließen. Kontakte zu anderen Kulturen oder Handelsbeziehungen brachten immer auch neue Impulse in die Schuhmode. Die für den Orient typische nach oben gebogene Schuhspitze gelangte mit den Kreuzfahrern nach Europa, während zur selben Zeit aus dem Mittelmeerraum stammender Kork als leichtes Sohlenmaterial nach Nordeuropa gehandelt wurde.
Die gesellschaftlichen Umbrüche der Französischen Revolution fanden ihren Niederschlag auch in der Schuhmode: Statussymbole wie hohe Absätze und extravagante Schnallen fielen ihr zum Opfer. Der Ruf nach „liberté, égalité, fraternité" ließ Schuhe mit flachen Absätzen und schlichtem Dekor entstehen.
Im Zuge der Reformbewegung erfand Max Mannesmann zu Beginn des 20. Jahrhunderts die Zehenkammersandale, wobei jeder Zeh, ähnlich wie bei einem Handschuh, ein eigens Fach besaß. Bei den vornehmen Damen fand diese neue Errungenschaft keinen Widerhall; sie ließen sich nicht von ihren knöchelhohen, eng anliegenden Knöpfstiefeln, die den Fuß deformierten, abbringen. Andere Erfindungen stießen auf mehr Gegenliebe. So revolutionierte in der Mitte des 20. Jahrhunderts eine technische Erfindung die Schuhmode: Ein kleiner Stahlstift im Absatz löste die Modewelle des Stilettos aus.

Entlang des Zeitstrahls kommen historische Persönlichkeiten zu Wort, die auf ihre ganz private Art und Weise eine besondere Beziehung zu Schuhen besaßen. Im Jahr 1077 war der Investiturstreit Anlass, dass Heinrich IV. der Legende nach mehrere Tage bei winterlichen Temperaturen barfuß vor der Burg Canossa ausharrte, um Papst Gregor VII. zur Auflösung seines Kirchenbanns zu bewegen. Vom Universalgenie Albrecht Dürer sind nicht nur Kostümstudien überliefert, sondern auch Entwürfe für Schuhe. Aus der Zeit zwischen 1522 und1528 stammt eine Skizze, die eine genaue Schuh-Konstruktionszeichnung mit detaillierten Anweisungen darstellt. Nach diesem Entwurf ließ sich Dürer vermutlich von einem Schuhmacher sehr modische Kuhmaulschuhe anfertigen.

So wird ein Schuh daraus – Materialien und Herstellung

Der Erfindungsreichtum bei der Schuhherstellung ist unbegrenzt, der Reichtum an Materialien nahezu unerschöpflich: Leder, Holz, Textilien, Bast, synthetische Rohstoffe oder recycelte Materialien wie Gummireifen etc. kommen zum Einsatz und werden zu den gängigen Grundtypen wie Sandale, Halbschuh oder Stiefel verarbeitet. Das Modell richtet sich nach den vorhandenen Rohstoffen und den jeweils herrschenden klimatischen Bedingungen. Leder hat sich als das gängigste Material zur Schuhherstellung erwiesen. Geeignetes Schuhleder lässt sich aus der Haut von verschiedenen Tieren herstellen: Rind, Pferd, Schaf, Ziege, aber auch aus Krokodil, Strauß, Fischhaut oder Robbenfell. Als Rohmaterial ist es damit nicht nur weltweit verfügbar, sondern besitzt bei entsprechender Behandlung auch besonders günstige Eigenschaften wie Dehnbarkeit und Wasserundurchlässigkeit bei gleichzeitiger Atmungsaktivität.

Die spezifische Herausforderung der Schuhherstellung besteht darin, aus einem zweidimensionalen Ausgangsmaterial ein dreidimensionales Objekt herzustellen. Dabei ist der Leisten ein wichtiges Hilfsmittel, der dem Schuh die Form gibt und seit der Antike in Gebrauch ist. Von der Renaissance bis zum 19. Jahrhundert gab es nur einen Leisten. Dies hatte zur Folge, dass rechter und linker Schuh eine identische Form besaßen und erst eingelaufen werden mussten. Neben Rohstoff und Schnitt geben Farben, Verzierungen und Verschlüsse dem Schuh ein einmaliges Aussehen und einzelne Elemente des Schuhs wie Sohle, Absatz und Schaft lassen eine unendliche Vielfalt entstehen.Das Verhältnis zwischen Schuhherstellung und Verbraucher hat sich stark verändert. Bediente der Schuhmacher früher einen lokalen Markt, so ist heute ein global agierendes Netz für die Schuhproduktion zuständig. Dabei liegen Produktions- und Absatzstätten größtenteils weit auseinander.

Die Spezialisten: Arbeits- und Sportschuhe

Neben der anatomischen Unterstützung des Fußes sowie zum Schutz vor äußeren Einwirkungen sind Schuhe bei verschiedenen Aktivitäten unerlässlich. Für die Arbeit ist spezielles Schuhwerk gefragt. Dabei richten sich Design und Ausstattung verschiedener Berufsgruppen nach den unterschiedlichen Anforderungen. Während der Schuh eines Stahlkochers hohen Temperaturen widerstehen muss, benötigt der Dachdeckerschuh eine flexible Sohle, die ein Gefühl für den Untergrund gewährleistet. Die Ausstattung von berufsspezifischen Schuhen setzt auf Schutz und Sicherheit ohne störende Dekoration.

Mit der aufkommenden Begeisterung für sportliche Betätigung und der Entwicklung verschiedener Sportarten vom 19. zum 20. Jahrhundert dauerte es nicht lange, bis man neben der Sportkleidung auch spezielle Sportschuhe entwickelte. Je nach Betätigungsfeld haben Sportschuhe die Aufgabe, das Abheben zu erleichtern, dem Fuß mehr Bodenhaftung zu verleihen oder die Fortbewegung zu optimieren.
Neben der Darstellung der breiten Vielfalt von Sportschuhen kann der Besucher an dieser Stelle auch die historische Entwicklung des Schlitt- und Fußballschuhs verfolgen: Die Nutzung des Schlittschuhs als Fortbewegungsmittel ist bereits seit dem 9. Jahrhundert in Nordeuropa nachweisbar. Das Material für die Kufen bestand ursprünglich aus Knochen, im 17. Jahrhundert aus Eisen und ab dem 19. Jahrhundert aus Stahl. Die Geschichte des Fußballschuhs begann erst im 20. Jahrhundert, wobei man zunächst in gewöhnlichen Schnürstiefeln spielte. Die ersten Modelle waren schwere Stiefel, die genagelte Lederstollen besaßen. Die Entwicklung brachte nicht nur immer leichtere Schuhe mit kürzerem Schaft, sondern auch Innovationen, wie die Schraubstollen, mit denen die deutsche Fußballmannschaft erstmals zur Weltmeisterschaft 1954 spielte und das „Wunder von Bern" vollbrachte.

Abgang

Auf der letzten Station seiner Reise durch die Schuhwelten erwartet den Besucher eine auditive Begegnung mit Schuhen. An einer „Schuhbar" kann er Nancy Sinatras „These boots are made for walking" oder dem Song „My Adidas" von „Run-D.M.C." lauschen und das Lebensgefühl erahnen, das sich mit bestimmten Schuhtypen verknüpft.
Die Ausstellung ermöglicht dem Besucher, in die Fußstapfen von Personen vergangener Zeiten und anderer Kontinente zu treten und neue Sichtweisen zu gewinnen, aber auch Parallelen im Umgang mit Schuhen zu ziehen. Zu guter Letzt blickt der Besucher auf seine eigenen Schuhe und betrachtet vielleicht künftig seine tägliche Schuhauswahl unter ganz neuen Aspekten.

Warum Tiere keinen Schuhtick haben

Peter-René Becker

Viele Tiere haben einen Tick: Nicht nur bei Haustieren, die ja bisweilen schon seit 10 000 Jahren unter menschlicher Beobachtung stehen, sondern auch im Zuge lang andauernder Freilandforschungen fällt auf, dass bei sozial lebenden Tierarten einzelne Individuen einer Population sich sehr wohl voneinander abgrenzen – durch äußere Merkmale wie durch Verhaltensweisen. Einige haben einen Putztick, andere zeigen eine übertriebene Fürsorglichkeit, und wieder andere fallen durch ein gesteigertes Mitteilungsbedürfnis auf. Jane Goodalls Schimpansenforschungen geben da ein ebenso beredtes Zeugnis wie Anne Rasas Beobachtungen afrikanischer Zwergmungos.
Viele Tiere benützen Gegenstände, die ihnen den Alltag erleichtern, manche fertigen sie sich sogar selbst: Ob Steine als Ambosse, Federn als Köder oder Schwämme als Trinkhilfe, der Einfallsreichtum im Tierreich ist groß. Da dürfte es doch nicht überraschen, wenn sich manche Tiere eine Art Schuhe bastelten, die ihnen das Laufen erleichterten. Aber bei all meinen Untersuchungen zum Werkzeuggebrauch im Tierreich bin ich nie auf solche Beobachtungen gestoßen.
Wenn Tiere Ticks kennen, Werkzeuggebrauch beherrschen und Füße haben, warum gibt es bei Tieren keinen Schuhtick? Versuchen wir, der Frage evolutionsbiologisch nachzugehen.

Alle Tiere bewegen sich: Manche nur im Larvenstadium, andere nur als Ausgewachsene, viele in allen Stadien und zeitlebens; zur Fortbewegung nutzen sie Geißeln, Stacheln oder Beine, um nur einige „Extremitäten" zu nennen. Aber unabhängig davon, wie Tiere ihre Wanderungen oder auch nur kleinräumigen Ortswechsel hinbekommen: Schuhe haben sie nie.
Die vielleicht früheste Antriebsform stellt die Geißel dar; sie tritt schon bei vielen Einzellern auf [Abb. 1]. Dem Namen „Geißeltierchen" kommt aber heute nur noch ein beschreibender, kein erkenntnistheoretischer Wert mehr zu. Das langsame Schlagen einer Geißel ähnelt einem Schlängeln und erinnert damit an die schlängelnde Bewegung vieler Wirbeltiere – ein Analogon langgestreckter Körper. Da die Schwingebenen der Geißel verändert werden können, ist dem Träger mit ihrer Hilfe ein zielgerichtetes Schwimmen möglich: Geißeltragende Organismen leben in Flüssigkeiten wie Wasser oder als Parasiten im Blut ihrer Wirte, wie die Trypanosomen, Erreger der Schlafkrankheit.
Mit ihren Stacheln laufen viele Seeigel-Arten über den Meeresboden. Dieser Fortbewegungsmodus hat sicher etwas sehr Spezielles, ist er doch langsam und setzt harten Boden voraus, damit die spitzen Stacheln nicht einsinken. Dafür stellen hier die „Beine" gleichzeitig einen wirksamen Schutz vor dem Gefressenwerden dar, während echte Beine ihren Besitzern bestenfalls zur schnellen Flucht verhelfen – wobei der Beutegreifer festlegt, was „schnell" ist.
Gegliederte Füße treten im Tierreich mehrmals unabhängig voneinander auf: zum einen bei Spinnen, Insekten und Krebsen, zum anderen bei den Wirbeltieren mit Ausnahme der Fische. In diesen Tiergruppen finden wir sehr spezifische Ausbildungen von Füßen. So können die zu den Landwanzen

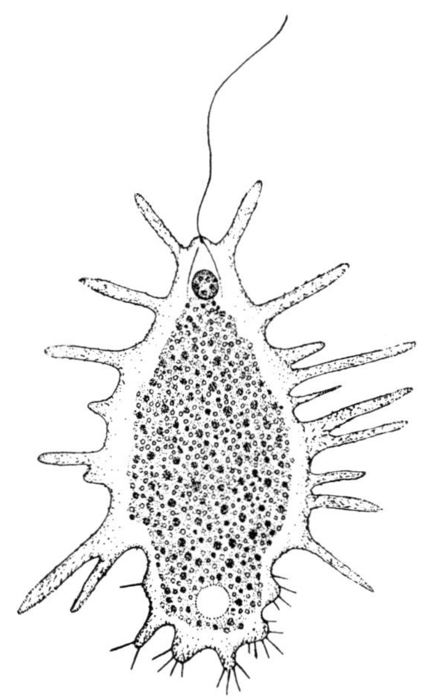

Abb. 1
Einzeller der Gattung Mastigamoeba mit einer Geißel und vielen Scheinfüßchen

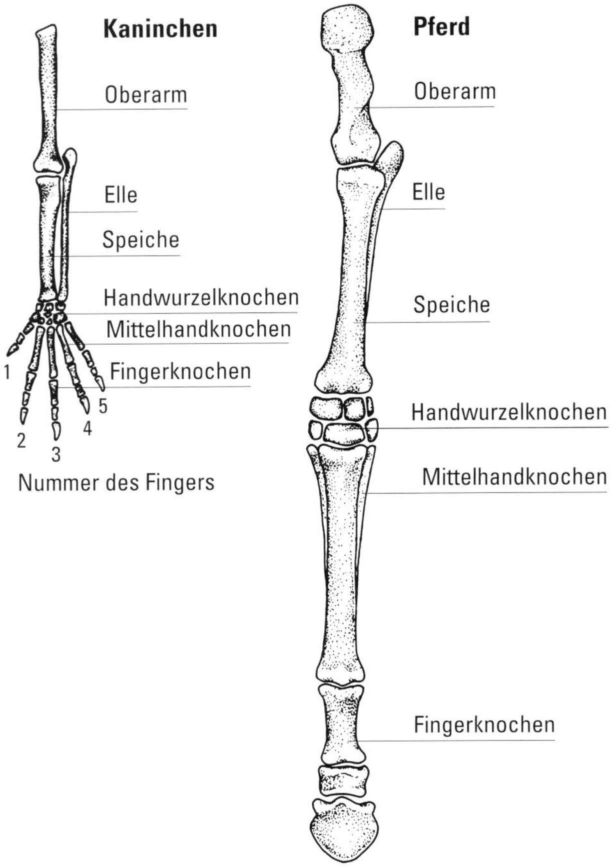

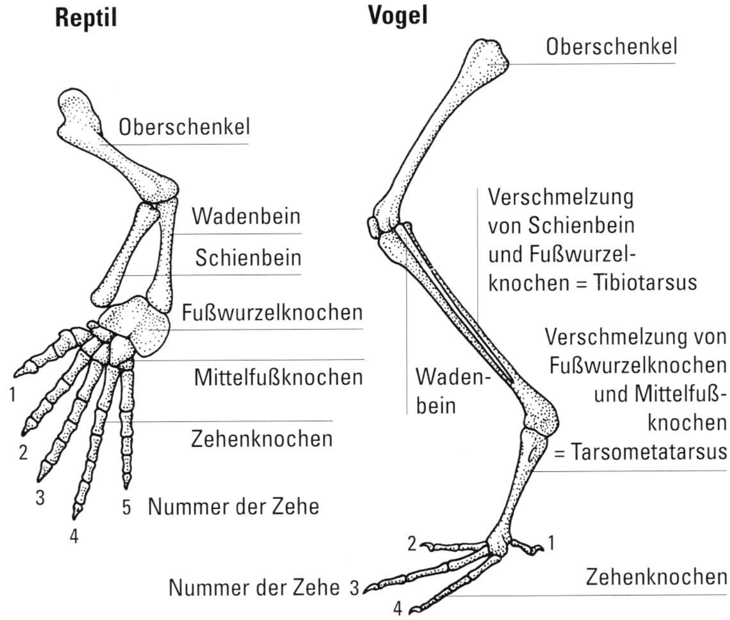

Abb. 2
Vorderextremität von Kaninchen und Pferd

Abb. 3
Beinskelett von Reptil und Vogel

zählenden Wasserläufer mit ihrer Hilfe auf der Wasseroberfläche nicht nur laufen, sondern auch stehen bleiben und verharren. Und Geckos können an der Zimmerdecke laufen, ohne abzustürzen.
Bleiben wir im Folgenden bei den Füßen der Wirbeltiere. Prinzipiell sind sowohl Hände als auch Füße in den verschiedenen Wirbeltierklassen homolog gebaut, d.h., sie nutzen die gleichen Knochen. Alle unterschiedlichen Erscheinungsformen beruhen auf Variationen des Grundtyps „Arm/Bein" und „Hand/Fuß", und diese Variationen sind Anpassungen an die Lebensräume und -weise der Tiere [Abb. 2 und 3]. Bestätigungen für die Richtigkeit der Homologie-Annahme erhalten wir durch Fossilfunde und „Atavismen", d.h. spontanes Auftreten von Merkmalen, die bei weiter zurückliegenden Vorfahren ausgebildet waren [Abb. 4]. Auf ähnliche, vergleichende Weise lassen sich auch Verwandtschaften zwischen den Paar- und Unpaarhufern rekonstruieren [Abb. 5].
Grundsätzlich wird die Entwicklung der Hände und Füße im entstehenden Organismus erst durch die Embryonalforschung verständlich; denn nach Ausbildung der beiden zunächst schaufelförmigen Hand- und Fußplatten muss es zwischen den künftigen Finger- und Zehengliedern zu einem umfangreichen, aber sehr differenzierten Zelltod kommen: Anderenfalls blieben die Finger und Zehen in „Taschen" versteckt und es wären keine Arbeitsprozesse mit ihnen möglich [Abb. 6].
Welche Arbeit die Füße im Laufe eines Lebens zu verrichten haben, hängt von der Tierart ab. In vielen Fällen müssen sie das Gewicht des ruhenden und laufenden Tieres tragen. Steht und geht ein

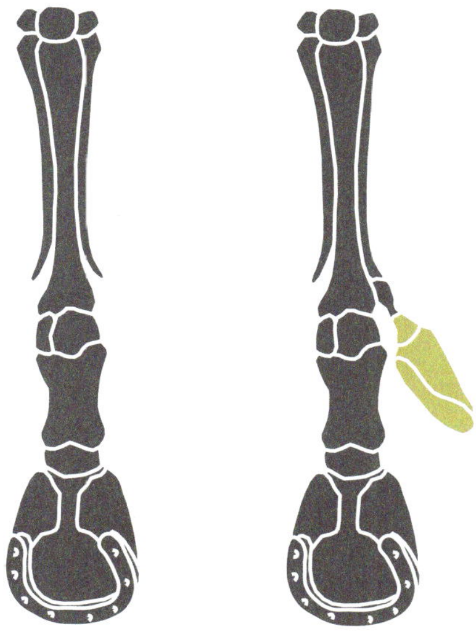

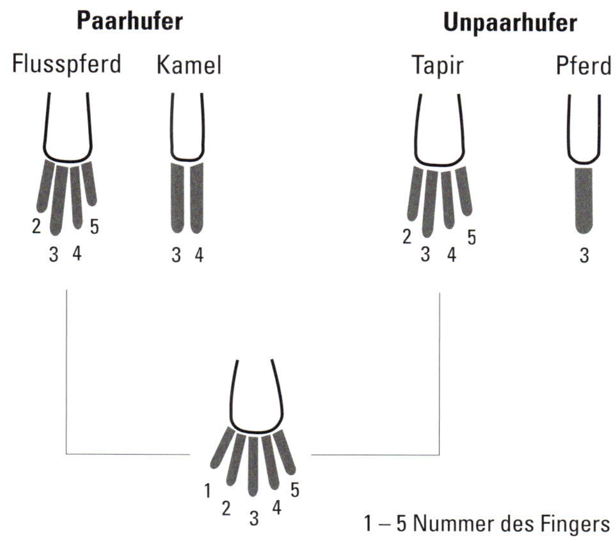

Abb. 4
Vergleich eines normalen Pferdevorderfußes (links) mit einem atavistischen (rechts): Einer der beiden rückgebildeten Mittelhandknochen trägt einen Finger mit eigenem Huf.

Abb. 5
Schematische Ableitung der Vorderläufe von Paar- und Unpaarhufern aus einer ursprünglichen, fünfstrahligen Hand

Organismus auf zwei Beinen, wie zeitweilig viele Affenarten und ständig der Mensch, umgrenzen die Füße eine Unterstützungsfläche unterhalb des Körperschwerpunkts [Abb. 7]. Ruhiges Stehen ist überhaupt erst oberhalb einer gewissen Mindestgröße dieser Fläche möglich; deshalb erfordert Stelzenlaufen ein ständiges Hin- und Hertreten.

Eine besondere Leistung vollbringen die Füße der schon erwähnten Geckos. Sie halten ihren Besitzer auf der Jagd nach Insekten mühelos kopfunter an Decken und glatten Wänden fest, erlauben ihm aber jederzeit genauso mühelos das Weiterlaufen [Abb. 8]. Erst seit Kurzem gilt der Mechanismus als aufgeklärt. An der Unterseite der Füße sitzen Hautleisten, die ihrerseits feinste Härchen tragen, pro Gecko ca. 6,5 Millionen Stück. Bei einem Zehntel Millimeter Länge sind sie nur ein Fünftel Mikrometer dick – zehnmal feiner als menschliches Haar. Aber damit nicht genug: Jedes Härchen ist an seiner Spitze in Hunderte winziger, spatenförmiger Blättchen aufgespaltet, nochmals ca. eine Milliarde Stück. Mit diesen Strukturen im Nanobereich steigern die Geckos ihre Haftkraft über den Gesamtumfang der Kontakte zwischen Füßen und Substratoberfläche so, dass sie das Zehnfache ihres Körpergewichts trägt (Wengenmayr 2007). Für die eigentliche Anziehung sorgen Van-der-Waals-Kräfte, die als Bindungskräfte zwischen benachbarten Atomen, Molekülen und winzigen Teilchen auftreten. Vergleichbare Phänomene erlauben auch Spinnen und Insekten ein müheloses Laufen an glatten Oberflächen. Natürlich sind diese Anpassungen Millionen Jahre vor der Erfindung von Glas und glattgestrichenen Wänden erfolgt, denn auch in den Lebensräumen der Tiere gab und gibt es glatte Blattoberflächen und Baumstämme, die geschickten Kletterern einen besseren Jagderfolg ermöglichen.

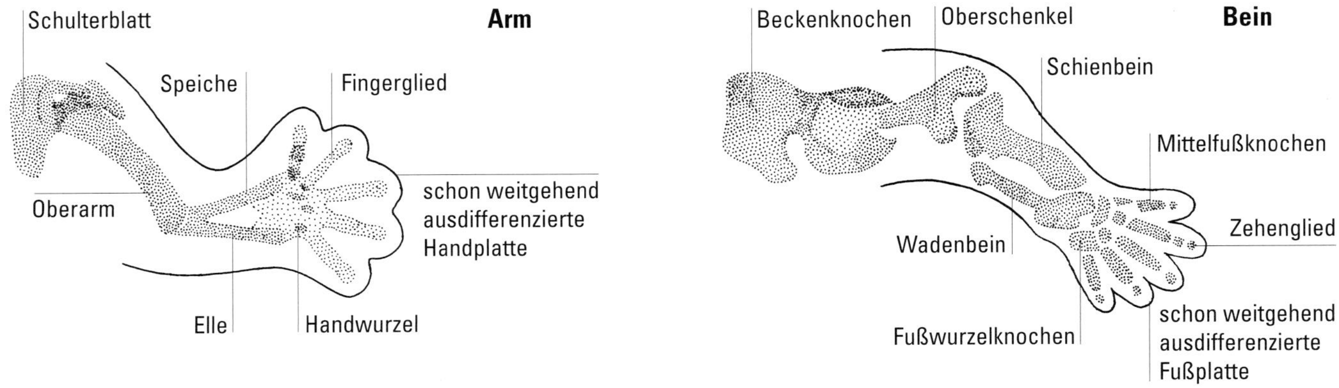

Abb. 6
Entwicklung des Arms, Beins beim 8 Wochen alten menschlichen Embryo

Was leisten die Füße der Säugetierarten? Wie schon kurz erwähnt, sind Füße an die Lebensräume und -weise ihrer Träger angepasst. Daher betrachten wir im Folgenden einige dieser Lebensräume und ihre Säuger.

Beginnen wir mit aquatischen und semi-aquatischen Biotopen, die einen Großteil der Landlebensräume ausmachen. Ein klassischer Bewohner der Ufer von Flüssen, Bächen und Seen ist von Westeuropa, über Nord- und Zentralasien bis nach Nordamerika der Biber [Abb. 9]. War er früher typisch, ist er heute wieder „im Kommen". Seine Burgen baut er stets so, dass der Eingang unter Wasser und der Wohnbereich über Wasser liegt. Und damit das auch so bleibt, stauen Biber ihre Wohngewässer mittels sogenannter „Biberdämme". Fällen sie dafür mit ihren kräftigen Nagezähnen auch Erlen oder Eichen, so suchen sie sich im Winter zu Nahrungszwecken hauptsächlich Zitterpappeln und Weiden, deren junge Zweige sie entrinden. Sommers fressen Biber im oder am Gewässer wachsende Grünpflanzen. Schon diese kurze Übersicht zeigt, dass Biberhände und -füße viel Unterschiedliches leisten müssen. Die „Arbeitsteilung" spiegelt sich auch in den Händen und Füßen wider: Die Füße haben zwischen den Zehen kräftige Schwimmhäute, mit deren Hilfe die Biber sehr gut schwimmen und tauchen können; die Hände dienen zum Greifen und Tragen und sind daher schwimmhautfrei.

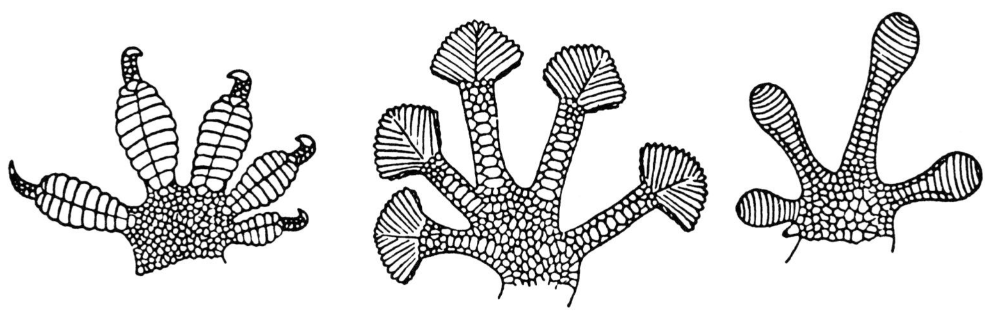

Abb. 8
Füße aus drei verschiedenen Gecko-Gattungen

Abb. 9
Präparat eines Kanadischen Bibers

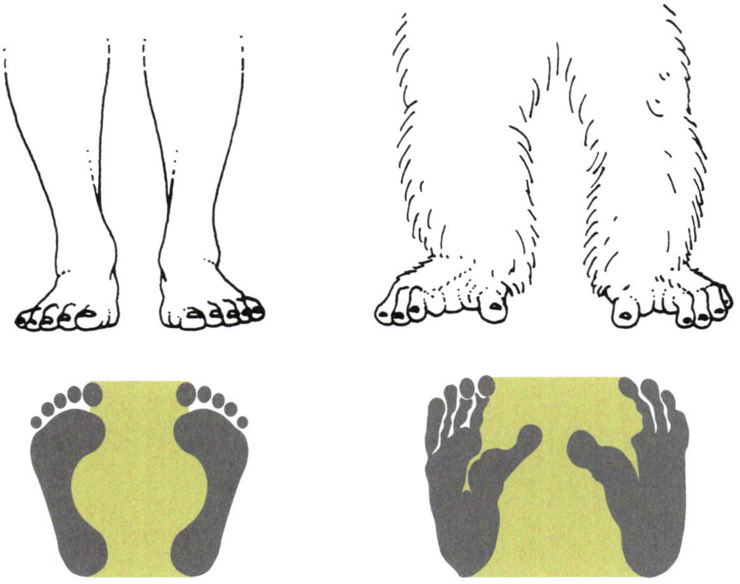

Abb. 7
Unterschenkel und Füße von Mensch und Schimpanse: Unterstützungsfläche (grün) in Ansicht von oben bei Mensch und Schimpanse

Einen völlig anderen Biotop bewohnt der Fennek. Sein deutscher Name „Wüstenfuchs" verrät zweierlei, nämlich dass er zu den Fuchsarten zählt und in den trockensten Lebensräumen zuhause ist, die unsere Erde kennt: den Sandwüsten, in diesem Fall Nordafrikas und der Arabischen Halbinsel. Tagsüber lebt er in seinem selbstgegrabenen, weit verzweigten Bau im Familienverband, nachts geht er auf Jagd nach Insekten, Kriechtieren und Kleinsäugern [Abb. 10]. Dass er große Temperaturschwankungen aushalten muss, verraten die großen Ohren, über die er überschüssige Wärme abstrahlt, und sein dichtes Fell, das ihn vor der nächtlichen Kälte schützt; die helle Fellfärbung dient der Tarnung und dem Wärmeausgleich, die großen Augen erleichtern den nächtlichen Beutefang. Bei soviel Anpassungen an Extreme stellen die Hände und Füße des Fenneks einen idealen Kompromiss dar: Anders als beim Biber sind sie nahezu identisch gebaut, erlauben das Laufen und Graben

Abb. 10
Fenneks mit Springmäusen im nächtlichen Kleindiorama

gegenüberliegende Seite
Abb. 11
Präparat eines Kap-Klippschliefers und linke Fußsohle eines Klippschliefers, schematische Darstellung der Lage der Hautkissen

Abb. 12
Präparat eines Schneehasen

im Wüstensand und sorgen mit ihrem Fell dafür, dass der Fennek nachts nicht so schnell kalte Füße bekommt.

Ein Bewohner felsiger Biotope vorwiegend des südlichen Afrikas ist der Kap-Klippschliefer [Abb. 11]. Die Schliefer sind lange Zeit eine zoologisch schwer zuordenbare Tiergruppe gewesen. Heute geht man aufgrund 40 Millionen Jahre alter Fossilfunde davon aus, dass alle zehn in Afrika noch lebenden Schlieferarten zur Ordnung der Unpaarhufer gehören, also trotz ihrer nur rund 50 cm Kopf-Rumpf-Länge mit Pferden, Tapiren und Nashörnern eine systematische Gruppe bilden. Klippschliefer sind tagaktive Pflanzenfresser, die sich gerne in Gruppen aufhalten und in der Sonne liegen. Für ein Leben auf Felsen und steinigen Böden sind ihre Füße bestens ausgerüstet. Sie sind Sohlengänger mit ausgeprägten Hautkissen unter den Füßen [Abb. 11]. Da die Sohlen deshalb schwitzen können, verleihen sie den Tieren eine große Haftfähigkeit in steilem Gelände. Die Finger und Zehen tragen an ihren Endgliedern kleine Hufe, die kräftigen Fingernägeln ähneln. Da zudem Hände und Füße biegsam sind, haben Klippschliefer alles, was man fürs Klettern braucht.
Die letzte Säugetierart, der wir auf die Füße gucken, sind die Schneehasen [Abb. 12]. Sie sind keine ausgemachten Lebensraumspezialisten, sondern haben eine Verbreitung von den irischen Mooren bis in die Taiga und Tundra Sibiriens, in der Arktis und in den Alpen. Bedingt durch die unterschiedlichen Klimate und Habitate kennt die Zoologie bis zu zwölf Unterarten des Schneehasen. Die Füße sind allerdings weitgehend einheitlich ausgestaltet: Da Hasen im Gegensatz zu Kaninchen keine unterirdischen Baue anlegen, sondern in oberirdisch angelegten Mulden leben, Sassen genannt, sind die fünf Zehen ihrer Vorderfüße wie die vier Zehen der wesentlich längeren Hinterfüße nur mit kurzen Krallen versehen. Damit können sie im Schnee graben, um ihre Sassen zu erreichen oder neue anzulegen, und der schwedischen Unterart reichen die Krallen sogar für seichte Baue am Ostseestrand. Ein dichtes weißes Winterfell bedeckt alle vier Füße und erleichtert das Laufen auf Schnee; die Sohlen der Hinterfüße sind immer behaart, die Zehen weit spreizbar. Der Bau der Füße erlaubt den Schneehasen darüber hinaus im Ernstfall eine schnelle Flucht.
Diese kurze Übersicht macht deutlich, warum Tiere keine Schuhe und erst recht keinen Schuhtick brauchen: weil die Evolution sie mit allem Nötigen ausgestattet hat. Und warum brauchen wir

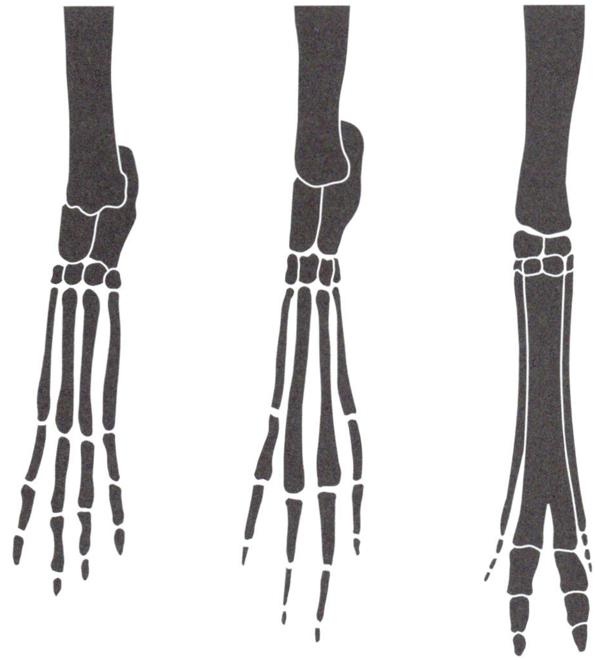

Abb. 13
Hypothetische Weiterentwicklung des Kaninchenfußes zum Fuß des Rennleporibocks

Menschen Schuhe? Hat bei uns die Evolution versagt? Keineswegs, aber da der Mensch die einzige Tierart ist, die alle Lebensräume dieser Erde besiedelt, brauchen unsere Füße in manchen Gegenden Hilfsmittel: Für das Eis der Pole ist unser bloßer Fuß so wenig geeignet wie für die spitzen Steine der Gebirge. Auf den sandigen Böden Afrikas hingegen, wo einst die Wiege der Menschheit stand, laufen viele Menschen heute noch barfuß und bar jedes Schuhticks... Die Extremitäten sind ein solches Erfolgskonzept der Evolution, dass auch der Paläontologe Dougal Dixon bei seinem Entwurf einer Tierwelt in 50 Millionen Jahren daran festhält. Seine „auf Fakten beruhenden Spekulationen" bieten zwar eine Menge Überraschungen und neue Ausformungen, aber alles Neue beruht auf dem bestehenden Extremitäten-Set. So ist sein Rennleporibock nur eine „logische" Weiterentwicklung der Kaninchen, und seine flügellose Baumfledermaus stammt natürlich von Fledermäusen ab – auch wenn sie jetzt wie ein Faultier im Geäst hangelt und mit einem schnellen Hieb des klauenbewehrten Daumens Beute schlägt [Abb. 13 und 14].

Literatur

Peter-René Becker, Werkzeuggebrauch im Tierreich, Stuttgart 1993.
Dougal Dixon, Die Welt nach uns, München 1982.
Jane Goodall, The Chimpanzees of Gombe, Cambridge (Mass.) 1986.
Anne Rasa, Die perfekte Familie, Stuttgart 1984.
Roland Wengenmayr, Mit unbeschränkter Haftung, Max-Planck-Gesellschaft, München 2007.

Abb. 14
Bei der Baumfledermaus sind die Finger zusammengewachsen, nur der Daumen ist frei beweglich.

Schuhe – Accessoire oder Überlebensausrüstung? Oder: Was Schuhe über unser Leben berichten

June Swann

In der Modewelt gelten Schuhe als Accessoires, die preiswerter sind als eine Damenhandtasche, obwohl sie in ihrer Herstellung viel komplexer sind als diese und sogar zu Gesundheitsproblemen führen können, wenn sie dem Zweck nicht angemessen sind. Nur wenige von uns wissen, dass der Fuß beim Gehen seine Form ändert: In der Vorwärtsbewegung streckt sich die Spitze, während beim Auftreten der Fuß breiter wird und das ganze Körpergewicht trägt. Nach welcher Form soll der Schuhmacher nun vorgehen? Was sind die Konsequenzen? Die Wahrnehmung der meisten Menschen beschränkt sich nur darauf, ob der Schuh drückt oder nicht. Idealerweise sollten wir einen Schuh den ganzen Tag tragen können, ohne seine Existenz überhaupt zu bemerken oder durch äußere Widrigkeiten Schaden zu erleiden.

Kulturgut Schuh – museales Objekt und Forschungsgegenstand

Archäologische Museen erzählen die lange Geschichte der menschlichen Entwicklung, vom Homo erectus bis zum Homo sapiens, und von seiner Wanderung von Afrika nach Europa vor 800 000 Jahren, einer Zeitspanne, die nur einem Archäologen wirklich nachvollziehbar ist. Sie beschreiben die Entwicklung von Sammlern zu Jägern und Fleischessern ebenso wie die Entwicklung des Gebrauchs von Werkzeugen, hergestellt aus den ungenießbaren Knochen wie auch aus Stein, und die Herstellung von Kleidung und Behältern aus den Häuten der Tiere. Die Bibel verdichtete diese Geschichte für uns, indem sie vom Essen des Apfels berichtete, welches den Zustand der Nacktheit offenbarte und zur Vertreibung der Menschheit aus dem Garten Eden führte.
Jagen und das Bearbeiten von Steinen und Knochen sind gefährliche Beschäftigungen. Wir wissen von den „Feigenblättern" und den gottgegebenen „Kleidern aus Haut", aber das Schützen der Füße vor Steinen, Splittern und Dornen müsste doch die Priorität gewesen sein, als wir unser idyllisches erstes Heim verließen. Die Reise in kühlere Klimate verlangte nach Wärme für die Füße, während Sandalen vor dem Boden selber schützten. Die brennende Saharasonne sprengte sogar Felsen: Es gab kein Entkommen. Warum also übergehen viele kulturgeschichtliche Museen eigentlich den Beitrag, den die Fußbekleidung in der Entwicklung des Menschen und auf seinem langen Weg der Zivilisation geleistet hat?

Wer von uns hinterfragt unser „zivilisiertes Verhalten"? Wir scheinen heutzutage weniger vernünftig oder praktisch veranlagt zu sein als in der Steinzeit. Welchen „Fortschritt" haben wir gemacht seit der ersten, dem Überleben dienenden Fußbekleidung vor 12000 Jahren? Ist es wirklich eine Befreiung für Frauen, hochhackige Schuhe zu tragen und sich der Schmerzen zu rühmen, die sie verursachen? Hat es wirklich mit Freiheit zu tun, in der ganzen Welt geschlossene Schuhe im Western-Stil zu tragen, selbst dort, wo das Klima nach Sandalen verlangt? Warum hinterfragen im 21. Jahrhundert so wenige von uns diese Dinge? Sollten Museen diese seltsamen Verhaltensweisen nicht aufzeigen?

Es gibt auf der Welt ca. 30 spezielle Schuhmuseen (von denen sich alleine vier in Deutschland befinden), und fast alle erzählen die gleiche Geschichte der Bekleidung der Füße. Einige schließen die lokale Schuhtradition mit ein, was allerdings zu häufig unter dem Blickwinkel der Folklore geschieht, welche zwar eine Seitenlinie in der Geschichte bildet, aber ohne größere Bedeutung bleibt. Dabei wurde, oft im Laufe von Jahrhunderten, die Kleidung der Einheimischen dahingehend entwickelt, sich bestmöglich den landschaftlichen Gegebenheiten, dem Klima, wie auch der Kultur anzupassen. In der Vergangenheit machten Reisende häufig die Erfahrung, dass sie in der Fremde ihre eigenen Schuhe ablegen und Schuhe der Einheimischen tragen mussten, nur um zu überleben! Das Verlangen der ganzen Welt, gleich auszusehen, während man doch gleichzeitig unablässig miteinander streitet oder kämpft, ist eine merkwürdige Besonderheit, die sich auch mit dem Begriff der Globalisierung nicht wirklich erklären lässt. Reisende fanden die Welt normalerweise immer viel interessanter, wenn die Länder und Regionen ihre Unterschiede hatten und es erlaubt war, diese Unterschiede zu zeigen.

Knöchelstiefel aus einteiligem Leder, mit T-förmiger Rücknaht, 2. Jh.

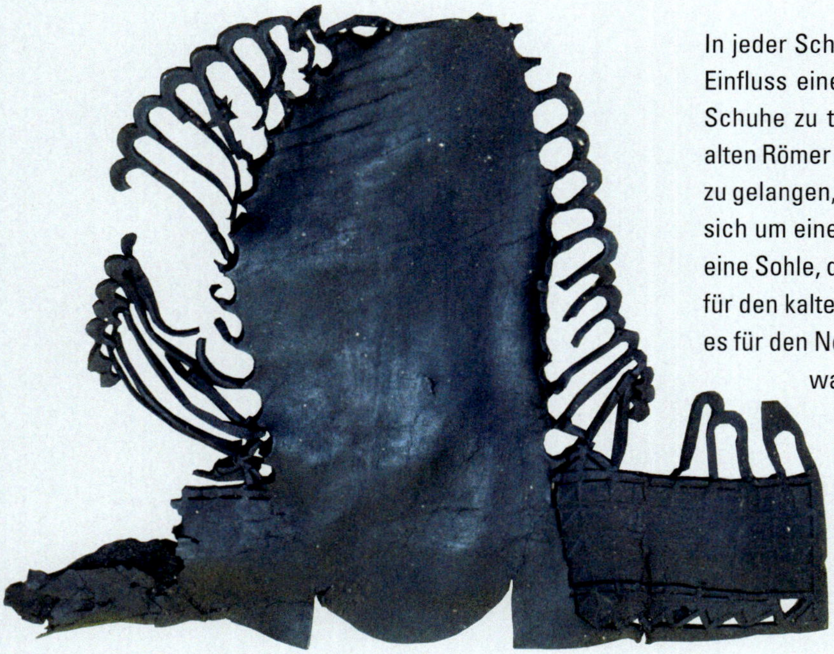

In jeder Schuhausstellung sollte man zeigen, wie der herrschende Einfluss einer Zeit Menschen dazu bewegte, die entsprechenden Schuhe zu tragen, so unangemessen sie auch sein mochten. Die alten Römer brauchten etwa einhundert Jahre, um zu der Erkenntnis zu gelangen, dass ihre Sandalen im mediterranen Stil (einerlei, ob es sich um eine stiefelartig geschnürte Sandale handelte oder nur um eine Sohle, die mit Bändern am Fuß festgehalten wurde) unpassend für den kalten Winter im Norden Britanniens waren, ebenso wie sie es für den Norden Germaniens gewesen wären. Aber für uns Briten war Rom damals allmächtig, und wir kleideten uns im römischen Stil. Ebenso taten es früher die Menschen der Eisenzeit in einigen Teilen Europas, (in der Hallstatt-Kultur beispielsweise), die unter dem Einfluss des antiken Griechenland standen. Was wir heute nicht mehr wissen, ist, ob die leichten Schuhe der Hallstatt-Kultur womöglich nur an heißen und sonnigen Tagen getragen wurden.

Eines der größten Probleme, die wir immer noch mit der Geschichte der Fußbekleidung haben, liegt in der mangelhaften Beschreibung. So lassen sich für die frühen Perioden die Detailinformationen über die verschiedene Machart von Sommer- und Winterschuhen, über Alltagsschuhe,

Schuhe für besondere Anlässe und Abendschuhe, über Schuhe der müßiggehenden Reichen oder Schuhe der arbeitenden Armen sowie über die Unterschiede all dieser Schuhe zu besonderen Schuhen ausschließlich für Begräbnisse oftmals nur in knappen Beschreibungen finden. Dabei wird zwischen Männer- und Frauenschuhen häufig nur anhand ihrer Größe unterschieden, und selbst dann bleibt manchmal immer noch unklar, ob es sich um Schuhe für Frauen oder Schuhe für Jugendliche handelt. Es bedarf hier noch einer sehr viel genaueren Forschung, die über die bisherigen Veröffentlichungen weit hinausgeht.

Pampootie mit Fell, einteilig, Aran-Inseln, Irland, erste Hälfte 20. Jh.

Lange Spitzen, rote Absätze – Schuhmoden zwischen Mittelalter und Neuzeit

Ebenso wie sich die Geschichte eines jeden Landes und einer jeden Region unterschied, weist auch die Geschichte ihrer Schuhe erhebliche Differenzen auf. Nach der Römerzeit schien der gesamte Kontinent in Bewegung gewesen zu sein, wovon auch die Britischen Inseln nicht verschont blieben. Worin unterschied sich die Bekleidung der verschiedenen Völker? Was wird durch Archäologie und Literatur bis heute wirklich aufgezeigt? Ab 1066, mit der Eroberung Britanniens durch die Normannen, vergrößerte sich der kontinentale Einfluss natürlich enorm, und mit den größeren Königreichen setzte sich der gotische Stil durch, mit einer betonten Schuhspitze als Gegenstück zum gotischen Bogen. Aber sogar unter diesem dominierenden Einfluss gab es Variationen. Im England des 11. Jahrhunderts war die Spitze kurz und nach außen gebogen (was sich dankenswerterweise nicht in der Architektur niederschlug). Diese Besonderheit finden wir aber auch in Norwegen. Im 12. Jahrhundert wurde ein Stückchen Byzantiner Seide in die Schuhspitze gestopft, um sie in Form zu halten, ein Luxus, der durch die Verbindung der Wikinger nach Konstantinopel vielleicht erschwinglicher wurde.

Auch Bremen als hanseatische Hafenstadt kam vielerorts mit ausländischen Einflüssen in Berührung. Ein Problem bei der genaueren Bestimmung ist z. B. zwischen Schuhen zu unterscheiden, die von Kaufleuten für den Handel importiert wurden, und Schuhen, die ein Seemann vielleicht für seine daheimgebliebene Frau mitgebracht hatte. Auch wenn Kleidungsforscher sich sträuben, die Existenz von „Konfektionskleidung" im Mittelalter anzuerkennen, scheint Fußbekleidung stets verfügbar gewesen zu sein, mit (zunächst kleinen) Beständen vorgefertigter Schuhe und Stiefel in den Hafenorten, in größeren Städten und möglicherweise auch in Marktstädten mit einem weitläufigen Hinterland. So kaufte der englische König Heinrich III. im 13. Jahrhundert kurzfristig dreimal jährlich in mindestens sieben Städten und kleineren Orten 300 Paar Schuhe ein, um sie an die dortigen Armen zu verteilen. Spätere Aufzeichnungen weisen darauf hin, dass diese Schuhe zwei oder drei verschiedene Größen hatten.

Poulaines oder *Cracowes*, Schnabelschuhe und Füllmaterial aus Moos für die Schuhspitze

In der Schuhgeschichte ist das Mittelalter bekannt für die übertriebene Länge der Schuhspitzen. Ich hoffe, dass noch für jedes europäische Land untersucht werden wird, wann diese Besonderheit dort auftrat. Vielleicht nicht völlig unerwartet, hielt diese sich Mode nicht allzu lange. In England fingen die Schuhspitzen etwa ab 1350 an, erheblich zu wachsen, denn sie waren eine verrückte Reaktion auf die Schrecken des Schwarzen Todes. In Polen, welches im folgenden Jahrhundert das größte Land Europas werden sollte, hatte diese Entwicklung bereits etwas früher begonnen. Daher sind diese Schuhe in England und auch in Frankreich als *Poulaines* und *Cracowes* (Krakau war damals Polens Hauptstadt) bekannt.[1] In England wurden die Schuhspitzen bis gegen Ende des 14. Jahrhunderts zunehmend länger (extreme Schuhmoden scheinen ein Charakteristikum endender und beginnender Jahrhunderte zu sein). Danach wurden die englischen Schuhe wieder schlichter, bis zwischen 1440 und 1470 erneut lange Spitzen in leicht veränderter Form (Revivals sind niemals identisch) auftauchten. Das rasche Ende dieser Mode im Jahr 1485, bedingt durch die neue Dynastie der Tudors, die in diesem Jahr an die Macht kam, galt nicht für ganz Europa, wo lange Schuhspitzen noch bis ins frühe 16. Jahrhundert getragen wurden (so in den Niederlanden und zumindest einigen Teilen Deutschlands). In Italien hingegen tauchten lange Spitzen nur selten auf.

In den ersten zwanzig Jahren des 16. Jahrhunderts, unter dem Einfluss Karls V. und des Heiligen Römischen Reiches, sah man auch in England die übertriebene Breite der deutschen Schuhmode. Jedoch waren die englischen Schuhe niemals ganz so flach geschnitten wie in Deutschland oder Schweden, noch hatten sie die festen, hohen Rückseiten wie die deutschen Schuhe, die essenziell waren, um sie am Fuß zu halten. Die sogenannte „gehörnte" Schuhspitze (oder Schuhspitze mit „Ohren") war in England ebenfalls kleiner als die deutschen Schuhspitzen und insgesamt eher bescheiden, bis sie sich ab 1550, beginnend mit der Regierungszeit Königin Elizabeths I., zu einer spitzeren Form wandelte. Selbst Elizabeth verfolgte die Entwicklung von Plateausohlen und Keilabsätzen in ihrer Zeit, die in Schuhen mit einem „Bogenabsatz" (dem wirklichen, separaten Absatz) ihren Höhepunkt fand.

[1] Anm. der Übers.: In Deutschland sind diese Schuhe als *Schnabelschuhe* bekannt.

Rote Absätze, die bislang immer mit dem französischen König Ludwig XIV. assoziiert wurden, entdeckte ich, zusammen mit roten Sohlen, zuerst auf dem Porträt des englischen Prinzen Heinrich aus dem Jahre 1610. Das ist 28 Jahre bevor Ludwig überhaupt geboren wurde, quasi eine ganze Generation zuvor. Bekanntermaßen wirkte sich Ludwigs Versuch, rote Absätze auf die Kleidung bei Hofe zu beschränken, lediglich auf Frankreich aus. In England hingegen wurden im 17. Jahrhundert Schuhe mit roten Absätzen von Männern und Frauen auch bei der Arbeit getragen, wenngleich viele von ihnen ursprünglich als Sonntagsstaat gekauft worden waren und dann so lange getragen wurden, bis sie so schäbig waren, dass sie nur noch als Arbeitsschuhe taugten. Führen wir uns in Erinnerung, dass ja vor unserer Wegwerfgesellschaft, beginnend in den 1960er Jahren, nichts weggeworfen wurde, solange es noch irgendwie verwertbar erschien. Sogar die englischen Royals ließen ihre Schuhe umarbeiten, was bedeutete, dass wiederverwertbare Teile ausgetrennt und in neue Schuhe wieder eingearbeitet wurden.

„Versteckte" Schuhe

Der Aberglaube (möglicherweise zum Schutz vor bösen Geistern), in Gebäuden einen alten Schuh oder Stiefel zu verstecken, ist heute ein Glück für uns, denn so haben sich bis heute viele abgetragene Alltagsschuhe erhalten, auch wenn viele von ihnen sicher ursprünglich – wohl als Sonntagsschuhe getragen – schick und modisch waren. Diese Funde und Überlieferungen bilden ein Gegengewicht zu den Schuhen der Ober- und Mittelklasse, die normalerweise in den Museen landeten. Ich kann die Abneigung mancher Museen verstehen, solche „versteckten" oder vermauerten Schuhe zu zeigen, die eine Massenarmut enthüllen, die in der westlichen Welt heute nicht mehr bekannt ist; aber sinnvoll ausgestellt und beschriftet, erzählen sie mehr über unsere Vergangenheit als die meisten Museumsobjekte.

Wahrscheinlich wurden Schuhe als Symbole für Schutz und Geborgenheit gewählt, weil sie die charakteristischen Kleidungsstücke sind, die Umriss und Wesen eines Menschen ausdrücken und weiterverbreiten. So trägt jeder Schuh etwas von unserer individuellen Kraft in sich und gibt ein Bild über uns ab. Daher ist es auch nicht verwunderlich, dass eine Anzahl großer Künstler den Schuh als Bildobjekt gewählt hat, angefangen bei Albrecht Dürer, verantwortlich für das erste Schuhdesign (1525, im British Museum) bis zu Van Goghs drei ziemlich bewegenden Bildern zweier Stiefel vom Ende des 19. Jahrhunderts.

Revolutionäre Schnallen

Einen tiefen Einschnitt in die europäische Schuhgeschichte stellte im späten 17. Jahrhundert die Einführung der abnehmbaren Schuhschnalle dar, die von einem Schuh auf den anderen transferiert werden konnte. In seinem Tagebucheintrag vom 24. Januar 1660 berichtet der modebewusste, junge Samuel Pepys, späterer Präsident der *Royal Society* und Abgeordneter des englischen Unterhauses, von ihrem ersten Gebrauch in London – eine modische Neuerung, die fast zeitgleich mit dem Moment der Restauration der Monarchie in England auftrat. Obwohl die Schuhschnalle viele modische Wechsel durchlief, bedurfte es einer Revolution, 1789 in Frankreich, während der Aristokraten guillotiniert wurden und man vornehme Kleidung verachtete, um ihre Popularität endgültig zu brechen. Obgleich „Nieder mit den Schuhschnallen" einer der Schlachtrufe der Französischen Revolution war, hatten die Engländerinnen bereits um 1785 damit begonnen, diese fallen zu lassen. Eine generelle Schlichtheit der Kleidung begann sich nach dem Abflauen der politischen Restauration bemerkbar zu machen. Nunmehr begannen die englischen Gentlemen mit kniehohen Stiefeln an den Füßen neue modische Maßstäbe zu setzen. Nichts kam in England einer Nationaltracht jemals näher, denn obwohl es sich eigentlich um Reitkleidung handelte, fühlten die Menschen auf der Insel sich alle in festen Stiefeln sicherer, als in den 1790er Jahren der lange Krieg begann.

England und der Kontinent

Der Unterschied zwischen der Fußbekleidung der englischen Ladies und der kontinentalen Damen lag um 1700 in zweierlei Dingen: in der langen Spitze und im Absatz. Die Schuhspitzen der Festländerinnen verlängerten sich um 1 bis 2 cm, bei etwa 1 cm Breite, in der Mitte des Fußes. Schuhe waren „gerade" (zwischen 1600 und 1800 gab es keine linken und rechten Schuhe). Die Position der Spitze in der Mitte erschien somit natürlich, auch wenn sie für den Fuß keinerlei Zweck erfüllte. Demgegenüber waren die Schuhspitzen der Engländerinnen scharf nach oben gebogen, mit einem dreieckigen Wulst in der Spitze, um die Form zu halten. Auf diese Weise erhielt unser Schuh seine rokokohaften Kurven.

Damenschuh aus Seide mit Schnallenverschluss, England, frühes 18. Jh.

Der kontinentale Absatz war beinahe so dünn wie die Spitze des Schuhs und häufig ziemlich hoch (bis zu etwa 7 cm). Ebenso unpraktisch wie unsere heutigen dünnen Absätze, konnten die Damenschuhe nicht beim Arbeiten getragen werden, was damals überwiegend schwere körperliche Arbeit bedeutete. Daher wurde der französische Holzschuh entwickelt, den die Engländer so sehr verabscheuten. Der englische Damenabsatz war hingegen niedriger: nur wenig höher als die 2 inches (5 cm), die bei Herrenschuhen üblich waren. Noch einschneidender war, dass die Absätze – wie bei den Herrenschuhen – wesentlich dicker und fester als die der Schuhe der kontinentaleuropäischen Frauen waren. Die entscheidende Ursache dafür lag im Lebensstil der englischen Aristokratie, die zwar in der „Saison" London oder Bath besuchte, aber froh war, den größten Teil des Jahres auf ihren Landsitzen zu verbringen. Dabei stellte ein Marsch von zwei Meilen zur sonntäglichen Messe einen nicht ungewöhnlichen Teil ihrer wenigen Vergnügungen dar. Erst in den 1770er Jahren, mit den neuen Gesetzen zur Pflasterung der Straßen, konnten die Engländerinnen den kontinentalen, dünnen Absatz annehmen. Dieser vergrößerte sich später zu einem Keil unter dem Fußbogen, da den Schuhen dort eine starke Stütze fehlte, um dem Gewicht der Trägerin standzuhalten.

Schuhmode ohne Grenzen

Die Jahre nach 1789, durch die napoleonischen Kriegszeiten hindurch bis zu den Revolutionen der 1830er Jahre verliefen chaotisch und brachten eine Vielfalt von Moden und Einflüssen aus den Ländern mit sich, die in diese Auseinandersetzungen verwickelt waren. Ab 1792 gab es ein Sortiment der alten spitzen Schuhspitze, wie auch die neue ovale Form (die tonangebende Mode der 1820er Jahre) und dann die eckige Form (*die* Mode ab 1830) mit Absatzhöhen von den ehemals 4 bis 5 cm bis hinunter zu 1 cm.

Nach 1830 erfand die Welt plötzlich eine neue Mode: ein schlichter Satinschuh für Frauen, genannt *Griechische Sandale*, der neoklassizistische Einflüsse erkennen ließ. Dieses Modell überlebte bis heute als Ballettschuh. Es hatte einen eckigen Zehenteil und eckigen Schuhhals, keine Nähte auf der Rückseite und, zum ersten Mal seit dem 16. Jahrhundert, keinen Absatz. Diese Schuhe wurden überwiegend in Paris hergestellt. Frankreich verlor zwar den Krieg, eroberte aber die Welt mit dieser zartesten aller Schuhkreationen. Die *Griechische Sandale* verbreitete sich über ganz Europa bis nach St. Petersburg und Moskau, in den Osten der USA, Südamerika und Australien. Die meisten Kostümmuseen besitzen heute zumindest ein Exemplar. Während die englische Romanautorin und Reiseschriftstellerin Mrs. Trollope sich 1832 über die New Yorkerinnen mokierte, die im Winter diesen „Mini-Slipper, der unfähig ist, auch nur soviel Feuchtigkeit abzuhalten, wie Tau auf einer Primel liegt" trugen, befinden sich die traurigsten Exemplare in den Stadtmuseen in Australien. Die Sohle dieses Emblems der Pariser Kultur und Frivolität war eigentlich zu schmal für erwachsene Füße, was bedeutete, dass man mit dem Vorderfuß und der Ferse auf den Seiten des Oberstoffes laufen musste. Somit wurde bei Bedarf der Oberstoff erneuert – manchmal auch öfter als nur einmal. Dann wurden die Schuhe getragen bis sie sehr schmutzig und manchmal kaum noch als Schuh erkennbar waren. Offensichtlich hochgeschätzt, blieben diese über Jahrzehnte heißbegehrten Schuhe Symbole eines leichteren Lebens.

Es war einzigartig, dass sich eine Damenmode so weit ausbreiten und so lange bestehen konnte, bis die Amerikaner zwischen 1885 und dem Ersten Weltkrieg mit der sogenannten „Amerikanischen Invasion" antworteten: Hierbei handelte es sich in erster Linie ebenfalls um eine Vielzahl von Modellen von Damenschuhen und -stiefeln, die erstmals als maschinengefertigte Massenprodukte aus Fabriken auf den Markt kamen.

Spezialisierung und der Weg zum Industrieprodukt

Zu dieser Zeit hatte sich bereits die industrielle Revolution über die ganze westliche Welt ausgebreitet und schuf neuen Reichtum oder neue Armut ebenso wie eine riesige Bandbreite industrieller Arbeit, deren Verrichtung unterschiedliche Schuhe erforderte. Bereits im Mittelalter verfügten einige Stiefel für Minenarbeiter über eine zusätzliche Sohle. Nun war es möglich, Schuhe für jeden

Beruf herzustellen, so spezialisiert, dass es schwierig ist, ihren Zweck heute immer zu erkennen, wenn die dazugehörige Geschichte verloren gegangen ist. Eine faszinierende Besonderheit sind die „zwiegenähten" Schuhe, die in den Bergen verwendet wurden, ferner als Arbeitsschuhe, zum Wandern oder Skifahren, und die originär aus Bayern zu kommen scheinen. Sie ähneln dem „stitchdown", oder „veldtschoen", wie er in den Schuhmachervierteln von Northampton bekannt ist, wobei das Oberleder am Sohlensaum nach außen gewandt ist statt nach innen, was wesentlich ist, um die Naht zu schützen. Unsere Schuhmacher betrachteten den „veldtschoen" immer als eine minderwertige Arbeit von Leuten, die nicht in der Lage waren, einen fachmännischen Rahmenschuh herzustellen. Die Forschung zeigte jedoch, dass „stitchdowns" schon im Mittelalter produziert worden waren und seitdem immer neue Auflagen erfahren haben. Manchmal waren sie für Kinder gedacht und möglicherweise von einem Familienmitglied hergestellt worden. Die in Deutschland, Österreich und Tirol hergestellten „zwiegenähten" Schuhe sehen aus, als könnten sie allen widrigen Umständen trotzen. Letztendlich handelt es sich um eine fachmännische Arbeit und die Komplexität des Produkts erklärt offenbar den hohen Preis. Mit den Bergschuhen haben wir ein gutes Beispiel für einen besonders auf die regionalen Umstände angepassten Schuh. Tatsächlich sollten Bergschuhe immer als eine eigenständige Einheit erforscht werden. Es ist schon beinahe zu spät, um all die raffinierten Lösungen zu erfassen, die für jedes Problem im Moment seines Entstehens gemacht wurden, nun da Berg- und Arbeitsschuhe ebenso wie beinahe jeder andere Schuhtyp miteinander „verklebt" sind.

Kleber war ein Begriff, der bei der Herstellung von Schuhen niemals auftauchte. In England benutzten die Schuhmacher früher „Paste" (hergestellt aus Weizen oder Roggen), und ab dem 19. Jahrhundert „Zement" aus Guttapercha oder Gummi. Heute sind die Klebevorgänge und Heißmethoden komplizierte chemische Prozesse, in denen neben nicht erneuerbaren Ressourcen auch Spezialistenwissen zum Einsatz kommt. Dieses liegt in der Regel jenseits der Kenntnisse jener Menschen, die etwas über Leder und Fäden und Spezialwerkzeuge gelernt haben, und auch jenseits der gelassenen Beharrlichkeit, die dem Beruf des Schuhmachers eigentlich den Namen „The Gentle Craft" gab.

Historischer Wandel wird in den Schuhen deutlich, die wir tragen, hergestellt aus vielen kleinen Teilen, die aus unterschiedlichen, unzusammenhängenden Farben und Materialien bestehen, mit neuen Methoden, sie zu vereinen oder zu injizieren, sodass der fertige Artikel keinerlei Ähnlichkeit mit dem menschlichen Fuß mehr hat. Wenn wir die Fähigkeit verlieren, einen wirklichen Schuh zu machen, wie sollen wir überleben? Gibt es irgendeine Sicherheit, dass wir auf unserem gegenwärtigen Weg weiter fortfahren können? Mein abschließender Kommentar: Leider sind viele Schuhe heutzutage für mich ganz einfach hässlich!

Übersetzung Renate Niemann

Schuhe aus der Vergangenheit – Für Archäologen seltene Objekte der Begierde

Petra Eisenach

Schritt halten, Fuß fassen

Zumeist schenken wir unseren Füßen kaum Beachtung. Vielleicht liegt es daran, dass sie so weit von unserem Kopf entfernt liegen. Doch sind es die Füße, die uns Menschen in Bewegung halten und uns überall hintragen. Mit angepasstem Schuhwerk sind unserer Bewegungsfreiheit keine Grenzen gesetzt, sodass weder Kälte noch Hitze, weder Dornen noch Steinchen unseren forschen Gang behindern. Wer dagegen barfuß das Haus oder die getrimmte Rasenfläche verlässt, schreitet nicht mehr unbekümmert dahin. Vielmehr richten wir unseren Blick auf den Weg vor uns, um nicht unversehens Unannehmlichkeiten oder gar Verletzungen an unseren empfindlichen Füßen zu erleiden. Der beschuhte Fuß ermöglicht Mobilität nicht nur im eigentlichen, sondern auch im übertragenen Sinne. Hierzu bemerkt Umberto Eco „Eine Menschheit, die in Schuhen herumzulaufen gelernt hat, hat ihr Denken anders orientiert als sie es getan hätte, wenn sie barfuß geblieben wäre."[1] Schuhe stehen daher auch für Fortschritt. Wir wollen Schritt halten, Fuß fassen und nicht hinterherhinken.

Ohne Luft haben Schuhe überlebt

Aus der Zeit vor dem Mittelalter sind nur wenige Schuhe erhalten. Dies hat verschiedene Gründe: Zum einen bestanden die damaligen Schuhe aus Naturmaterialien, die sich zumeist im Laufe der Zeit zersetzten. Es sei denn, sie haben unter Luftabschluss, beständiger Trockenheit oder Frost überdauert. Nur in Mooren, Gewässern, Brunnen, Kloaken, im Salz, in der Wüste oder im Eis haben Archäologen überhaupt eine Chance, Schuhe zu finden. Diese Umgebungen konservieren pflanzliche und tierische Produkte. Zum anderen waren Material und Herstellung von Schuhen teuer. Daher wurden sie solange geflickt und ausgebessert, bis sie auseinanderfielen. Dann verwertete der Schuster die noch brauchbaren Reste, sodass durch diesen Kreislauf des Recyclings aus alten Tretern wieder neue Schuhe wurden.

Von Pflanzenfasern und Tierhäuten zum Schuh

Die für die Schuhherstellung verwendeten Rohstoffe unterschieden sich nach Region und den zur Verfügung stehenden Materialien. Während beispielsweise am Bodensee die Schuhe der Jungsteinzeit (ca. 5500 – 2100 v. Chr.) aus Rindenbast bestanden, fertigte man zur gleichen Zeit in Spanien *Flip-Flops* aus Espartogras, das auf den Hochflächen im westlichen Mittelmeerraum beheimatet ist. Aus dem Alten Ägypten wiederum sind Sandalen überliefert (1250 v. Chr.), die aus Palmblättern geflochten waren. Stets war aber Leder das gängigste Rohmaterial. Es hat sich bis heute bewährt, weil es den Fuß sehr gut vor Verletzungen und Witterungseinflüssen schützt. Dazu ist es atmungsaktiv und einfach zu verarbeiten. Damit aus der Tierhaut Leder wird, muss sie gegerbt werden. Bei der Gerbung verändern sich die chemischen Eigenschaften des Naturprodukts. Statt zu verfaulen, wird es haltbar. Die Menschen der Jungsteinzeit konservierten Leder, indem sie es mit Fetten einrieben oder Rauch aussetzten. Das Gerben mit pflanzlichen Rohstoffen ist seit der Bronzezeit (ca. 2100 – 750 v. Chr.) bekannt. Griechen und Römer gerbten kostbare Leder mit Alaunsalzen, weil bei diesem Vorgang das Leder seine ursprüngliche Farbe behielt. Eine von zeitgenössischen Schriftstellern erwähnte zusätzliche Färbung bleibt leider selbst bei optimalen Fundumständen auf der Strecke. Durch die Lagerung im Boden und den dabei einsetzenden Entgerbungsprozessen verloren die Schuhe ihre ursprüngliche Kolorierung und wurden dunkelbraun oder schwarz. Wie aufwendig ein Schuh gestaltet und verziert war, hing davon ab, ob er in Heimarbeit oder vom Schuster angefertigt wurde, vom gesellschaftlichen Rang des Trägers und natürlich vom Einsatzbereich der Fußbekleidung. Zeitgenössische Beschreibungen und bildliche Darstellungen sowie Schmuck und Gefäße in Schuhform belegen eine Fülle an verschiedenartigen Schuhen durch die Zeiten. Von der Vielfalt der damals getragenen Schuhe ist jedoch nur einen Bruchteil überliefert!

Abb. 1
Mittelsteinzeitliches Felsbild aus der Gasulla-Schlucht, Spanien

Erster Schutz für Füße der Steinzeitmenschen

Veränderungen am Fußskelett früher Menschen, die vor ungefähr 40 000 Jahren in China lebten, führen Anthropologen auf einen Fußschutz zurück. Durch diesen wurden die Zehen insbesondere bei der Abrollbewegung des Gehens und Laufens weniger stark beansprucht. Im Vergleich zu Barfußläufern nahmen deshalb Dichte und Größe der Knochen ab. In Europa sind die bisher ältesten Nachweise für diese anatomische Veränderung rund 26 000 Jahre alt[2]. Warum gingen manche Personen nicht mehr permanent barfuß? Vorstellbar wäre einerseits, dass durch Unfälle am Fuß Versehrte über lange Zeiträume, wenn nicht gar ihr Leben lang, Bandagen anlegten, um ihre Extremitäten zu stabilisieren. Andererseits erscheint es nur logisch, seine Füße vor dornigem Gestrüpp, steinigem Boden, Kälte, Hitze, Gifttieren und diversen anderen Widrigkeiten schützen zu wollen. Wie dieser Fußschutz ausgesehen hat, wissen wir leider nicht. Auch unklar bleibt, ob die damaligen Menschen ihre Füße lediglich mit Lederstreifen umwickelten, oder ob sie wirklich schon Schuhe im eigentlichen Sinne kannten.

Einen ersten Eindruck vom Schuhwerk der Jäger und Sammler geben südeuropäische Felsmalereien aus der Mittelsteinzeit (ca. 10 000 – 5500 v. Chr.). Mit Pfeil und Bogen bewaffnete Jäger verfolgen im gestreckten Galopp davon stiebendes Wild [Abb. 1]. Deutlich hervorstechende breite Waden sowie Verdickungen unterhalb der Knie erwecken beim Betrachter den Eindruck, dass die dargestellten Personen geschnürte Stiefel bzw. Stulpenstiefel tragen. Diese mutmaßlichen Stiefeldarstellungen bleiben nicht über jeden Zweifel erhaben. Es ist durchaus möglich, dass die Jäger ihre Beine lediglich mit Federn oder Bändern schmückten und über eine gut trainierte Wadenmuskulatur verfügten. Aber mit Stiefeln auf die Jagd zu gehen erscheint mehr als plausibel. Denn sie schützen den Jäger nicht nur vor Gefahren, die direkt auf dem Boden lauern, sondern auch vor hartem Buschwerk in Knöchel- und Wadenhöhe. Folglich konnte der Mensch dank Stiefeln das Wild ungehindert verfolgen und sicherte so die Lebensgrundlage seiner Sippe.

Die ältesten in Europa erhaltenen Schuhe sind ungefähr 5300 Jahre alt und gehörten dem Mann vom Hauslabjoch, bekannt als „Ötzi". Er erlitt seine tödlichen Verletzungen beim Überqueren des Alpenkamms auf über 3000 m Höhe. Er trug einen raffiniert konstruierten Schuh Größe 37/38[3] aus drei Isolierschichten[4]. Die Sohle bestand aus Bärenleder, dessen Fellseite nach innen gewendet war. Den Schaft bildete, nach neuesten Erkenntnissen, ein mit Rindsleder überzogenes Geflecht aus Lindenbastschnüren. Zwischen Innen- und Außenschuh sorgte eine Heupolsterung dafür, dass Ötzi warme Füße hatte und sich keine Blasen lief. In Nachbauten dieser prähistorischen Schuhe fanden mehrfach Alpenwanderungen statt. Testpersonen waren zum einen Mitglieder der Filmfamilien der Reihe „Steinzeit – Das Experiment"[5], die in „steinzeitlichen" Verhältnissen lebten, sowie zum anderen Forscher um den tschechischen Schuhwissenschaftler Petr Hlavácek. Die Erfahrungen überraschten: Trotz ihres klobigen Äußeren sind die Schuhe sehr bequem. Sie schützen die Füße vor Hitze, Kälte und einem harten Untergrund. Entgegen der Vermutung, dass die glatte Außensohle für hochalpine Verhältnisse in Eis und Schnee unzweckmäßig sei, zeigte sich im Experiment, dass die Schuhe sehr wohl zum Überqueren der Alpen geeignet waren: Die Wärmedämmeigenschaften sind hervorragend und übertreffen sogar modernes Schuhwerk; auch die Haltbarkeit ist zufriedenstellend. Die Schuhe sind atmungsaktiv, aber leider nicht wasserdicht.

Von Bastlatschen zu den Klassikern Opanken

Nicht viel jünger als die Stiefel Ötzis sind Sandalen aus den Siedlungen bei Sipplingen und Allensbach am Bodensee[6]. Dort sowie an den Ufern anderer größerer Seen ließen sich Ackerbauern und Viehzüchter nieder und lebten vom Fischfang. Zu den im Wasser konservierten Hinterlassenschaften der Bewohner gehörten auch Schuhe aus Lindenbast [Abb. 2]. Für deren Herstellung schälte man die Rinde mit dem Bast vom Stamm und legte sie ins Wasser. Nach mehreren Wochen konnte der feinfaserige Bast gespült und anschließend getrocknet werden. Danach war er für die Verarbeitung bereit. Die Schuhe bestanden aus mehreren miteinander verflochtenen Baststreifen, die mittels Schnüren auf dem Fußspann befestigt wurden.

Abb. 2
Jungsteinzeitliche Lindenbastsandale und ihr Nachbau aus einer Feuchtbodensiedlung bei Sipplingen am Bodensee

Abb. 3
Bronzezeitliche Opanken mit Schnittmusterzeichnung, aus niederländischen Mooren bei Buinerveen und Bargercompascuüm

In den Mooren Mittel- und Nordeuropas stießen Torfstecher seit Beginn des Torfabbaus immer wieder auf Relikte aus der Vergangenheit: Im niederländischen Buinerveen wurde der linke Schuh eines Erwachsenen (Gr. 39) aus der Bronzezeit gefunden, der aus einem ovalen Stück Rindsleder bestand. Dieses weist rundherum unterhalb des Randes Schlitze auf, durch die ein Lederband gefädelt und das Leder zum Schuh gerafft wurde. Ungefähr gleich alt und ähnlich konstruiert war der vermutlich rechte Kinderschuh (Gr. 32) aus Bargercompascuüm in den Niederlanden [Abb. 3]. Dem Schnittmuster lag eine halbovale Form zu Grunde, wobei der gerade hintere Rand für die Fersennaht bestimmt war.
Diese Funde zeigen, dass sich die Schuhe von Kindern und Erwachsenen kaum unterschieden. Jung und Alt trugen das gleiche Schuhmodell, die sogenannte Opanke. Seit vorgeschichtlichen Zeiten ist sie der „Klassiker" unter den Schuhen. Denn jeder konnte sie selbst anfertigen. Noch bis ins 20. Jahrhundert war sie bei Hirten in Südosteuropa gebräuchlich. Im Sommer schlüpften sie barfuß in die Opanken, im Winter umwickelten sie ihre Füße zum Schutz gegen Nässe und Kälte mit Lappen aus Leder, Wolle oder Leinen. Vermutlich wussten sich vorgeschichtliche Opankenträger ähnlich zu helfen. Aus verschiedenen Epochen wiesen Archäologen Reste von Einlegesohlen aus Moos und Strümpfen aus Wolle [Abb. 4 und 5] nach[7].

In keltischen Salzbergwerken (6.–3. Jahrhundert v. Chr.) Österreichs – maßgeblich in den Revieren Hallein und Hallstatt – fanden Archäologen zahlreiche persönliche Ausrüstungsgegenstände damaliger Bergleute, darunter auch abgetragene und verschlissene einzelne Opanken aus Leder[8]. Das Salz entzog dem Leder die Feuchtigkeit und so die Lebensgrundlage der zerstörerisch wirkenden Bakterien. Die Hallstätter Schuhe bestanden aus einem rechteckig zugeschnittenen Leder, das an der vorderen Schmalseite mittig eine rechteckige Zunge aufwies. Die hintere Schmalseite wurde zur Ferse vernäht, die vordere Zunge beim Hineinschlüpfen umgeschlagen und anschließend wurden die Seitenteile nach dem bekannten Prinzip so gerafft, dass sich der Schuh dem Fuß anpasste. Von einer Modifikation des Schuhzuschnitts zeugen die Funde aus Hallein: Die Ausgangsform blieb ein rechteckiges Stück Leder, jedoch ohne vordere Zunge. Am Rand entstanden Ösen für die Schnürung durch das Ausschneiden größerer Dreiecke, die nicht nur eine praktische, sondern darüber hinaus auch eine dekorative Funktion erfüllten. In Anbetracht der unterschiedlichen Schuhgrößen müssen in den keltischen Bergwerken sowohl Erwachsene als auch Kinder gearbeitet haben. Für ihre Schicht unter Tage trugen sie kein spezielles Schuhwerk, sondern die bei der bäuerlichen Bevölkerung weit verbreiteten Opanken.

Italienischer Schick und traditionelle Mode

Hochstehende Persönlichkeiten der Kelten trugen Schnabelschuhe nach der oberitalischen Mode der Etrusker. Diese Schuhe waren luxuriöser als die Opanken der Bauern und wurden bereits mit Hilfe von Schuhleisten gefertigt. Ein solcher Leisten mit hochgebogener Spitze aus Sommerein in Österreich dokumentiert[9], dass Schnabelschuhe nicht nur aus Italien bezogen, sondern auch nördlich der Alpen hergestellt wurden. Darstellungen auf etruskischen Grabmalereien sowie auf etruskischen und keltischen Fundstücken zeigen, dass es sich bei den Schnabelschuhen um Halbstiefel und Stiefel handelte. Von ihnen ist bislang keiner erhalten, übrig blieben allein Metallapplikationen wie Bronze-

Abb. 4
Eisenzeitlicher Innenschuh aus Wolle vom Rieserferner Gletscher

Abb. 5
Eisenzeitliche Beinlinge aus Wolle vom Rieserferner Gletscher

knöpfe. Unikate stellen auf Spann und Knöchel aufgenähte und verzierte Goldbleche aus dem reich ausgestatteten Fürstengrab in Hochdorf (Mitte 6. Jahrhundert v. Chr.) dar[10]. Diese Schuhbesätze zeugen von prächtigen – mindestens halbhohen – vorne geschnürten Schnabelstiefeln [Abb. 6]. Diese waren eigens für die Bestattung angefertigt und dem Toten seitenverkehrt angezogen worden. Das Vertauschen der Schuhe geschah vielleicht vor dem Hintergrund, eine Rückkehr des Verstorbenen ins Diesseits zu verhindern.

Mit der Ausdehnung des Römischen Reichs um die Zeitenwende brachten die Römer auch ihre Schuhmoden in die von ihnen eroberten Gebiete mit. Die Schuhe bestanden zumeist aus einer Innensohle (Brandsohle), einer Außensohle sowie dem Oberschuh (Schaft). Die einzelnen Komponenten wurden miteinander vernäht oder verklebt. Die Schuhherstellung war zum Handwerk geworden, der Beruf des Schusters hatte sich etabliert.

Beispiele römischer Schuhe finden sich in vernässten Brunnen und Gräben römischer Städte, Militärlagern oder Kastellen. In erster Linie handelt es sich dabei um Militärstiefel, die sogenannten *caligae*. Ein kleiner Junge erhielt wegen seiner Vorliebe für diese Militärstiefel den Spitznamen Caligula, „Stiefelchen", mit dem er später als Kaiser in die Geschichte einging. Die *caligae* bestanden bis zur Mitte des 2. Jahrhunderts n. Chr. aus einem durchbrochenen, sandalenartigen Oberleder und einer genagelten Sohle. Auf ihr fanden pro Schuh über 100 Eisennägel Platz, die ein vorschnelles Abnutzen der Sohle verhindern und Bodengriffigkeit bieten sollten. Die *caligae* wogen somit schwer: 1300 g pro Paar!

Abb. 6
Keltenzeitliche goldene Schnabelschuhbeschläge aus dem Fürstengrab von Hochdorf

Verschiedene Gehversuche zeigten, dass die Nagelung auf rutschigem Untergrund festen Stand bietet und Bodenunebenheiten wie spitze Steine oder Schotter sich nicht schmerzhaft auf die Fußsohle auswirken. Auf harten Untergründen geht es sich mit genagelten Schuhen allerdings unangenehm. Das Marschieren mit bereits abgeschliffenen Nägeln auf glatten abgenutzten römischen Straßen erweist sich nicht nur für den modernen *caliga*-Träger als tückisch: Der Geschichtsschreiber Flavius Josephus (37/38 – ca. 100 n. Chr.) berichtete von einem Soldaten Julianus, der, als er über Kopfsteinpflaster eilte, ausrutschte und rückwärts niederfiel. Die aufschlagende Rüstung machte unglücklicherweise seine Feinde aufmerksam[11]. Solche Vorfälle waren jedoch für die Römer kein Grund, auf genageltes Schuhwerk zu verzichten. Vielmehr gingen die Schuster mit diesem Element spielerisch dekorativ um: Während der römischen Epoche wiesen die Sohlen vielfältige Muster und Verzierungen auf, denen eine Unheil abwehrende Funktion nachgesagt wurde. In diese Richtung verweisen vermutlich auch Fibeln aus Eisen oder Bronze in Schuhsohlenform.

In den römischen Provinzen waren jedoch nicht nur Soldaten stationiert, sondern sie wurden von Handwerkern, Beamten und Frauen begleitet, von denen ebenfalls Schuhe überliefert sind. Im Kastell Saalburg, das zwischen dem 1. und 3. Jahrhundert n. Chr. den Limes an der Wetterau sicherte, wurde in einem ehemaligen Brunnen eine rechte, vollständige Frauensandale (Gr. 36)

gefunden[12]. Von ihrer Form her würden wir sie heute als Flip-Flop bezeichnen [Abb. 7]. Auf dem verzierten und ehemals vergoldeten breiten Querriemen prangt ein in Messing gefasster Topas. Darüber hinaus, da sich wohl nur die Vermögenden überhaupt Luxus an den Füßen leisten konnten, regelten zeitgenössische Kleiderbestimmungen, dass nicht alle Frauen Gold oder Edelsteine am Schuh tragen durften[13]. Zudem waren Sandalen bis ins 3. Jahrhundert n. Chr. nur Kindern und Frauen vorbehalten, für Männer waren sie nicht standesgemäß. Diese Indizienkette führt zu dem Ergebnis, dass die edlen Sandalen aus der Saalburg einst sicherlich einer Dame gehörten, die zur wohlhabenden Patrizierschicht zählte.
Trotz intensiver Kontakte mit der römischen Kultur fand deren Schuhmode bei den Germanen offenbar kaum Anklang. Sie hielten es weiterhin mit den Klassikern – den Opanken[14]. Im Vergleich zu den älteren Modellen wurde das Leder, das den Spann bedeckte, in filigrane Riemen und Schlaufen geschnitten, die teilweise durch eingekerbte oder eingepunzte geometrische Muster verziert waren. Unter den wenigen erhaltenen Stücken aus den Moorgebieten Mittel- und Nordeuropas gibt es symmetrische und asymmetrische Formen – d. h. die Schürung befand sich sowohl mittig als auch seitlich.
An römischen Standorten entlang des obergermanisch-rätischen Limes waren im 3. Jahrhundert n. Chr. ähnliche Modelle dieses einfachen Schnürschuhs üblich, die lateinisch *cabertinae* genannt wurden. Bei diesen verschmolzen germanische und römische Einflüsse. Die Machart ist eher auf germanische, Gerbung und Schnittmuster auf römische Ursprünge zurückzuführen.

War erlaubt, was gefiel?

Bis ins Mittelalter blieben Opanken tonangebend. Vorübergehend feierten im 6. und 7. Jahrhundert schnabelartige hochgebogene Spitzen ihr Comeback[15]. In der Schuhmode äußerte sich aber nicht nur der Zeitgeschmack, sondern auch der soziale Rang der Menschen. Adelige und gekrönte Häupter unterstrichen ihre Vormachtstellung beim Schuhwerk durch Stickereien oder Edelsteinbesatz. So schilderte Einhard, der Hofbiograf Karls des Großen, dass der König an Festtagen ein goldfarbenes Gewand anlegte und dazu Schuhe mit Edelsteinbesatz und eine goldene Fibel trug[16]. Dieser Bericht sowie wenige andere erhaltene Schriftzeugnisse lassen den Schluss zu, dass Normen oder Vorschriften bestimmten, wer was tragen durfte. Schuhwerk trennte also den Bauern vom Fürsten, die Unterschicht von der Oberschicht. Die Reglementierungen lockerten sich erst im letzten Jahrhundert und heute gilt: Erlaubt ist, was gefällt! Dennoch haben wir früher wie heute ganz klare Vorstellungen davon, was sich gehört und was nicht. Wenn etwa Cicero im 1. Jahrhundert v. Chr. über Marc Anton spottete, weil dieser zur Toga nicht die dazugehörigen geschlossenen Schuhe, sondern Sandalen getragen hatte, ist das sicher nicht viel anders zu beurteilen, als wenn wir uns heute über besockte Sandalenträger mokieren.

Abb. 7
Römerzeitliche Frauensandale aus dem Kastell Saalburg

Anmerkungen

[1] Umberto Eco: Das Lendendenken. In: Umberto Eco: Über Gott und die Welt. Essays und Glossen, 1985, S. 222.

[2] Erik Trinkaus: Anatomical evidence for the antiquity of human footwear use. Journal of Archaeological Science 32(10), 2005, S. 1515–1526. – Erik Trinkaus; Hong Shang: Anatomical evidence for the antiquity of human footwear: Tianyuan and Sunghir. Journal of Archaeological Science 35 (7), 2008, S. 1928–1933.

[3] Die Schuhgröße errechnet sich wie folgt: Schuhlänge (in cm) 2 x 3 = Europäische Schuhgröße. Heutige Schuhe sind 1 bis 2 cm länger als der eigentliche Fuß. D. h. wenn wir auf den Fuß geschnittene Opanken tragen möchten, müssten wir zu ein bis zwei Nummern kleineren Modellen greifen.

[4] Anne Reichert: Ötzi-Schuhe – High Tech der Steinzeit. Anzeiger AEAS 2005: S. 8–9. Anne Reichert, Von Kopf bis Fuß – gut behütet und beschuht in der Steinzeit. Rekonstruktion von neolithischer Kopf- und Fußbekleidung und Trageversuche. Experimentelle Archäologie in Europa, Bilanz 2006, S. 7–23.

[5] „Steinzeit – Das Experiment. Leben wie vor 5000 Jahren". Vierteilige Dokumentation des SWR 2006. – Rolf Schlenker; Almut Bick: „Steinzeit – Leben wie vor 5000 Jahren", 2007. Das Begleitbuch zum ARD-Vierteiler.

[6] Udelgard Körber-Grohne; Annemarie Feldtkeller: Pflanzliche Rohmaterialien und Herstellungstechniken der Gewebe, Netze, Geflechte sowie anderer Produkte aus den neolithischen Siedlungen Hornstaad, Wangen, Allensbach und Sipplingen. Siedlungsarchäologie im Alpenvorland V. Forschungen und Berichte zur Vor- und Frühgeschichte in Baden-Württemberg 68, 1998, S. 131 – 242. – Annemarie Feldtkeller; Helmut Schlichtherle: Jungsteinzeitliche Kleidungsstücke. Archäologische Ausgrabungen 38/39, 1987, S. 74–84.

[7] Anne Reichert: Weich und warm auf Moossohlen. Experimente zur „Rheumasohle" von Zug. In: Jahrbuch der Schweizerischen Gesellschaft für Ur- und Frühgeschichte 85, 2002, S. 45–54. – Marta Bazzanella; Lorenzo Dal Ri; Alfio Masperot; Irene Tomedi: Iron Age Textile artefacts from Riesenferner / Veretta di Ries (Bolzano / Bozen – Italy). In: Peter Bichler; Karina Grömer; Regina Hofmann-de Keijzer; Hans Reschreiter (Hrsg.): Hallstatt Textiles. Technical Analysis, Scientific Investigation, and Experiment on Iron Age Textiles. BAR International Series 1351, 2005, S. 151–160.

[8] Fritz Eckart Barth: Prähistorisches Schuhwerk aus den Salzbergbauen Hallstatt und Dürrnberg/Hallein. In: Andreas Lippert; Konrad Spindler (Hrsg.): Festschrift zum 50jährigen Bestehen des Institutes für Ur- und Frühgeschichte der Leopold-Franzens-Universität Innsbruck. UPA 8, 1992, S. 25–35.

[9] Johannes-Wolfgang Neugebauer: Tönerne Leisten für Schnabelschuhe der Hallstattkultur aus Sommerein, Niederösterreich. Archäologisches Korrespondenzblatt 10, 1980, S. 331–336.

[10] Jörg Biel: Der Keltenfürst von Hochdorf, Stuttgart 1998.

[11] Flavius Josephus: Geschichte des Jüdischen Krieges, VI.1.

[12] Anna Lisa Busch: Die römerzeitlichen Schuh- und Lederfunde der Kastelle Saalburg, Zugmantel und Kleiner Feldberg. Saalburg Jahrbuch 22, 1965, S. 158 – 210.

[13] Heliogabalus / Elagabal, Scriptiores historiae augustae, Antonius Heliogabalus IV. 4.

[14] Olaf Goubitz; Carol van Driel-Murray; Willy Groenman-van Waateringe: Stepping through Time. Archaeological Footwear from Prehistoric Times until 1800, 2001.

[15] Frühmittelalterliche Opanke aus Munstersche Veld (Drents-Musuem, Assen, Niederlande, Inv. Nr. 1890 / VI 6)

[16] Einhard, Vita Karoli Magni (Das Leben Karls des Großen), bearb. von Reinhold Rau. In: Quellen zur karolingischen Reichsgeschichte. 1. Teil, Ausgewählte Quellen zur deutschen Geschichte des Mittelalters 1980, S. 194 f.

Die Schuhe des Mannes aus dem Eis

Markus Egg und Roswitha Goedecker-Ciolek

Das unerwartete Auffinden des Mannes aus dem Eis vom Hauslab- bzw. Tisenjoch, in der Gemeinde Schnals in Südtirol, direkt an der Grenze zwischen Italien und Österreich, bot der Urgeschichtsforschung einen ungewöhnlichen Einblick in die vorgeschichtliche Bekleidung[1]. Da diese in der Hauptsache aus organischen Materialien bestand, die sich bei längerer Lagerung im Boden normalerweise vollständig zersetzen, wären unter normalen Erhaltungsbedingungen vom Mann aus dem Eis im besten Fall nur das Skelett, die Kupferbeilklinge, die Klinge des Feuersteindolches, zwei Pfeilspitzen aus Feuerstein, drei kleine Feuersteinwerkzeuge, eine Knochenahle und vier Geweihspitzen übrig geblieben. Die Einlagerung im Gletschereis ermöglichte jedoch die Erhaltung der organischen Materialien und zum ersten Mal steht die Archäologe vor einer fast vollständigen Kleidung eines Menschen aus der ausgehenden Steinzeit bzw. Kupferzeit. Wir wissen heute anhand der Ergebnisse von mehreren C-14-Analysen, dass der Mann aus dem Eis im Zeitraum zwischen 3350 und 3120 v. Chr. und damit in der Kupferzeit gelebt haben dürfte[2].

Zur Kleidung des Mannes aus dem Eis gehörten auch zwei freilich nur sehr schlecht erhaltene Schuhe[3]. Sie waren zu Beginn der Untersuchungen zum Mann im Eis das einzige Kleidungsstück, das sich eindeutig identifizieren ließ, denn der rechte saß, trotz stark beschädigtem Zustand, auch nach der turbulenten Bergung im Jahre 1991 noch am Fuß des Toten[4]. Nach einer ausführlichen Dokumentation konnte der Schuh in ein Tuch eingeschlagen und abgenommen werden. Anfangs erkannte man nur ein Durcheinander von Gräsern, Schnüren und Lederresten; irgendwelche Strukturen waren kaum ersichtlich. Die Tatsache, dass er am Fuß des Toten saß, belegte eine Nutzung dieses Gebildes als Schuh. Auch die noch schlechter erhaltenen Überreste des zweiten Schuhes ließen sich durch den Vergleich mit dem ersteren identifizieren. Nach der eingehenden Konservierung und Restaurierung wurde der Aufbau der Schuhe sichtbar.

Vereinfacht dargestellt bestehen beide Schuhe aus einem ovalen Sohlenleder, dessen Ränder von einem kräftigen Lederriemen eingefasst waren, mit dem der Sohlenrand ein oder zwei Zentimeter hochgezogen wurde. An diesem Lederriemen wurde ein Netz aus Grasschnüren, das den Spann und die Ferse bedeckte, befestigt. Diese Vorrichtung sollte das aus Wärmeschutzgründen in die Schuhe gestopfte Heu fixieren. Die Analyse der Gräser aus dem linken Schuh zeigte[5], dass der Mann aus dem Eis verschiedene Arten in seine Schuhe stopfte: nämlich *Brachypodium pinnatum, Nardus stricta, Festuca-Typ 1, 3* und *4, Agrostis-Typ* usw. Die meisten davon wachsen in den Hochalpen, nur *Brachypodium pinnatum* kommt nur in Tallagen vor. Daraus folgte, dass der Mann aus dem Eis bereits in den Tallagen Gräser in die Schuhe gestopft und auf seinem Weg durch die Berge diese Wärmeisolation ersetzt bzw. vervollständigt haben musste. Das Schnurnetz wurde noch von einem

Oberleder überdeckt, das zumindest vorne mit der Sohle vernäht war. Im Fersenbereich war das Oberleder komplett weggerissen. Das Oberleder sollte den Schuh vor von oben eindringender Nässe abdichten. Der schlechte Zustand der Lederelemente, der sich von dem der restlichen Kleidungsreste deutlich unterschied, dürfte mit der starken Beanspruchung der Schuhe im alpinen Terrain in ursächlichem Zusammenhang stehen. Die Einzigartigkeit der Schuhe, die sich im Detail ein wenig voneinander unterscheiden, erfordert eine genauere Beschreibung.

Der rechte Schuh

Wie oben schon erwähnt, verblieb dieser Schuh an der Leiche und wurde erst im Innsbrucker Institut für Anatomie abgenommen. In die Öffnung wurde ein Styroporkeil eingebracht, um spätere Untersuchungen zu erleichtern. Erhalten blieb nur der vordere Teil des Schuhes. Der Fersenteil fehlt vollständig. Es handelte sich um einen ca. 29 x 17 cm großen ovalen Grasfladen, den stark abgebautes Leder bzw. Fell umhüllte und in dem Fell- bzw. Lederriemen und Bastschnüre zu erkennen waren.

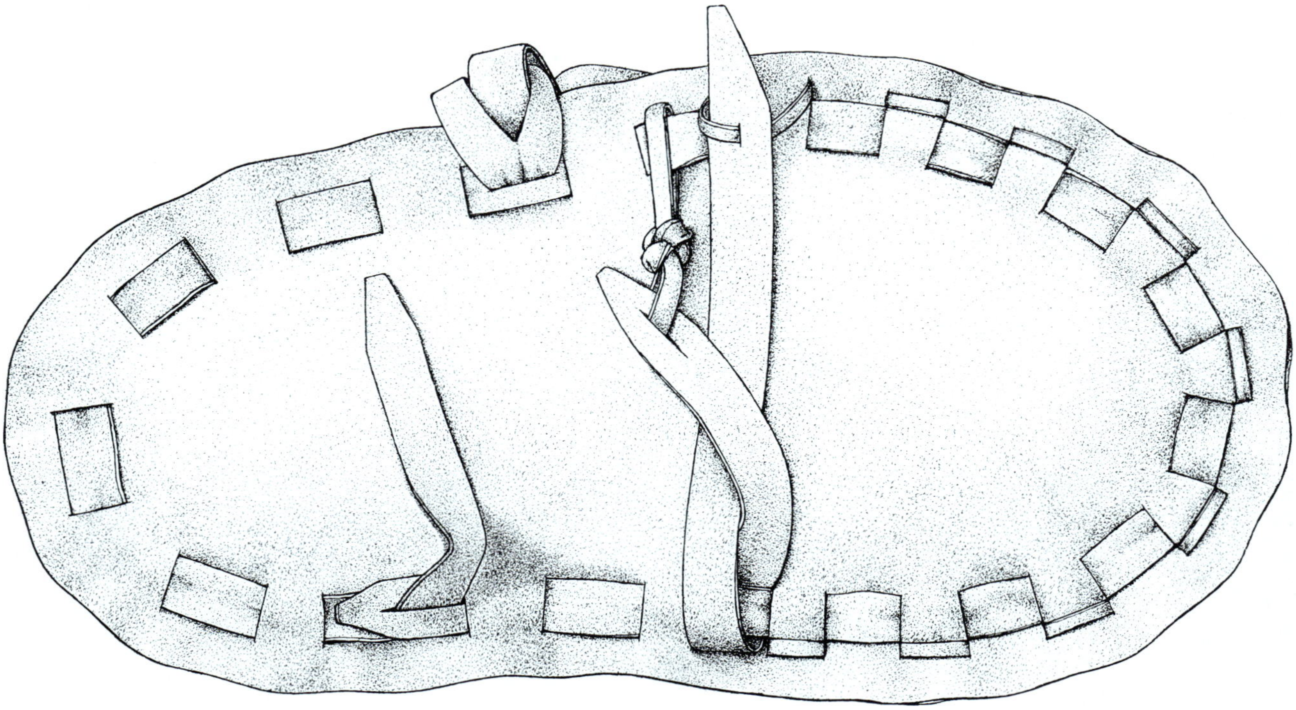

Die Sohle [Abb. 1] bestand aus einem ovalen Bärenfellstück[6], wobei die Haarseite nach innen getragen wurde. Umlaufend wurden in den Sohlenrand Schlitze eingeschnitten, durch die in Vorstichtechnik ein 1,5–2 cm breiter Lederriemen gezogen wurde. An diesem Lederstreifen wurde ein quer über die Sohle laufender, sich überkreuzender Lederriemen befestigt, der sehr wahrscheinlich als Profil das Ausgleiten auf rutschigem Untergrund verhindern sollte. Die Enden des Querriemens wurden mittels eines schmäleren Lederstreifens verlängert und verknotet.

Abb. 1
Rekonstruktion der Schuhsohle

An dem umlaufenden Lederriemen am inneren Sohlenrand wurde ein Geflecht aus Bastschnüren fixiert [Abb. 2][7]. Das Geflecht des rechten Schuhes ist sehr viel schlechter erhalten als das des linken. Viele Schnüre sind abgerissen und es fehlt die gesamte Fersenpartie. Im „Zuschnitt" des Geflechtes gibt es deutliche Unterschiede zwischen den beiden Schuhen. Während das noch zu beschreibende Geflecht des linken Schuhes sehr genau der Form eines Fußes folgt, indem die senkrechten Schnüre radial aus dem Rand herauswachsen, besitzt das Geflecht aus dem rechten Schuh eine Bandform, die mit Hilfe von Schnüren der Form eines menschlichen Fußes angepasst wurde. Es verjüngt sich zu beiden Enden hin. Man faltete es in der Mitte, um so der Form des Fußes gerecht zu werden. Die senkrechten Schnüre wurden in regelmäßigen Abständen von ca. 2 cm horizontal mit locker gedrillten Fäden mit einfachen Fingerknoten [8] verbunden, sodass eine Gitterstruktur entstand. Das Geflecht wurde an mehreren Stellen mit Lederriemchen repariert. Dieses gitterförmige Geflecht besaß die Aufgabe, das aus Gründen der Wärmeisolation in den Schuh gestopfte Gras bzw. Heu zusammenzuhalten. Als „Schnürsenkel" diente ein einstufiger Zwirn in Z-Drehung mit einem Durchmesser von 3–6 mm [9]. Er besteht aus zwei S-gedrillten Fäden mit einem Durchmesser von 2–3 mm. Dieser „Schnürsenkel" verband über dem Rist die beiden Geflechthälften und fixierte den Schuh am Fuß des Trägers. Im Inneren der Heueinlage des rechten Schuhes konnte noch ein Zehennagel der Leiche vom Hauslabjoch entdeckt werden [10].

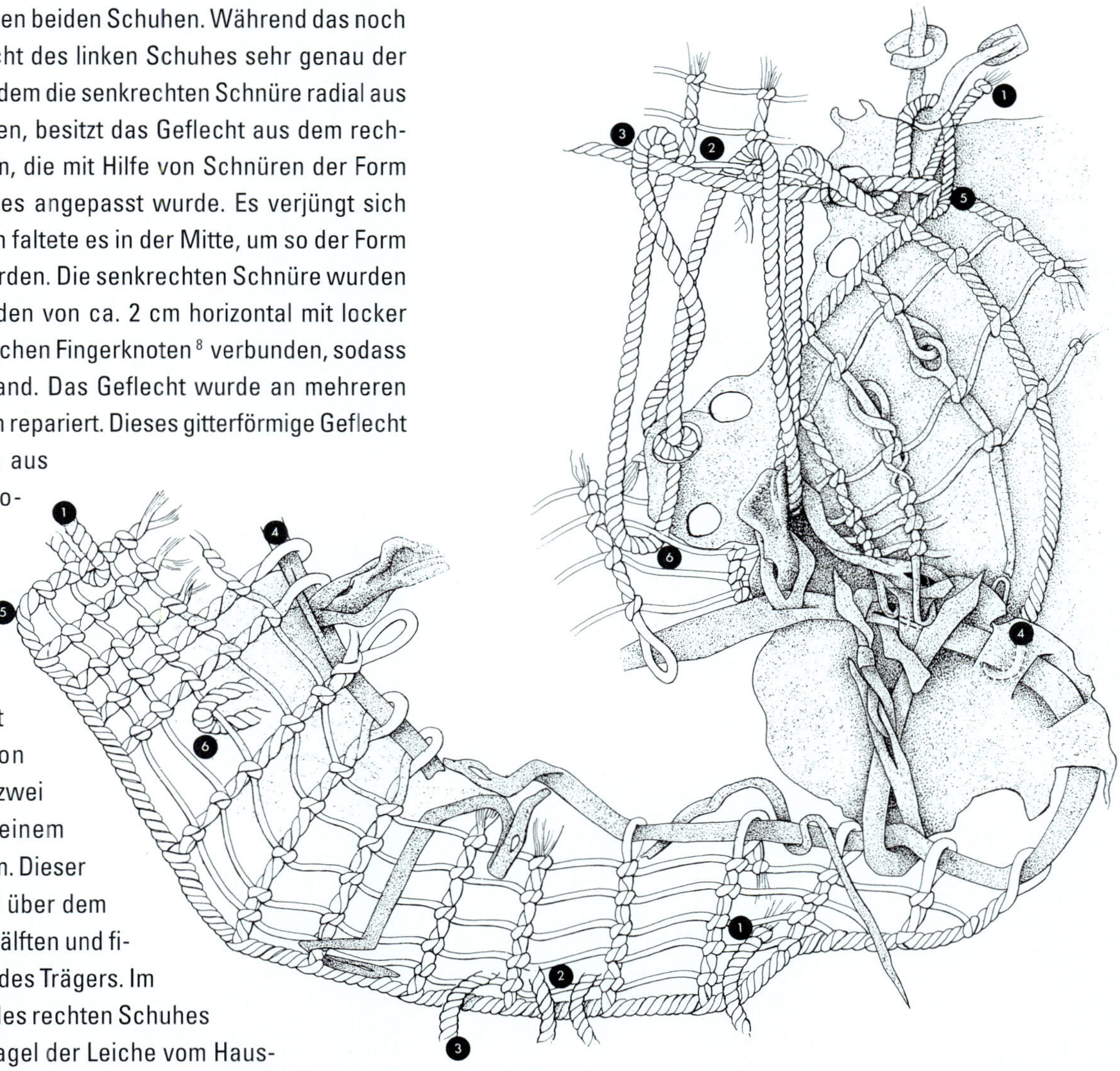

Abb. 2
Arbeitsskizze vom Aufbau des rechten Schuhes aus Leder und Bastschnüren. Die Zahlen zeigen die Zusammengehörigkeit und den Verlauf der einzelnen Riemen und Schnüre an. M = 1 : 2

Das stark abgebaute Oberleder aus Hirschhaut [11], das mit der Haarseite nach außen getragen wurde, blieb nur im Vorderteil erhalten. Es wurde mit einem ca. 0,5 cm breiten Lederriemchen im Vorstich mit der Sohle fest vernäht, wobei die für den umlaufenden Lederstreifen eingeschnittenen Schlitze in der Sohle mitbenutzt wurden. Am Oberrand des Oberleders wurden mehrere Löcher eingeschnitten, durch die der „Schnürsenkel" gezogen wurde. Er verschloss damit nicht nur das innere Bastgeflecht, sondern auch die Oberlederkonstruktion. Unter dem Schnürsenkel und unter dem Oberleder befand sich noch ein zungenförmiges Stück Hirschfell mit besonders langen Haaren[12], das laschenförmig am Unterrand des rechten Legging angenäht war. Die Schuhe wurden demzufolge über den unteren Abschluss des Beinlings gezogen und anschließend verschnürt. Dabei gewährleistete die Hirschfelllasche eine dichte Verbindung zwischen Schuh und Beinkleid und verschloss die Schnürung der Schuhe.

Der linke Schuh

Die auf den ersten Blick kümmerlichen Überreste des linken Schuhes, von dem in der Hauptsache nur das Bastschnurgeflecht und das isolierende Gras/Heu erhalten geblieben waren, ließen sich zu Beginn der Untersuchungen kaum als solcher erkennen. Nach der Konservierung kam jedoch eine filigrane Konstruktion aus Bastschnüren zum Vorschein, die sehr viel besser erhalten war als die aus dem rechten Schuh. Bedauerlicherweise fehlt aber auch hier das Fersenteil.

Geringe Fellreste haben sich nur im Bereich der Fußspitze erhalten. Da an den Verbindungsstellen der Fellteile wie an den Schlaufen des Bastgeflechtes noch Reste von Tierhaaren feststecken, dürfte das Ober- wie das Sohlleder entsprechend dem rechten Schuh aus Fell angefertigt worden sein.

Abb. 3
Das Netzgeflecht aus dem linken Schuh

Sehr viel besser blieb das Bastgeflecht des linken Schuhes erhalten [Abb. 3], das sich sehr gut der Form eines menschlichen Fußes anpasst. Das gitterartig aufgebaute Geflecht besteht aus gedrillten und verzwirnten Bastschnüren. Die Form des Geflechtes bestimmen 15 senkrecht angeordnete Längsstränge, die radial aus einem horizontalen ringförmigen Oberrand hervorwachsen. Der Rand beginnt mit einem einstufigen Zwirn, um dann in einen dreistufigen zu wechseln. Die Längsschnüre wurden aus je zwei Z-gedrillten, festen Fäden zu S-gedrehten Schnüren verzwirnt. Unten bilden sie eine Schlaufe. Der Durchmesser der Fäden beträgt 2–4 mm, der der Schnur 5–6 mm.

Die Längsstränge wurden horizontal in regelmäßigen Abständen von ca. 2 cm mit locker in S-Drehung gedrillten Fäden mit einfachen Fingerknoten verbunden, sodass auch hier eine Gitterstruktur entstand. Der Durchmesser der Fäden variiert zwischen 2 und 3 mm. Am Oberrand des Geflechts wurde vorne eine gezwirnte Schnur eingehängt, die mit zwei Z-gedrillten Fäden in S-Drehung beginnt und anschließend durch Hinzufügen eines weiteren Fadens verstärkt wurde. Diese Schnur ist ca. 52 cm lang und ihr Durchmesser beträgt am Anfang 7 mm und verjüngt sich zum Ende hin auf 3 mm. Sie läuft in einem einstufigen Zwirn aus. Diese Schnur erfüllte wie beim rechten Schuh den Zweck eines „Schnürsenkels", mit dessen Hilfe die Öffnung des Geflechtes und wahrscheinlich auch des Oberleders den Fesseln des Trägers angepasst werden konnte.

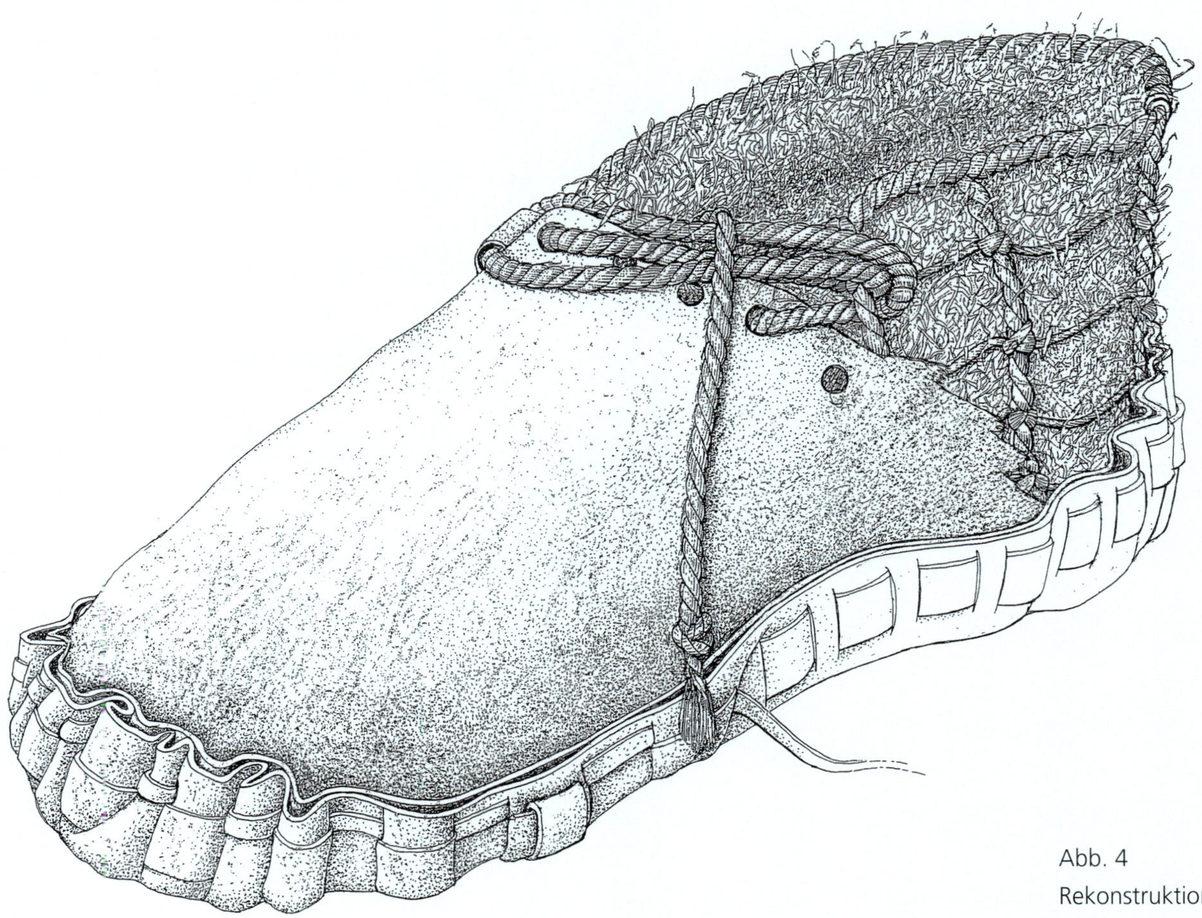

Abb. 4
Rekonstruktion des Schuhes

Die recht aufwendig erscheinende Herstellung des Bastgeflechtes in Schuh 2 lässt sich wegen der guten Erhaltungsbedingungen weitgehend rekonstruieren [Abb. 3]. Man benötigte dazu einen langen, aus Baststreifen gedrillten Faden. Hilfreich wäre eine einfache Vorrichtung – etwa ein Brettchen mit im Kreis eingeschlagenen Stiften –, die ein Aufdrehen der Schnüre verhindert. Man nimmt den Faden doppelt oder dreifach und verzwirnt ihn über eine bestimmte Strecke. Am Ende teilt man die Fäden und biegt einen davon im rechten Winkel ab, nimmt ihn doppelt und verdrillt ihn. Schließlich verzwirnt man ihn mit diesem oder dem gerade weiterlaufenden Faden, um ihn nach einem bestimmten Abstand erneut zu teilen. Dieser Vorgang wurde 15mal wiederholt, um das Bastgeflecht im linken Schuh zu erzeugen.

Abb. 5
Die beiden Schuhe vom Hauslab- bzw. Tiserjoch, Gemeinde Schnals, Südtirol

Bei der Rekonstruktion der Schuhe des Mannes aus dem Eis [Abb. 4] galt es, die Diskrepanz der bemerkenswert kleinen Füße des Mannes aus dem Eis (Schuhgröße 35) in der großen Bärenfellsohle mit einer Schuhgröße 43 zu beachten. Zieht man den umlaufenden Lederriemen samt dem Geflecht an, so zieht sich die Sohle bis etwa zur Oberkante des großen Zehs hoch. Die Sohle bekommt eine Mokassinform und es bleibt noch genügend Platz für das Heu. Das Hochziehen der recht steifen Bärenfellsohle, die mit der Haarseite nach innen getragen wurde, führt zwar zur Faltenbildung im Bereich des hochgezogenen Randes, aber der wesentliche Vorteil einer hochgezogenen Sohle ist eine verbesserte Dichtigkeit gegen Nässe, die nicht so leicht entlang der Naht eindringen kann. Das angenähte Oberleder mit der Fellseite nach außen hätte in einem solchen Fell mokassinartig den Rist und die Ferse wahrscheinlich bis in die Höhe der Fesseln bedeckt. Wegen der sehr schlechten Erhaltung lässt sich aber die Höhe des Schuhes nicht mehr bestimmen. Ein solcher Rekonstruktionsvorschlag besitzt auch den Vorteil, dass sich die Schuhe vom Hauslabjoch sehr viel besser in die bislang bekannte Entwicklungsgeschichte des Schuhwerks in der Vorgeschichte einfügen lassen [13]. Nach wie vor stellen die Schuhe vom Hauslabjoch die aufwendigsten und kompliziertesten erhaltenen Schuhkonstruktionen aus der gesamten Vorgeschichte dar.

Resümee

Zusammenfassend kann man festhalten, dass die mokassinartigen Schuhe aus der Sohle, dem Bastgeflecht, einer Fütterung aus Heu und einem Oberleder bestanden [Abb. 5]. Wie experimentelle Versuche mit Nachbauten ergaben, lässt es sich in einem solchen Schuh bei trockenen Verhältnissen recht gut gehen, der Querriemen bietet Halt auf dem Untergrund und die Heufüllung wärmt den Fuß [14]. Wenig geeignet erscheint der Schuh für längere Märsche auf Schnee und Eis, denn der Querriemen bietet auf glatter Unterlage nur wenig Halt und außerdem ist der Schuh keineswegs wasserdicht. Die einfache Verbindung der einzelnen Teile des Schuhes erlaubte ein leichtes Auswechseln bzw. Instandsetzen beschädigter Teile, was nach längeren Märschen im alpinen Terrain unvermeidbar war.

Anmerkungen

[1] Egg, Markus; Spindler, Klaus: Die Gletschermumie vom Ende der Steinzeit aus den Ötztaler Alpen – Vorbericht. Jahrb. RGZM 39, 1992 (1993), S. 70ff. und Spindler, Klaus: Der Mann im Eis – Die Ötztaler Mumie verrät die Geheimnisse der Steinzeit, Innsbruck, München 1993, S. 153ff.

[2] Kutschera, Walter u. a.: Radiocarbon dating of Equipment from the Iceman. In: Bortenschlager, Sigmar; Oeggl, Klaus (Hg.): The Iceman and his Natural Environment, Wien, New York 2000, S. 5ff., Abb. 2.

[3] Goedecker-Ciolek, Roswitha: Zur Herstellungstechnik von Kleidung und Ausrüstungsgegenständen. Jahrb. RGZM 39, 1992 (1993), S. 100ff. und Spindler, S. 165ff. und Goedecker-Ciolek, Roswitha: Konservierung der Beifunde einer Gletschermumie vom Ende der Steinzeit I – Bekleidung. Arbeitsbl. f. Restauratoren 1994/2.

[4] Rastbichler Zissernig, Elisabeth: Der Mann im Eis – Die Fundgeschichte: Interpretation der Quellen als Grundlage für die Rekonstruktion des archäologischen Befundes, Innsbruck 2006, S. 103f., Abb. 111.

[5] Acs, Peter; Wilhelm, Thomas; Oeggl, Klaus: Remains of Grasses found with the Neolithic Iceman „Ötzi". Veget. Hist. Archaeobot. 14, 2005, S. 202f., Abb. 3e.

[6] Zur Bestimmung der Tierfelle vgl. Groenman-van Waateringe, Willy: Analyses of the Hides and Skins from the Hauslabjoch. Jahrb. RGZM 39, 1992 (1993), S. 126.

[7] Gingen wir zu Beginn der Untersuchungen noch davon aus, dass es sich um Grasschnüre gehandelt hat (Goedecker-Ciolek 1992, S. 101ff.), so ergaben die Untersuchungen von K. Oeggl und K. Pfeifer, dass Lindenbast zur Herstellung der Schnüre benutzt wurde (Pfeifer; Oeggl, 2000, S. 70ff., Tab. 1).

[8] Zu den Knoten vgl. Seiler-Baldinger, Annemarie: Systematik der textilen Techniken. Baseler Beitr. z. Ethnologie 32, Basel 1991, S. 25ff.

[9] Zur Definition von Drillen, Zwirnen usw. siehe: ebd., S. 8ff.

[10] Die Suche nach den Zehennägeln wurde mit äußerster Zurückhaltung durchgeführt, um den Schuh nicht zu beschädigen. Es ist gut vorstellbar, dass sich im Heu des rechten Schuhes noch weitere Zehennägel befinden, die aber nicht ohne Schaden an dem Schuh anzurichten entnommen werden können.

[11] Groenman-van Waateringe, Willy: Analyses of the Hides and Skins from the Hauslabjoch. Jahrb. RGZM 39, 1992 (1993), S. 126.

[12] Zur Fellbestimmung vgl. ebd., S. 126.

[13] Vgl. Hald, Margrethe: Ancient Danish Textiles from Bogs and Burials. Publications of the National Mus. Arch.-Hist. Ser. 21, Kopenhagen 1980 (1972) und Goubitz, Olaf; van Driel-Murray, Carol; Groenman-van Waateringe, Willy: Stepping through Time. Archaeological Footwear from Prehistoric Times until 1800, Zwolle 2001, S. 379ff.

[14] Reichert, Anne: Zur Rekonstruktion der „Ötzi"-Schuhe. In: Experimentelle Archäologie Bilanz 1999, Oldenburg 2000, S. 69–76.

[15] Ebd., S. 75f.

[16] Pfeifer, K.; Oeggl, Klaus: Analysis of the Bast used by the Iceman as binding Material. In: Bortenschlager, Sigmar; Oeggl, Klaus (Hg.): The Iceman and his Natural Environment, Wien, New York 2000, S. 69–76.

Römische Schuhe

Peter Knötzele

Denkt man an römische Schuhe[1], so fallen einem zuerst die *caligae* [Abb. 1] ein, Militärstiefel mit genagelter Sohle und gitterartigem Oberleder. Bekannt wurden sie nicht zuletzt durch Kaiser Gaius (37 – 41 n. Chr.), genannt *Caligula*, das Stiefelchen, der als Kind in solchem Schuhwerk in den Militärlagern umherlief. In ihnen marschierten die Soldaten Roms mit rund 27 kg Marschgepäck bis an den Euphrat, an den Nil, an die Rheinmündung und bis nach Schottland. Selbst die abgeleistete Dienstzeit wurde gelegentlich mit der Bezeichnung *„militavit annos in caliga XVII"*[2] – er diente als einfacher Soldat 17 Jahre – umschrieben.

Abb. 1
Caliga auf dem Cancellerie-Relief in Rom. Das Relief stammt aus flavischer Zeit (69–96 n. Chr.). Auf dem Fries ist der Verlauf der Riemen an der *caliga* deutlich zu erkennen.

Schrift und Bild contra Archäologie

Selbstverständlich bestand römische Fußbekleidung nicht allein aus Militärstiefeln. Wie uns die bildlichen, schriftlichen und archäologischen Quellen zeigen, existierte ein breites Spektrum unterschiedlicher Schuhe. Besonders die mannigfaltigen bildlichen Darstellungen wie Mosaike, Wandmalereien und Plastiken führen uns das vielfältige Schuhwerk der Götter und Menschen – zumeist der gesellschaftlichen Oberschicht oder gar der kaiserlichen Familie – plastisch vor Augen. Gleichzeitig informieren die antiken Texte, darunter Gesetzestexte und Wörterbücher[3], über Namen, Formen, Farben, Verzierungen, Funktion und Tragegewohnheit der Fußbekleidung. In den Schriften ist z. B. von *socci, mullei, calcei, crepidae, gallicae* (Schuhe, die nach ihrem Ursprungsort benannt wurden), *soleae, caligae* oder von *perones* (Schuhe mit geschlossenem Oberleder, die ehemals zur Tracht der römischen Bürger zählten und später zum Schuhwerk der Bauern wurden) die Rede [Abb. 2][4].

Durch das Höchstpreisedikt des Kaisers Diokletian aus dem Jahr 301 n. Chr. sind wir außerdem über die Preise einer Vielzahl von unterschiedlichen Schuhtypen informiert. Dieses Edikt erlaubt einen für die römische Zeit seltenen Preisvergleich von Schuhen bzw. diverser Waren und Dienstleistungen.[5]

Im Gegensatz dazu steht die Überlieferung von archäologischen Realien. Organische Materialien wie Schuhe erfordern besondere Lagerungsbedingungen im Boden, die sie vor dem Verfall schützen. Daher wurden sie zumeist in feuchten Böden in den nördlichen Provinzen geborgen. Zwar blieben

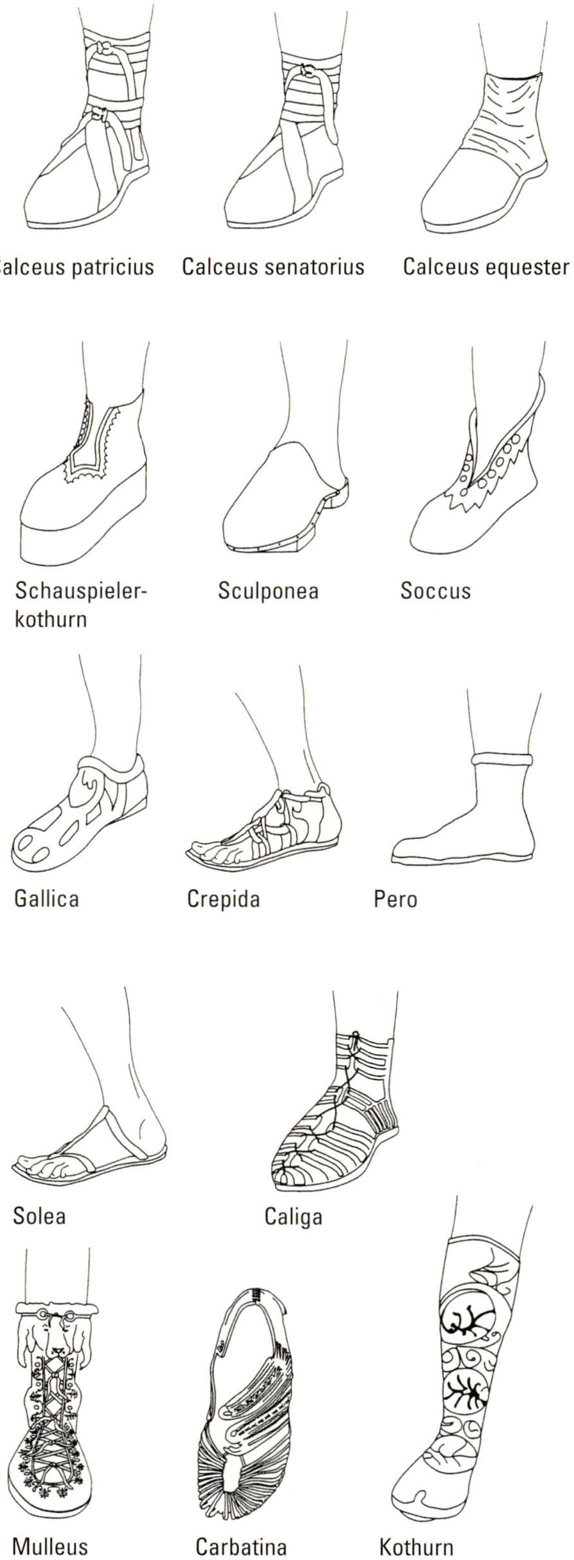

die Schuhe dadurch erhalten, die Lagerung in den Feuchtböden bewirkte aber eine Entfärbung des Leders. Die meisten Lederreste sind daher braun oder schwarz. Wichtige Fundorte in Deutschland sind Köln, Mainz, Bonn, Xanten, die Saalburg und Welzheim (Rems-Murr-Kreis). In der Regel repräsentieren diese Schuhe das Fußwerk der Bauern, Handwerker und Soldaten sowie deren Frauen und Kinder – das Schuhwerk der einfachen Bevölkerung.

Wie angedeutet, wurden bei den Ausgrabungen so wenig Schuhe gefunden, dass die geringe Zahl an überlieferter Fußbekleidung dabei auf den ersten Blick zu dem fälschlichen Bild eines nur von wenigen Menschen genutzten Kleidungsstücks verleiten mag. Wie viele Menschen aus Not ohne Schuhe auskommen mussten, entzieht sich unserer Kenntnis. Schätzungen darüber sind schwierig und von verschiedenen Faktoren abhängig, nicht zuletzt von unseren heutigen Vorstellungen über das Altertum. Bisweilen wurde bewusst auf Schuhwerk verzichtet, etwa aus praktischen Gründen, wie z. B. für Seeleute auf nassem Deck. Im religiösen Zusammenhang konnte sogar ein Verzicht auf Schuhe gefordert werden. Letzteres ist uns im Alten Testament[6] etwa bei der Berufung Moses überliefert. Und wer besonders heroisch wirken wollte, ließ sich ebenfalls barfuß in Marmor hauen.
Bereits Kinder haben augenscheinlich häufiger Schuhe getragen als gemeinhin angenommen wird. Dies bestätigen bildliche Darstellungen ebenso wie Originalfunde. Im Gräberfeld von Kempten wurden z. B. Schuhreste im Grab eines 4 – 5 Jahre alten Kindes gefunden; in Mainz deuten Schuhe, die der heutigen Schuhgröße 16 entsprechen, auf die Fußbekleidung eines Kindes, das noch nicht einmal laufen konnte.

Herstellung

Erlauben die bildlichen und schriftlichen Quellen eine Unterscheidung zwischen einer Vielzahl von Schuhtypen, so beschränkt sich die archäologische Unterscheidung auf nur wenige Typen. Besonders die Neuerungen in der Herstellungstechnik und das verwendete Material sind es, an denen sich Archäologen orientieren können. Weniger geeignet aufgrund ihrer Vergänglichkeit sind Farbe und Verzierung.

Zu den wichtigsten Neuerungen, die die Römer in den Nordprovinzen im Zusammenhang mit Schuhen einführten, zählt die Fertigung aus mehreren Bestandteilen: Brand- und Laufsohle, Oberleder, Fersenkappe, Zwischenleder und Gelenkeinlage. Zusätzlich wurden je nach Typ die Sohlen genagelt. Dafür wurden meist zwischen 100 bis 160 Nägel pro Schuh aufgewendet. Dies entspricht einem Gewicht von etwa 110 bis zu 200 Gramm Eisen pro Schuh. Die Nagelung diente der Festigung der Sohlen und verhinderte gleichzeitig einen zu schnellen Verschleiß der Laufsohle, führte aber zu großer Rutschgefahr auf Steinfußböden.
Die Nagelung konnte nach dem Kauf der Schuhe entsprechend den Wünschen des Kunden oder der Kundin erfolgen. Am bekanntesten sind die Muster der Liebesdamen aus Ägypten, deren Sohlen „Folge mir“ in den Boden drückten[7].

Die verwendeten Materialien waren von der Region abhängig. Während z. B. in Ägypten neben Leder auch Bast und Papyrus zum Einsatz kamen, wurde im Norden zumeist Leder verwendet. Besonders geeignet für die Anfertigung von Sohlen sind gegerbte Rindshäute, die als äußerst robust gelten. Als Oberleder wurden Kalbs-, Schaf-, Lamm- und Ziegenleder verwendet. Seltener, da deutlich teurer als das von Schafen, wurde Hirsch- und Rehleder verarbeitet. Literarisch sind wir zusätzlich über die Verwendung von ungewöhnlichem Leder oder seltenen Fellen informiert. So wird das Fell von pontischen Bibern als probates Mittel gegen Fußgicht empfohlen. Im Original wurden solche „exotischen Schuhe“ bisher nicht nachgewiesen. Allein in Ägypten wurden Schuhe aus Krokodilleder gefunden.

gegenüberliegende Seite
Abb. 2
Übersicht über die Begriffe und Formen römischen Schuhwerks aus altphilologischer Sicht

Abb. 3
Auswahl der Schuhfunde aus Welzheim. Insgesamt wurden dort mehr als 200 Schuhe gefunden. Gerade die Funde aus Welzheim spiegeln einen Querschnitt der Schuhmode am Limes gegen Ende des 2./Anfang des 3. Jhs. wider. Originale. Ganz rechts ein Pantoffel aus Wildleder und mit Korksohle. An den beiden hinteren Schuhen, *carbatinae*, ist die durchgelaufene Sohle gut zu erkennen.
Links I *calceus*

Von Stiefeln, Schuhen und Sandalen – selbst Pantoffeln waren in

Innerhalb der Archäologie [Abb. 3] wird unterschieden zwischen: genagelten Militärstiefeln mit gitterartigem Oberleder *(caligae)*, mehrteiligen Schuhen mit einer meist genagelten Sohle *(calcei)*, Sandalen mit einer Ledersohle *(soleae)*, „trippenartigen" Schuhen oder Sandalen mit einer Holzsohle und Stegen *(sculponea)*, mehrteiligen und genähten Schuhen, wie sie uns bei den Pantoffeln begegnen *(socci)*, sowie aus einem Stück Leder gefertigten Schuhen mit unbenagelter Sohle *(carbatinae)*[8].

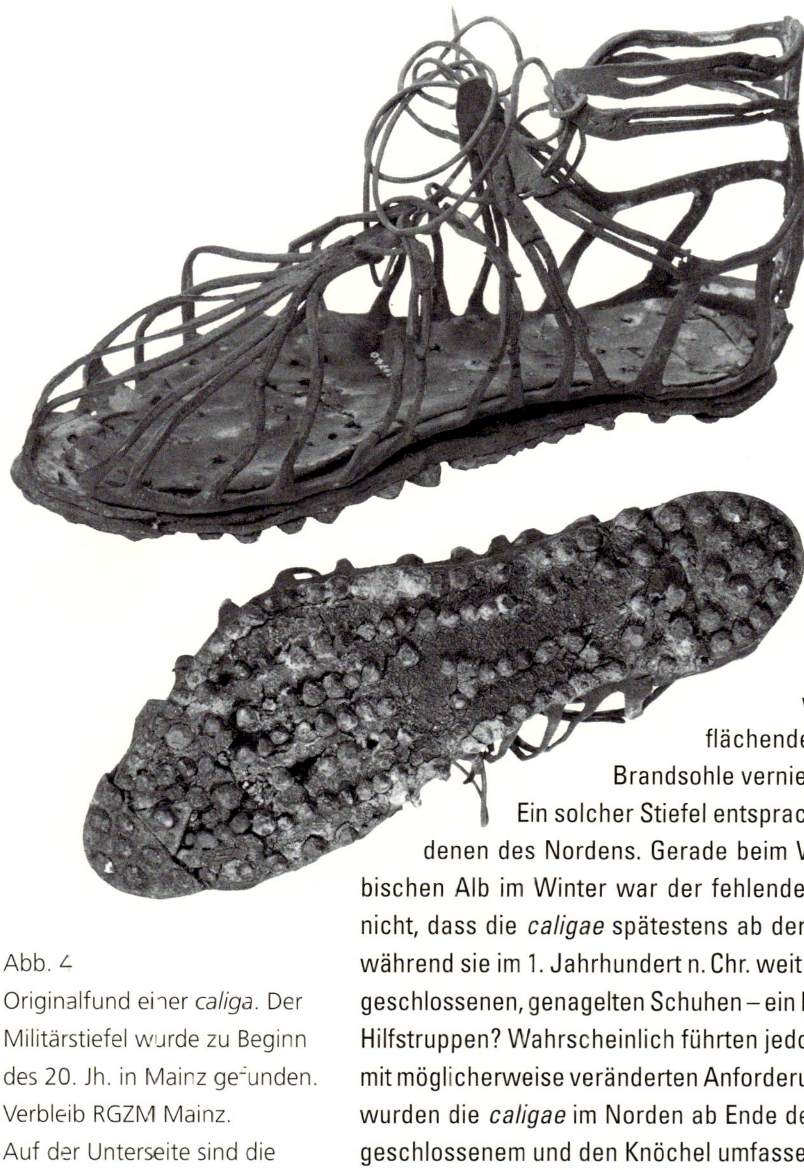

Die ersten römischen Schuhe, die uns in Deutschland begegnen, sind die *caligae* [Abb. 4]. Sie stammen von den frühen Militärplätzen (z. B. Mainz) des 1. Jahrhunderts n. Chr. und wurden von der Infanterie ebenso wie von der Reiterei getragen. Über ihr Aussehen sind wir durch zeitgenössische Darstellungen gut informiert. Realien vervollständigen unser Wissen über die Fertigungsweise: Oberleder und Brandsohle sind aus einem Stück Leder geschnitten. Bevorzugt wurde Rindsleder. Ihrem Aussehen nach entspricht sie einem Riemengeflecht und den unterschiedlichen Sohlen. Die Sohlen bestehen aus 5 – 6 Millimeter dicken Lederschichten. Die Brandsohle wurde eingeklebt und auf die Laufsohle genagelt. Dabei wurde die Laufsohle mit Ausnahme der Fußwölbung flächendeckend genagelt und die Nägel wurden zusätzlich in der Brandsohle vernietet.

Ein solcher Stiefel entsprach jedoch mehr den Bedürfnissen im Süden und weniger denen des Nordens. Gerade beim Wacheschieben am Hadrianswall oder auf der Schwäbischen Alb im Winter war der fehlende Kälteschutz ein Problem. Daher verwundert es auch nicht, dass die *caligae* spätestens ab der Mitte des 2. Jahrhunderts an den Fundplätzen fehlen, während sie im 1. Jahrhundert n. Chr. weit verbreitet waren. Stattdessen finden sich die Reste von geschlossenen, genagelten Schuhen – ein Hinweis auf einen Ausrüstungswechsel der Legionen und Hilfstruppen? Wahrscheinlich führten jedoch weitere Gründe, wie eine Änderung der Versorgung mit möglicherweise veränderten Anforderungen an die Truppen, zu einem „Schuhwechsel". Ersetzt wurden die *caligae* im Norden ab Ende des 1. Jahrhunderts n. Chr. durch einen Schnürschuh mit geschlossenem und den Knöchel umfassendem Oberleder.

Wie entsprechende Reliefdarstellungen nahelegen, sind sie im zivilen Bereich bis zur Mitte des 2. Jahrhunderts n. Chr. anzutreffen. Wie uns ein Relief aus Neumagen (Landkreis Bernkastel-Wittich) veranschaulicht, wurden sie angezogen, wenn stabiler Halt, etwa beim Treideln, dem Ziehen der Lastkähne, gefordert war. Diese Darstellung gibt die Schuhe mit einer horizontalen Riemenführung knapp unterhalb des Knöchels wieder. Ebensolche *caligae* sind als Originalfunde in Schuhgröße 46

Abb. 4
Originalfund einer *caliga*. Der Militärstiefel wurde zu Beginn des 20. Jh. in Mainz gefunden. Verbleib RGZM Mainz.
Auf der Unterseite sind die ursprüngliche massive Nagelung des Schuhs ebenso wie die neuzeitlichen Ausbesserungsarbeiten im Bereich der Sohlenspitze gut zu erkennen.

aus Mainz bekannt, von denen mindestens einer sogar ungenagelt war[9]. Diesen Hinweisen nach zu urteilen wurden die *caligae* im zivilen Bereich weiter genutzt und entwickelten sich so von einem reinen Militärstiefel zu einem Stiefel oder Schuh, der im zivilen Leben getragen wurde.

Der Schuh für jedermann war der mehrteilige, geschlossene Schuh *(calceus)* mit einer meist genagelten, seltener genähten Sohle. Von ihm existierte eine Vielzahl an Modellen, die sich z. B. anhand der Schnürung oder der Verarbeitung des Oberleders und des Vorderblattes unterschieden. Meistens lassen sich Halbschuhe identifizieren. Ebenso wurden vor allem im 3. Jahrhundert stiefelartige Schnürschuhe angezogen, die mindestens bis zum Knöchel reichten. Diese Ausführung ist im gesamten Römischen Reich bezeugt. Der *calceus* wurde gleichermaßen von Männern, Frauen und Kindern, von Soldaten ebenso wie von Zivilisten sowie von Römern und Nichtrömern getragen.
Form und Verzierungen waren der Mode unterworfen. Ist gegen Ende des 2. und am Anfang des 3. Jahrhunderts n. Chr. den unterschiedlichen Modellen eine gewisse Schlichtheit in Bezug auf Dekoration und Ausführung gemein, so ist im Gegensatz dazu das Oberleder der Schuhe vom Ende des 1. Jahrhunderts und dem beginnenden 2. Jahrhunderts n. Chr. meist mittels Durchbrucharbeiten verziert. Später begnügte man sich mit eingeritzten, linienartigen Mustern, die einfach in der Herstellung waren, und, wenn eingefärbt, äußerst dekorativ wirkten. Aus dem 4. Jahrhundert n. Chr. sind Verzierungen mit Blattgold überliefert[10]. Ebenso wie die Verzierung war die Form modischen Veränderungen unterworfen. So tendieren die Schuhe in späterer Zeit zu breiteren Formen. Auch ist die Zehenpartie nicht mehr spitz zulaufend, sondern abgerundet gearbeitet.

Eine modische Neuerung für den Norden stellt die Sandale *(solea)* dar. Sie ist eindeutig ein Modeimport aus dem Süden des Reiches und fand in Folge der römischen Besetzung ihren Weg in die nördlichen Provinzen. Ursprünglich nur bei den Frauen beliebt, wurden sie ab dem 2. Jahrhundert n. Chr. ebenfalls von den Männern als „Straßenschuh" geschätzt. Davon zeugt die Nagelung ihrer Sohlen.
Die Etikette der früheren Zeiten für die begüterten Kreise Roms sah vor, die *solea* anzulegen, wenn man zur Mahlzeit eingeladen war. Man zog sie aus, wenn man sich zu Tisch legte und über-

unten Abb. 5
Wandgemälde (Ausschnitt) aus dem 79 n.Chr. verschütteten Pompeji. Darstellung eines Gastmahls. Im linken Bildabschnitt ist zu sehen, wie ein Sklave einem Gast die Schuhe abstreift.

oben Abb. 6
Darstellung von Badesandalen auf einem Mosaik in Timgad (Algerien). Das Mosaik wurde im Eingang eines Bades gefunden und begrüßte (BENE LAVA – bade gut!) bzw. verabschiedete die Gäste (SALVM LAVISSE – wünsche gut gebadet zu haben). Die Sandalen markieren gleichzeitig die Lauf- bzw. Leserichtung.

gab sie seinem Sklaven zur Aufbewahrung [Abb. 5]. Ärmere mussten ihre Sandalen selber tragen. Unschicklich und ein Verstoß gegen die Etikette war es, zur Toga, dem Gewand des Römers, die *solea* auf der Straße zu tragen. Ein solcher Auftritt des Marcus Antonius bietet Cicero genug Anlass für hämischen Spott.
Charakteristisch für die Sandalen ist die eingeschnittene Brandsohle im Bereich der Zehenspitze. Dieser Einschnitt diente der Aufnahme des Zehenriemens. Obwohl die Riemen meist ausgerissen sind, lässt sich ihre Führung durch bildliche Darstellungen oder durch antike Öllampen in Sandalenform aus Ton oder Bronze rekonstruieren. Wie heute wurden die Sandalen entweder durch Querriemen über den Vorderfuß oder Spann mit dem Fuß verbunden oder ein T-förmiger Querriemen – entsprechend den heutigen Flip-Flop-Sandalen – bzw. ein geteilter Riemen, der zwischen den Zehen und um die Verse verlief [Abb. 6], übernahm diese Aufgabe. Auch die Sandalen bestehen aus mehreren Lagen Leder, die sich im Laufe der Entwicklung auf wenige Lagen, manchmal sogar nur auf eine reduzierten[11].
Besonders bei den Sandalen ist eine geschlechterspezifische und modische Veränderung zu verfolgen [Abb. 7]: Gegen Ende des 2. und zu Beginn des 3. Jahrhunderts n. Chr. ist die Sandale der Frauen weitgehend der natürlichen Form des Fußes angepasst und schmiegt sich an diesen an. Eine entgegengesetzte Entwicklung zeigen die Männersandalen auf. Im fortgeschrittenen 2. und im 3. Jahrhundert besitzen sie ein extrem verbreitertes Vorderblatt. Dieser Trend erreicht seinen Höhepunkt in den vierziger Jahren des 3. Jahrhunderts n. Chr., als die Sohlen eine nahezu dreieckige Form besaßen [Abb. 7][12].

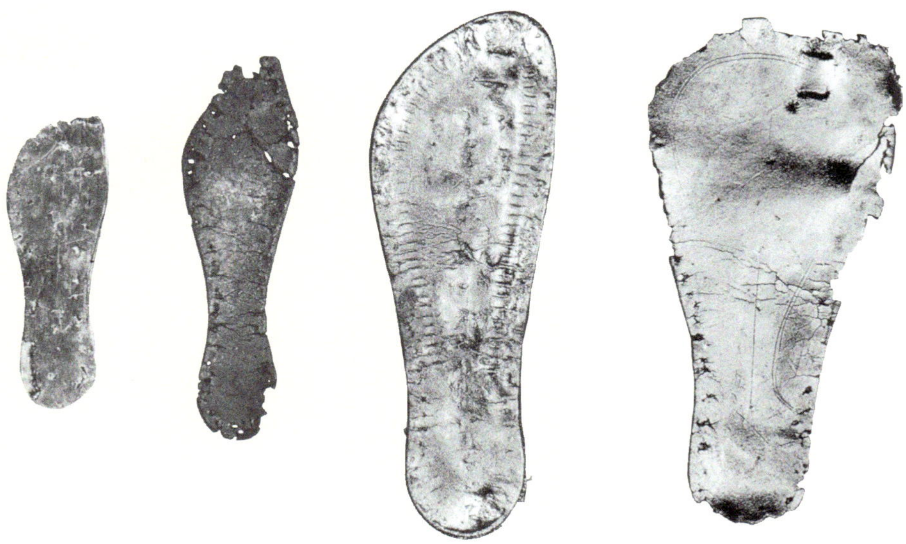

Abb. 7
Modische Veränderungen der Ledersandalen vom 1.–3. Jh. n. Chr.

Ebenfalls zu den Sandalen zählen Schuhe mit einer Holzsohle *(sculponea)*[13], Stegen unter der Sohle und Lederriemen, um die Sohle am Fuß zu fixieren. Sohle und Stege wurden dabei aus einem Stück Holz gefertigt. Vereinzelt besitzen sie Nägel unter den Stegen. Verbunden wurden sie mit den Füßen durch schmale Riemen, die seitlich am Holz befestigt waren und um den Fuß gewickelt wurden [Abb. 8]. Eine weitere Möglichkeit waren breite Lederriemen, die an beiden Seiten der Holzsohle angenagelt wurden und so eine Schlaufe bildeten. Manche Holzsandalen besitzen ein Loch in der vorderen Partie der Sohle. Eine solche Konstruktion entspricht den Ledersandalen mit T-Bindung; sie schließt allerdings die Möglichkeit aus, die Holzsandale ähnlich den mittelalterlichen Trippen als Untersatz für einen zweiten Schuh zu nutzen. Solches Schuhwerk wurde wohl aus praktischen Gründen angezogen: beim Badebetrieb als Schutz vor dem heißem Boden. In der Landwirtschaft boten sie Schutz vor Schmutz und Feuchtigkeit. Auch die Eitelkeit sollte nicht gänzlich außer Acht gelassen werden, gewann der Träger doch an Größe. Gute Ausführungen dieser Schuhe galten als recht haltbar, weshalb Cato[14] empfiehlt, für jeden Sklaven jedes zweite Jahr ein neues Paar guter *sculponea* zu kaufen.

Schuhe mit genähten Sohlen sind in zwei unterschiedlichen Ausführungen und Formen bekannt. Neben den bereits besprochenen Halbschuhen *(calcei)* sind es vor allem die Pantoffel bzw. Slipper *(socci)*, die im ganzen Reich anzutreffen sind. Diese waren entweder vorne geschlossen oder Zehen und Ferse lagen frei. Markant ist ihr breites, spitz zulaufendes Vorderblatt. Die Sohlen konnten außer aus Leder auch aus einer bis zu 1,5 cm dicken Korklage gefertigt sein. Ausführungen der Schuhe in Wildleder sind aus Welzheim und von der Saalburg bekannt. Solche Ausführungen zählen zu den Luxusgütern und belegen ein entsprechendes finanzielles Umfeld, verbunden mit einem gehobenen Lebensstandard.
Ursprünglich war es ein Schuh, der zur griechischen Kleidung gehörte und außerdem am Theater von den Schauspielern getragen wurde. Außerhalb der Bühne war er wohl zunächst den Frauen vorbehalten, findet sich aber bereits im 1. Jahrhundert n. Chr. vereinzelt als Bestandteil der Männerbekleidung. Einer ihrer Träger war der Kaiser Caligula. Da dieser jedoch für seine Vorliebe für extravagantes Schuhwerk bekannt war, kann er sicherlich nicht als repräsentativ gelten. Spätestens gegen Ende des 2. Jahrhunderts n. Chr. waren diese Schuhe auch in den Nordprovinzen bekannt und zu Beginn des 4. Jahrhunderts hatten sie sich dem Preisedikt des Diokletian nach als gängige Männerschuhe durchgesetzt. Je nach Qualität und Ausführung überstiegen die Preise der *socci* (Slipper) bisweilen sogar diejenigen der *calcei* (mehrteilige Schuhe).

Abb. 8
Sogenannter Lastenträger von Montorio (Italien). An dieser Darstellung sind die Schnürung der Lederriemen an den Füßen sowie die Schuhe mit den Stegen sehr gut zu erkennen.

Im Gegensatz zu den bisher behandelten Schuhen stehen die sogenannten *carbatinae*. Diese waren in der Regel unbenagelt und wurden nur aus einem Stück Leder gefertigt. Trotz eines recht einheitlichen Herstellungsschemas gibt es dennoch große Unterschiede in den Details[15]. Das Oberleder und die Seiten blieben häufig unverziert, konnten aber genauso mittels Durchbrucharbeiten verziert werden. Ihre große Schwachstelle war sicherlich die fehlende Nagelung der Sohlen: So sind viele Originalexemplare regelrecht durchgelaufen und zeigen besonders im Fersenbereich ein Loch [Abb. 3], das notfalls mittels aufgenähtem Flicken kaschiert wurde. Die *carbatinae* sind im ganzen Nordwesten des Reiches, d.h. in Gallien, Britannien und Germanien belegt. Augenscheinlich scheinen sie im 3. Jahrhundert n. Chr. häufiger getragen worden zu sein als in den vorangegangenen Jahrzehnten. Die Herkunft dieses Schuhtyps ist umstritten, da er vorgeschichtliche und römische Merkmale vereinte. Auf jeden Fall waren die *carbatinae* im Vergleich zu anderen Schuhtypen einfach und günstig in der Herstellung und erfüllten dennoch die Hauptanforderungen an einen Schuh, ganz so, wie dies der um 150 n. Chr. geborene Clemens von Alexandria beschreibt: „... teils um den Fuß zu bedecken, teils um die Fußsohle vorsichtig vor Verletzungen durch Anstoßen und bei Wanderungen im Gebirge vor dem rauen Weg zu schützen".

Mehr als nur ein Kleidungsstück

Schuhe waren in römischer Zeit mehr als bloß ein Kleidungsstück, informierten sie doch über Stand, Herkunft und Beruf ihrer Träger. Man erkannte auf den ersten Blick, wen man vor sich hatte: Die *caliga* war der Stiefel des einfachen Soldaten und wurde bis zum

Centurio angezogen. Die Bezeichnungen *milites caligati* für die gemeinen Soldaten und ex *caligati*, aus den Reihen hervorgegangene Unteroffiziere, sind unschwer zu erkennen[16].
Den *calceus* zu tragen war dem römischen Bürger vorbehalten. Er wurde zusammen mit der Toga angelegt. Daneben existierten noch der *calceus senatoris* und der *calceus patrici*, zu unterscheiden an der Rot- bzw. Schwarzfärbung. Die Konsuln bevorzugten weißgefärbte Schuhe. Auch waren die kaiserlichen Schuhe und die der Patrizier durch zwei Knoten und vier Riemen gekennzeichnet, während ein Senator mit einem Knoten vorlieb nehmen musste. Im Laufe der Zeit verschmolzen jedoch die Grenzen zwischen Männer- und Frauenschuhen, so dass rote Schuhe auch von Frauen getragen wurden. Sonst waren rote bzw. bunte Schuhe in erster Linie den Kurtisanen vorbehalten.

Schuhe waren aber noch mehr – selbst von Schuhfetischismus legen die Quellen Zeugnis ab. Sueton[17] berichtet in seinen Kaiserbiographien über Lucius Vitellius, den Vater des späteren Kaisers Aulus Vitellius (69 n. Chr.), Vitellius habe sich von Kaiser Claudius (41 – 54 n. Chr.) die Gunst erbeten, Messalina, der Gemahlin von Claudius, die Schuhe ausziehen zu dürfen. Vitellius trug ihr rechtes *socculum*, einen abgetragenen Schuh, als Amulett unter der Toga und pflegte es inbrünstig zu küssen.

Anmerkungen

[1] Allgemein: N. Goldman, Roman Footwear. In: J. L. Sebesta / L. Bonfante, The World of Roman Costume (London 2001) 105 ff. – P. Knötzele, Römische Schuhe. Luxus an den Füßen. Schriften des Limesmuseums Aalen 59 (Stuttgart 2007).

[2] CIL III 7108.

[3] Z. B. Isidor von Sevillia, Origines. – Varro, De lingua Latina.

[4] R. Hurschmann, Schuhe. In: Der Neue Pauly 11 (Stuttgart, Weimar 2001) Sp. 255 ff.

[5] H. Blümner, Edictum Diocletiani de Pretis Rerum Venalium edict (Berlin 1893). – S. Lauffer, Diokletians Preisedikt (Berlin 1971).

[6] Exodus 3, 1 ff.

[7] R. Forrer, Archäologisches zur Geschichte des Schuhs aller Zeiten (Brugg 1942) Abb. 22.

[8] Goldman (Anm. 1) 105.

[9] J. Göpferich, Römische Lederfunde aus Mainz. In: Saalburg-Jahrbuch 42, 1986, passim.

[10] H. Frauberger, Die antiken und frühmittelalterlichen Fußbekleidungen von Achmim-Panopolis Berlin (1896).

[11] C. van Driel-Murray, Die römischen Lederfunde. In: C. van Driel-Murray / H.-H. Hartmann, Das Ostkastell von Welzheim, Rems-Murr-Kreis. Forsch. u. Ber. Vor- u. Frühgeschichte in Baden-Württemberg 42 (Stuttgart 1999) 63.

[12] C. van Driel-Murray (Anm. 11) 40.

[13] A. T. Croon, Roman Clothing and Fashion (Gloucestershire 2002) 64.

[14] Cato, De re rustica 59.135,1.

[15] Vgl. C. van Driel-Murray (Anm. 10) 47v ff. – A. L. Busch, Die römerzeitlichen Schuh- und Lederfunde der Kastelle Saalburg, Zugmantel und Kleiner Feldberg. In: Saalburg-Jahrbuch 27, 1965, 166 ff.

[16] M. Clauss, Lexikon lateinischer militärischer Fachausdrücke. Schriften des Limesmuseums Aalen 52 (Stuttgart 1999) 20.

[17] Suetonius, De vita Caesarum: Vitellius II.5.

Den Kaufleuten auf die Schuhe geschaut – Ein Paderborner Fundkomplex am Ausgang des Mittelalters

Maren Gaertner-Krohn und Sven Spiong

Mitten in der Paderborner Altstadt machte ein Ausgrabungsteam der Stadtarchäologie im Jahr 2006 zwischen den Straßen *Kötterhagen* und *Grube* einen einmaligen Fund: Teile von mindestens 67 Paar Schuhen aus der 1. Hälfte des 15. Jahrhunderts hatten sich in ständig durchfeuchteten Sedimenten tadellos erhalten. Diese Entdeckung bietet uns nach der Konservierung und wissenschaftlichen Auswertung[1] einen guten Einblick in das Schuhwerk Paderborner Kaufleute und kündet vom bürgerlichen Schuhschick am Ausgang des Mittelalters. Darüber hinaus zeigen uns die Schuhe zum Beispiel das zur Schau getragene Selbstverständnis der Träger, das Gesundheitsbild ihrer Füße und die handwerkliche Weiterentwicklung der Schuster.

Die Fundsituation

Damit sich die Lederschuhe so außerordentlich gut erhalten konnten, mussten verschiedene Umstände zusammentreffen. In einem größtenteils verfüllten Kalksteinbruch siedelten sich mit der Stadtgründung im 12. Jahrhundert Bürger auf neu entstehenden Grundstücken an. Alle sieben untersuchten Parzellen hatten ein deutliches Gefälle zum Hinterhof, denn die Straßen lagen einige Meter höher als die hinteren Grundstücksbereiche. Dort war der ehemalige Steinbruch nur teilweise verfüllt, so dass die Hinterhöfe in einer deutlichen Senke lagen. Bauten die hier wohnenden Kaufleute ihre Wohnhäuser und Warenlager noch im 12. Jahrhundert bis in die Senke, so nutzten sie das Gefälle in den Hinterhof und die dort liegende Senke schon bald für andere Zwecke. Sie gaben im 13. Jahrhundert die Hinterhofbebauung auf und verwandelten die Senke in eine große Sickergrube, indem sie ihre Abwässer über mehrere Kanäle in die Steinbruchverfüllung einleiteten. Wahrscheinlich wurde diese Sickergrube in regelmäßigen Abständen gereinigt, denn die verbliebenen noch feuchten Sedimentschichten enthielten einheitlich in die 1. Hälfte des 15. Jahrhunderts datierende Funde. Da auf dem untersuchten Areal damals keine Latrinen in Betrieb waren, übernahm die Sickergrube spätestens zu diesem Zeitpunkt die Funktion einer Gemeinschaftslatrine, wobei die ständige Durchfeuchtung der Sedimente die vorzüglichen Erhaltungsbedingungen ermöglichte.

Bei den am Kötterhagen gefundenen Lederschuhen handelt es sich um getragene und teilweise verschlissene Exemplare, die von den hier ansässigen Bürgern als Abfall in die Sickergrube gelangten. Dass die hier wohnenden Menschen hauptsächlich begüterte Kaufleute waren, spiegelt sich zum einen in den großen, aus massiven Kalksteinmauern errichteten Warenlagern in den Hinterhöfen, aber auch in den Kleinfunden, wie Tuchplomben und Teilen einer Schnellwaage wider.

Darüber hinaus fand man den Siegelstempel Bodo Brinkmanns, der sich auf einer Urkunde von 1452 wiederfindet. Die Brinkmanns waren eine begüterte Familie, die mehrmals den Paderborner Bürgermeister gestellt hatte und häufig im Rat vertreten war.[2] Somit lässt sich das Milieu der Anwohner, welche die Schuhe einst getragen haben, eindeutig zuordnen.

Zur Herkunft der Schuhe

Eine am Kötterhagen arbeitende Schusterei lässt sich ausschließen, denn es handelt sich nicht um Abfallstücke einer Werkstatt, sondern um gebrauchte Schuhe. Ferner konnten keine typischen Schusterwerkzeuge wie zum Beispiel halbmondförmige Messer, Ahlen oder Schuhleisten geborgen werden, was für die Identifizierung einer Schusterei nötig wäre.[3] Für die meisten am Kötterhagen gefundenen Schuhe verwendeten die Schuster Rinds- und Kalbsleder. Nur etwa fünf Prozent der Schuhe bestehen aus Ziegen- oder Schafsleder. Dieses dünne und geschmeidige Leder verwendete man hauptsächlich für feinere Stücke. Um die Herkunft des verarbeiteten Leders zu lokalisieren, nahmen Mitarbeiter der Staatssammlung für Anthropologie und Paläoanatomie in München eine Strontium-Isotopenanalyse vor. Alle fünf Lederproben ergaben dasselbe Ergebnis: Die Tiere lebten zumindest in ihren letzten Lebensjahren sehr wahrscheinlich auf den Lössböden im westfälischen Hellwegraum oder in den angrenzenden Gebieten mit Kreideböden. Zwar kann eine Herkunft aus der Norddeutschen Tiefebene anhand der ermittelten Werte nicht ausgeschlossen werden, aber ein Import der Tiere aus den nahe gelegenen Mittelgebirgen kommt nach dieser Untersuchung nicht infrage.

Schuhe im 15. Jahrhundert – modisch oder praktisch?

Bei den sehr umfangreichen Lederfunden handelt es sich ausschließlich um wendegenähte Schuhe. Das bedeutet, dass die Schuster die Schuhe auf links nähten und wendeten, damit die Nähte innen lagen und sich nicht so schnell abnutzten. Insbesondere konnte Feuchtigkeit dadurch nicht so schnell eindringen. Die meisten Schuhe hatten einen Verschluss mit einer oder mehreren Schnallen, nur wenige wurden mit Senkeln oder Lederknöpfen geschlossen. Dieser hohe Anteil an aufwendigeren Schnallenschuhen entspricht der aus den Schriftquellen bekannten Überlieferung, dass hier wohlhabende Bürger gewohnt haben. Schuhe mit Riemen und Knöpfen trugen nach einer Schusterordnung aus dem 15. Jahrhundert eher ärmere Leute wie Bauern und Arbeiter.[4]

Einen Sonderfall bilden die Trippen, die als lederne oder hölzerne Überschuhe sowohl als Hausschuhe als auch auf Straßen die eigentlichen Schuhe schützten. Dabei trug man Ledertrippen [Abb. 1] überwiegend im Haus, während die höheren und robusteren Holztrippen sich besser für den Gebrauch auf stark verschmutzten Straßen eigneten. Eine Holztrippe zeigte sehr deutliche Abnutzungsspuren auf der Unterseite: Die hohen Stege waren bereits vollständig abgelaufen. Dagegen weisen die Ledertrippen mit schöner Punzverzierung auf der Innensohle nur wenige Gebrauchsspuren auf. Dies spricht für ihre Nutzung im Haus. Diese Überschuhe hatten eine lederumspannte dicke Sohle mit

einem Kork- oder Holzkern. Korkgefüllte Exemplare waren in Paderborn sehr kostspielig, da man Kork von der iberischen Halbinsel importieren musste. Einer dieser Luxusüberschuhe fand sich am Kötterhagen. Die langen Spitzen der Ledertrippen folgen der damaligen Schuhmode, die sich in den sogenannten Schnabelschuhen [Abb. 2] wiederfindet.
Drei solcher Schuhe stammen auch vom Kötterhagen. Schnabelschuhe sind zwar häufig auf zeitgenössischen Bildern dargestellt, wurden aber bisher nur selten von Archäologen gefunden. Sie zeugen vom Reichtum ihrer Besitzer, denn mit diesen unpraktischen Schuhspitzen war eine körperliche Arbeit nur sehr eingeschränkt möglich. Viele Verbote zeugen davon, dass dem Stadtherrn

Abb. 1
Ledertrippe mit punzverzierter Innensohle, Paderborn, Ausgrabung Kötterhagen

Abb. 2
Vorderteil eines Schnabelschuhes aus Ziegenleder, Paderborn, Ausgrabung Kötterhagen

oder dem Rat diese immer länger werdenden und zum Teil ausgestopften Spitzen ein Dorn im Auge waren. So gebot man zum Beispiel in Leipzig 1452 den Schustern, dass „keyne spitcze noch sneppe an dy schuhin" angesetzt werden durfte.[5] Auch das Sprichwort „auf großem Fuß leben" stammt aus dieser Zeit, da ein Gesetz die Länge der Schnabelspitzen für die verschiedenen Stände regelte. Die Schnabelschuhe vom Kötterhagen haben eine relativ moderate Länge, wie sie für Bürger vorgeschrieben war. Schuhe mit extremen, bis zu 75 cm langen Spitzen, die man teilweise hochbinden musste, sind zwar häufig beschrieben und auf den zeitgenössischen Abbildungen dargestellt, fehlen bisher aber im archäologischen Fundbild. Dies mag daran liegen, dass die meisten Funde aus den ständig durchfeuchteten Latrinen vorwiegend aus Stadtkernen und Klöstern stammen.

Reich verzierte Schuhe gibt es im 15. Jahrhundert kaum noch. So weisen die Ledertrippen zwar immer Punzverzierungen auf, Schuhe mit durchgestanzten Mustern an den Rändern der Schuhöffnung (Schaftrand) sind aber bei den Paderborner Funden sehr selten. Die Kaufleute vom Kötterhagen trugen hauptsächlich halbhohe und hohe Schuhe. Dies entsprach der allgemeinen Modeentwicklung von niedrigeren Halbschuhen des 14. Jahrhunderts zu den höheren Modellen im 15. Jahrhundert. Eine Besonderheit ist eine innen am Schuheinstieg angebrachte Verstärkungsnaht. Diese verhinderte, dass sich das Leder beim An- und Ausziehen der Schuhe dehnte und riss. Für solche Verstärkungsnähte gibt es bisher nur in London gute Vergleichsstücke des 15. Jahrhunderts.[6]

Mittelalterliche Nagelschuhe – eine Paderborner Besonderheit

Für das Mittelalter bisher fast einmalig sind die Nagelsohlen vom Kötterhagen [Abb. 3]. Bei diesen Schuhen saßen Doppelsohlen auf der Lauffläche. Sie waren zweiteilig, wobei sich je ein Teil vorne und hinten befand. Die eisernen Nägel mit den großen Köpfen lagen sehr dicht nebeneinander auf der Unterseite, wobei die Nagelspitzen oft auf der Innenseite etwas heraustraten. Damit das Gehen für die Menschen nicht zur Tortur wurde, legte man wahrscheinlich eine Innensohle oder mehrere Lagen Schafwolle in die Schuhe und verhinderte damit Verletzungen und Blasen. Die Vorteile dieser Nagelschuhe waren eine bessere Rutschfestigkeit auf feuchten unbefestigten Wegen und im besonderen Maße ein besserer Schutz vor dem Durchlaufen der Sohle. Die damals üblichen wendegenähten Schuhe hatten oft nur eine Sohle, die innerhalb kürzester Zeit durchgelaufen war und so werden Schriftquellen nachvollziehbar, die berichten, dass ein berufstätiger Mann etwa zehn Paar Schuhe im Jahr verbrauchte.[7] Auch die Doppelsohlen erwiesen sich als sehr haltbar, denn nur wenige der in Paderborn gefundenen inneren Lederlagen waren löchrig. Häufig umfassten Arbeits- und Lehrverträge im Spätmittelalter ein Kleiderdeputat. Oft tauchten darin bei der Menge

Abb. 3
Doppelsohle eines Nagelschuhes, Paderborn, Ausgrabung Kötterhagen

der zu überlassenden Schuhe nur die ungenauen Angaben „genügend" oder „nach Bedarf" auf. Demnach ersetzten die Dienstherren die zerschlissenen Schuhe und die Zuteilung orientierte sich am tatsächlichen Bedarf.[3] Für die am Kötterhagen ansässigen Kaufleute war es demnach möglicherweise günstiger, wenn ihre Knechte und Mägde Nagelschuhe trugen, bei denen die Sohle länger hielt. Vielleicht fanden aber auch andere Personengruppen in Paderborn diese Schuhe praktisch. Ein weiterer Grund für das Anbringen der Nägel auf der Unterseite könnte sein, dass sie beim Auftreten auf hartem Untergrund wie Pflaster ein lautes Geräusch erzeugten und damit Aufmerksamkeit erregten.
In Paderborn waren Nagelschuhe im 15. Jahrhundert recht häufig. So hatten am Kötterhagen mindestens 15 Schuhe eine solche Sohle, was bezogen auf die Mindestanzahl der Schuhe einen Anteil von über 22 Prozent ausmacht. Doch dieser in Paderborn beliebte Schuhtyp setzte sich anderswo nicht durch, denn bisher gibt es nur zwei einzelne vergleichbare Sohlen: je eine aus den Niederlanden und England. So kann man von einem speziellen Paderborner Schuhtyp sprechen, der bisher in dieser Häufigkeit im spätmittelalterlichen Europa einmalig ist.

Bequem und haltbar: Der Trend zu doppelten Sohlen

Es bedeutete generell eine technische Weiterentwicklung, als im 15. Jahrhundert auch in den europäischen Nachbarländern die länger haltbaren Schuhe mit Doppelsohlen aufkamen.[9] Die zusätzliche Sohle, die anfangs noch eine Reparatur von Schuhen mit durchgelaufener Sohle darstellte, befestigten die Schuster später standardmäßig an neuen Schuhen. Im frühen 15. Jahrhundert waren diese qualitätsvolleren Stücke noch die Ausnahme für wohlhabendere Käufer. So kommen diese Schuhe auch bei den begüterten Kaufleuten vom Kötterhagen vor. Bei den Paderborner Schuhen gab es einen Randstreifen zwischen der Sohle und dem Oberleder, der die Nähte schützte und die Schuhe noch besser abdichtete. Bei den damals aufkommenden Doppelsohlen nähten die Schuster die zusätzliche Sohle an den Randstreifen. Aus Schuhen mit Randstreifen entwickelten sich dann um 1500 Schuhe mit einem Rahmen. Dieser verband das Oberleder und die Laufsohle, ohne dass diese einen direkten Kontakt miteinander hatten. Das Wenden des Oberleders wurde dadurch überflüssig und der Schuh war optimal vor Feuchtigkeit geschützt. Bis zum Beginn der modernen Schuhindustrie im 19. Jahrhundert stellten Schuster Schuhe in dieser rahmengenähten Technik her.

Wer trägt die Schuhe?

Im späten Mittelalter sind linke und rechte Schuhe eindeutig zu unterscheiden. So ließ sich auch bei den Exemplaren vom Kötterhagen die jeweilige Fußseite immer identifizieren. Noch im 15. Jahrhundert gab es nach Aussage der archäologischen Funde keine Unterscheidung in typische Männer- und Frauenschuhe. Nur indirekt lässt sich anhand der Größen in der Tendenz feststellen, wer welche Schuhe trug. Denn Schuhe der erwachsenen Männer spiegeln sich in der Häufigkeit der am Kötterhagen gefundenen Schuhgrößen zwischen 37 und 40, die der Frauen zwischen 28 ½ und 36 wider, wobei darunter auch Schuhe heranwachsender Männer fallen. Diese Häufungen klammern allerdings aus, dass es im Einzelfall extrem große Frauen- und besonders kleine Männerfüße gab. Auffällig ist, dass die Paderborner Schuhsohlen für die Erwachsenen sehr klein sind. Sie weisen im Vergleich zu Schuhfunden aus anderen Städten wie Konstanz und Hamburg geringere Durchschnittsgrößen von 34,5 und 37,5 auf. Generell müssen die Füße der spätmittelalterlichen Menschen aber nicht sehr viel kleiner gewesen sein, denn die geringen Sohlenmaße hängen auch mit der wendegenähten Technik zusammen. Die Schuhe saßen damals sehr eng am Fuß, so dass vorne und hinten kaum Platz war. Heute werden Schuhe etwa zwei Nummern größer getragen. So würde eine Frau, die im Mittelalter die Größe 36 trug, heutzutage einen Schuh in Größe 38 kaufen. Möglich ist auch, dass Leder durch die jahrhundertelange Lagerung im feuchten Boden schrumpft.

Außergewöhnlich häufig unter den Schuhen am Kötterhagen sind auch Kinderschuhe [Abb. 4] vertreten. Viele der gefundenen Exemplare sind so klein, dass sie unseren Kindern nur in den ersten Lebensmonaten passen würden. Dass es sich hierbei um die ersten Laufschuhe handelt, beweisen jedoch die Ablaufspuren auf der Sohlenunterseite. Die kleinste Sohle mit einer geschwungenen Spitze misst gerade mal 10,5 cm. Geht man davon aus, dass in der vordersten Spitze kein Zeh mehr Platz hatte, lässt sich für das Exemplar eine Schuhgröße von 14,5 annehmen. Die meisten heutigen Kleinkinderschuhe werden erst ab einer Größe von 19/20 verkauft. Die Kinderschuhe folgen der damaligen Mode und den üblichen Schnittmustern. So hatten die kleinste Sohle, ähnlich den Schnabelschuhen, schon eine deutlich ausgeprägte Spitze. Ferner handelt es sich bei den Kinderschuhen ausschließlich um halbhohe oder hohe Schuhe. Niedrig geschnittene Paare, wie sie gelegentlich noch bei Erwachsenenschuhen vorkommen, haben Kinder damals nicht getragen. Vermutlich war es wichtig, dass Kinderschuhe fester und sicherer am Fuß saßen.

Abb. 4
Erste Laufschuhe: Schnallenschuh und Sohle mit ausgezogener Spitze, Paderborn, Ausgrabung Kötterhagen

Hinweise auf kranke Füße

Untersucht man die Gebrauchsspuren der Schuhe genauer, so entsteht ein Bild vom Gesundheitszustand der Füße. Fußfehlstellungen oder -deformationen der Schuhträger verformten auch einige Schuhe vom Kötterhagen deutlich. So hatte ein Bewohner mit der Schuhgröße 37 wahrscheinlich einen Klumpfuß, der erhebliche Spuren am Leder hinterließ [Abb. 5]. Der schicke Schuh mit spitzer Vorderpartie ist übermäßig stark auf der Fußaußenseite abgelaufen und wurde an dieser Stelle mit groben Stichen repariert. Ferner brachte man auf dem Oberleder Weitungsschnitte an, um dem deformierten Fuß mehr Freiraum zu verschaffen und tarnte diese als Verzierung. Als der Mann mit dem Klumpfuß seinen Schuh wegwarf, war die komplette Außenseite der Sohle und des Oberleders zerschlissen, selbst die Doppelsohle hatte er bereits durchgelaufen. Einen weiteren Schuh veränderte sein Träger vermutlich, weil sein Fuß vorne verletzt bzw. schmerzempfindlich war. Deshalb trennte er das komplette Oberleder vom Vorderfuß ab [Abb. 6]. Die Schnitte verliefen einfach durch eine bereits bestehende Naht, wobei der Besitzer des Schuhes links und rechts auf eine gleichmäßige, im leichten Bogen abgeschnittene Kante achtete. Wie er den Schuh nach dieser Anpassung am Fuß befestigte, ist nicht mehr zu erkennen, da kein Verschluss erhalten ist.

Auch einige ungewöhnliche Sohlenformen weisen auf eine Fußfehlstellung hin. So gibt es gelegentlich bei Kinderschuhen Sohlen, die an der Spitze stärker nach innen ziehen. Diese abweichende Ausformung könnte mit dem auch heute noch häufig vorkommenden, aber sich später wieder regulierenden, kindlichen Knickfuß zusammenhängen. Insgesamt sind aber bei den Schuhen vom Kötterhagen Veränderungen durch Fußfehlstellungen und -deformationen nicht häufig. Dies lässt auf einen guten gesundheitlichen Zustand der Füße bei den Angehörigen der Paderborner Kaufleutefamilien schließen.

Abb. 5
Schuh mit einseitiger Abnutzung (Nachweis eines Klumpfußes), Paderborn, Ausgrabung Kötterhagen

Abb. 6
Schuh mit aufgeschnittenem Vorderteil (Nachweis eines verletzten Fußes), Paderborn, Ausgrabung Kötterhagen

Schuhe der Kaufleute – nicht anders, aber besser?

Die Schuhe aus Paderborn geben einen Einblick in die Fußbekleidung wohlhabender Kaufleute im 15. Jahrhundert. Es ist ein Anzeichen von Wohlstand, dass auch sehr kleine Kinder spätestens bei ihren ersten Schritten bereits schöne Schuhe trugen. Ferner waren die überwiegend vorkommenden Schnallenverschlüsse teurer als die einfachen Riemen- und Knöpfverschlüsse. Ledertrippen mit aufwendigen Verzierungen und besonders das Exemplar mit dem Kern aus Kork konnten sich ärmere Menschen damals nicht leisten. Hinzu kommt, dass die Bewohner auch einzelne, noch brauchbare Schuhe aussortierten, wahrscheinlich nachdem das Gegenstück kaputt gegangen war.

Ein weiterer Hinweis auf das gehobene soziale Milieu ist die Doppelbesohlung und die Paderborner Variante der nagelbeschlagenen Schuhe. So kann man in der Gesamtzusammensetzung aller Lederfunde aus der Sickergrube am Paderborner Kötterhagen beschreiben, welche Schuhe dort die Kaufleute im 15. Jahrhundert getragen haben. Unter dem vorhandenen Spektrum der Schuhe gibt es jedoch nur wenige Schuhtypen, die man bestimmten sozialen Schichten zuweisen kann. Wenn auch etwas aufwendigere Schnallenverschlüsse bei den Kaufleuten im Kötterhagen sehr häufig vorkamen, so lassen sie sich nicht eindeutig auf die bürgerliche Oberschicht beschränken. Schuhe waren mit Ausnahme aufwendiger Schnabelschuhe oder Ledertrippen somit weniger gut als Statussymbol geeignet. Dies mag daran liegen, dass sie sehr schnell verschlissen und man sie eher als Gebrauchsgegenstand verwendete. Vom hohen Schuhverbrauch zeugt beispielsweise eine Schriftquelle von 1410/11.[10] Demnach verbrauchte eine Familie mit Gesinde in etwa sechs Monaten insgesamt 103 Paar Schuhe.

Anmerkungen

[1] Gaertner-Krohn, Maren: Lederschuhe des 14. und 15. Jahrhunderts aus der Paderborner Stadtkerngrabung am Kötterhagen. Untersuchungen zur Konstruktion, Funktion und zur sozialen Bedeutung. Unpublizierte Magisterarbeit, Hamburg 2008.

[2] Bulla, Andrea; Otte, Ralf: Privatsache: Das Siegel einer Paderborner Bürgermeisterfamilie aus dem 15. Jahrhundert – Ein Bericht von den Ausgrabungen am Kötterhagen. Die Warte 130, Sommer 2006, S. 29–30.

[3] Groenman-van Waateringe, Willy: Leather from Medieval Svendborg. The Archaeology of Svendborg, Denmark. No. 5, Odense 1988.

[4] Kloos, Rudolf M.: Die Ordnung des Schusterhandwerks zu Kronach im Nachlass Marschalk von Ostheim. In: Berichte des historischen Vereins für die Pflege der Geschichte des ehemaligen Fürstbistums Bamberg, Heft 100, Bamberg 1964, S. 299–314.

[5] Lehmann-Langholz, Ulrike: Kleiderkritik in mittelalterlicher Dichtung: Der Arme Hartmann, Heinrich von Melk, Neidhart, Wernher der Gartenaere und ein Ausblick auf die Stellungnahmen der spätmittelalterlichen Dichter, Frankfurt am Main 1987.

[6] Grew, Francis; de Neergaard, Margrethe: Shoes and Pattens. Medieval Finds from Excavations in London, Band 2, London 1988, S. 65ff.

[7] Dirlmeier, Ulf: Untersuchungen zu Einkommensverhältnissen und Lebenshaltungskosten in oberdeutschen Städten des Spätmittelalters (Mitte 14. bis Anfang 16. Jahrhundert), Abhandlungen der Heidelberger Akademie der Wissenschaften, Philosophisch-historische Klasse Jahrgang 1978, Heidelberg 1978, S. 284.

[8] Ebd.: S. 281.

[9] Goubitz, Olaf; van Driel-Murray, Carol; Groenman-van Waateringe, Willy: Stepping through Time. Archaeological Footwear from Prehistoric Times until 1800, Zwolle 2001, S. 91ff.

[10] Kühnel, Harry: Ziele der Erforschung der Sachkultur des Mittelalters, In: Renaud, J.G.N.: A Contribution to medieval archaeology, Rotterdam Papers IV, Rotterdam 1982, S. 119–130.

Mal rechts, mal links – Schuhmoden zwischen dem 17. und 19. Jahrhundert

Ursula Strate

Schuhsammlungen – ob historisch oder modern – haben etwas Faszinierendes für den interessierten Betrachter. Und unter den historischen Schuhen bieten jene aus dem 18. Jahrhundert auch den Sammlern, Fachkundigen und Ästheten eine besondere Fülle an Formen, Materialien und Dekoren. Sie regen nachhaltig die Phantasie an, denn jeder Schuh möchte mit seinen Gebrauchsspuren eine Geschichte aus der Zeit des späten Barock, des Rokoko und der Zeit vor, während und nach der französischen Revolution erzählen. Seine Träger sind jedoch meist unbekannt, ihre persönliche Biographie bleibt verschlüsselt, und der Betrachter fühlt sich allein zu Ahnungen animiert, was ihrem Träger damals, in zum Teil sehr ruhigen, zum Teil sprunghaft sich umwälzenden Zeiten widerfahren sein mag.

Was im Original erhalten ist und in Museen und Privatsammlungen bewahrt wird, ist überwiegend feinstes Schuhwerk, in dem einst Füße höfischer oder gehobener Gesellschaft steckten.
Einige dieser prächtigen Exemplare möchte ich im Folgenden vorstellen. Es sind überwiegend Schuhe, die ich während meiner Museumstätigkeit genauer kennenlernen durfte. Manches der Modelle ist so fragil und lichtempfindlich, dass es von den Museen zu Sonderausstellungen nicht mehr verliehen werden kann.

Mode in der höfischen Gesellschaft des 17. und 18. Jahrhunderts

Erst seit Frankreich unter der Herrschaft Ludwig XIV. (1643–1715) die politische und kulturelle Führung in Europa übernommen hatte, entstand eine einheitliche Linie der Mode. Das Zentrum war der Hof von Versailles. Er wurde tonangebend für alle Höfe Europas. Das gehobene Bürgertum wiederum sah in der Hofgesellschaft – ob in der von Versailles oder der ihrer Nachahmer – sein Vorbild und kopierte sie, wenn es möglich war. Was die höfische Gesellschaft zu den verschiedensten Anlässen trug, machte Furore – besonders wenn es vom König selbst, seinen Höflingen und seinen Mätressen zur Schau gestellt wurde. Neben der Reifrockmode der Damen sowie den langen kunstvoll dekorierten Schoßröcken und Kniebundhosen der Herren folgte man entsprechend auch der französischen Schuhmode. Als Beispiel sei hier herausgestellt: die Mode der roten Absätze. Sie

vorhergehende Seite
oben | Abb. 1
Detail aus dem Bildnis Ludwig XIV., König von Frankreich 1701/02, von Hyacinthe Rigaud (1659–1743)

unten | Abb. 2
Titelkupfer zum Jahrgang 1801 des „Journal des Luxus und der Moden"

soll aufgekommen sein, weil es König Ludwig XIV. gefiel, was sein Hofschuhmacher für ihn kreiert hatte. Sie galten ab sofort als Hoheitszeichen, und wer sich traute, machte es dem König nach. Der Adel nahm den roten Hacken für sich in Anspruch als Erkennungszeichen seines Standes – und das tat er in ganz Europa.

Der Absatzschuh

Der Absatz trat schon um 1600 in Erscheinung. Er kam aus dem Orient. Der flämische Künstler Pieter Coecke van Aelst (1502–1550) belegt umfänglich in seiner siebenteiligen Holzschnittfolge „Sitten und Gebräuche der Türken" – das Tragen von Stiefeln mit Absatz. Er hielt sich im Jahr 1533 auf Veranlassung der Brüsseler Teppichmanufaktur van der Moyen in Istanbul auf. Sein Reisebericht in Bildern gibt uns eine breit angelegte Kulturbetrachtung des Landes und seiner Bewohner.

Seit Anfang des 17. Jahrhunderts war dann der Absatz in Europa den starken Reitstiefeln vorbehalten – als Halt im Steigbügel. In der zweiten Hälfte übernahm ihn die höfische Schuhmode. Die festen, rindsledernen steifen Schaft- oder Stulpenstiefel blieben noch bis Ende des 18. Jahrhunderts bei Armeesoldaten in Gebrauch. Zur Hofuniform und zur Jagd setzte sich ein weicher Stiefel durch, der gern vorne mit einem Aufwärtsschwung unterhalb des Knies abschloss oder auch eine formgleiche Stulpe besaß – ein Stiefeltyp, wie er auch heute noch getragen wird.

Der barocke Absatzschuh war kennzeichnend für den steifen Pomp der Garderobe jener Zeit: kantige Form, dicke Laufsohle, anfangs meist noch mit blockig hohem Absatz, in späterer Entwicklung etwas schmaler und höher, mit ausgeprägter vorne gekanteter Spitze. Er wechselte aber nach dem Tod Ludwigs XIV. (1715) analog zur Kleidermode zu grazileren Formen. Größte modische Entfaltung und Eleganz erfahren die Schuhe mit hohem Absatz in der Zeit des Rokoko unter Ludwig XV. (1715–1774), von Herren und Damen gleichermaßen getragen. Er konnte zwischen 8–12 cm Höhe variieren. Er wurde etwas niedriger, als er die für seine Zeit typische geschwungene Ausprägung unter Ludwig XVI. (1774–1791) erhielt – heute ein fester Begriff in der Schuhmode: der Louis-Seize-Absatz. Auch die Position des Absatzes änderte sich: Er war oft nach vorne gezogen. Diese Verschiebung ließ den Fuß optisch kleiner erscheinen. Bei den Damen war er gern farbig abgehoben, aber meist mit weißem Leder überzogen; so kamen Formveränderungen besonders gut zur Geltung. Der äußere Schwung setzte sich am Absatzhals als starke Rundung oder auch innen gekantet zur Laufsohle hin fort.

Die lange Reifrockmode verhinderte allerdings den Blick auf das Schuhwerk der Damen. Es war kaum etwas zu sehen: Schuhspitzen vielleicht beim Sitzen, Tanzen, Treppensteigen oder – wie die Maler Fragonard und Watteau es in Bildnissen festgehalten haben – auf der Schaukel. Das änderte sich erst, als mit der Raffung des Manteaus zur „Robe à la polonaise" die Röcke kürzer wurden. Die Herrenschuhe kamen dagegen immer in ihrer ganzen prächtigen Ausgestaltung zur Geltung. Zu Kniebundhosen getragen, waren sie gern farblich abgestimmt mit den Strümpfen. Man trug sie zum Negligé, zur Halbgala wie zur großen Gala, der „Grand Parure".

gegenüberliegende Seite
Abb. 3
Detail aus Sitten und Gebräuche der Türken; Holzschnittfolge in sieben Teilen, 1533–1550 von Pieter Coecke van Aelst (1502–1550)
Wien, Graphische Sammlung Albertina

oben I Abb. 4
Herrenschuh, um 1720
Museum für Kunst und Gewerbe Hamburg

unten I Abb. 5
Detail aus dem Bildnis der Madame de Pompadour, 1759, von François Boucher (1703–1770)

Abb. 6
Damenschuh, um 1730
DLM Ledermuseum Offenbach

Abb. 7
Schnallenschuh, Frankreich, um 1730
Museo de la Moda, Santiago/ Chile

Der Schnallenschuh

Ein besonderer Kult wurde mit kunstvoll geschmiedeten Schnallen getrieben, gern als aristokratisches Symbol zur Schau getragen. Oft waren sie kostbar verziert mit gefassten Steinen. Große Schleifen, gebunden oder zur Rosette gewickelt, wechselten mit den Schnallen als Verschlussdekor. (In der Tracht hat sich der Schnallenschuh bis heute erhalten).

Der Schnallenschuh, bei Damen und Herren gleichermaßen beliebt, war aus weichem Leder (Ziege oder Schaf). Vorderblatt und Ristlaschen konnten bestickt sein. Meist war die Stickerei kombiniert in unterschiedlichen Stichtechniken ausgeführt. Am häufigsten ist der Plattstich anzutreffen, parallel dazu die Tamburierarbeit. Besonders aufwendig und kostbar waren Metallstickereien (Sprengarbeit). Genauso dekorativ machten sich Besätze aus Metallspitzen und (Metall-)Borten – meist über die ganze Frontpartie genäht von der Spitze bis zur Lasche [Abb. 4].

Als wichtigste Dekore kann man einfarbige, in sich gemusterte und bunt gemusterte Seidengewebe des 18. Jahrhunderts ansehen. Sie wurden über das weiche Leder gespannt. Mancher kostbare Stoff, im Grunde oft ein Damast oder Brokatgewebe, war mit lancierten und broschierten floralen Motiven durchwebt. Er konnte dem Gewand angepasst sein oder war direkt aus dem Stoff der Robe gemacht. Die gewebten Blüten- und Rankenmuster waren gerne zusätzlich mit Stickerei und Bortenschmuck verziert.

Ein farbig abgestimmtes Seidenbändchen deckte Nähte (seitlich und Fersenmitte) ab und fasste meist Ristlaschen und Bugkante ein. (Durch Abrieb und natürlichen Zerfall sind diese Bandeinfassungen oft nur noch fragmentarisch vorhanden oder fehlen gänzlich – mitunter wurden sie auch erneuert). Farbig kontrastierende Lederpaspeln wurden in Nähte und Kanten eingebracht. Häufig umfasst eine weiße Lederpaspel den Schuh wie eine Rahmung. Sie ist zwischen Brand- und Laufsohle eingeschoben. Notwendige Steppnähte nutzten die Schuhmacher gleich als Ziernaht.

In fast allen Sammlungen ist eine Schmucktechnik mit schmaler farbiger Litze an hochhackigen Damen- und Herrenschuhen anzutreffen. Einfarbige, hier: grüne, gelbe oder lachsrote, feine Flechtbändchen (die damals noch vom Posamentier hergestellt wurden), sind über den ganzen Schuh in paralleler Anordnung aufgenäht. Der formative Effekt auf dem meist hellen Ledergrund ist äußerst dekorativ.

Im Original erhalten haben sich aus der zweiten Hälfte des 18. Jahrhunderts auch flache Herrenschuhe aus den oben genannten gemusterten Seidengeweben. Sie haben einen kleinen Absatz. Sie wurden mit Seidenschleifen gebunden und gleichen in der Form dem heutigen Schnürschuh.

Der Durchbruch der Pantoffeln

Ein besonderes Augenmerk muss dem Pantoffel gewidmet werden. Das Schuhwerk aus Sohle und Vorderkappe kam aus dem persischen Altertum über Italien nach Mitteleuropa. Seit dem 17. Jahrhundert ist er mit Absatz bekannt und war auch im ganzen 18. Jahrhundert in Gebrauch. Die Damen trugen ihn – nach wie vor mit Absatz – in der Öffentlichkeit. Die Herren verwendeten die flache Version eher zu häuslichen Verrichtungen – wie uns vortrefflich ein kleinformatiges Porträt von Johann Georg Ziesenis (Kopenhagen 1716-1776 Hannover) vor Augen führt. Kurfürst Karl Theodor von der Pfalz (1757) trägt sie hier, lässig gekleidet (im Negligé) beim Flötenspiel in seinem Kabinett im Schwetzinger Schloss. Es sind helle Lederpantoffeln – Hausschuhe oder Schlappen würden wir heute sagen.

Originale Damenpantoffeln jener Zeit finden sich in allen größeren Sammlungen [Abb. 8 u. 9]. Sie waren sehr beliebt. Zeitgenössische Maler gaben auf zahlreichen Bildnissen dem Damenpantoffel, der durch die Luft fliegt, lässig am Füßchen hängt oder abseits liegen geblieben ist, eine besondere Bedeutung.

Der Überschuh

Überschuhe, sogenannte *Patten*, für hochhackige wie für flache Schuhe, wurden zur Schonung des Schuhwerks bei Straßenschmutz getragen. Sie waren aus festem Rindsleder, und hatten an der Sohle Eisengestelle. Das Blatt – meist ein breiter Riegel – war mitunter stoffbezogen, passend zum Schuh, der geschützt wurde.

oben I Abb. 8
Damenpantoffel *mules*,
Frankreich, um 1730
Museum für Kunst und
Gewerbe Hamburg

unten I Abb. 9
Damenpantoffel,
Süddeutschland,
um 1790 – 1800
Bayerisches Nationalmuseum,
München

Abb. 10
Stich(detail) von C. B. Glasbach, Berlin: Kaiser Joseph II. (links) und König Friedrich II. treffen sich in Neiße am 25. August 1769.

Das Nebeneinander der Schuhformen bei Hofe zeigt sehr schön ein Stich von C. B. Glasbach: Die beiden Herrscher, Kaiser Joseph II. und König Friedrich II. treffen sich in Neiße am 25. August 1769. Joseph trägt Schnallenschuhe mit Absatz und Friedrich Reitstiefel, beide zur vergleichbaren Aufmachung ihres herrschaftlichen Habitus.

Die Rokokomode des 18. Jahrhunderts

Für das 18. Jahrhundert zählen zu den für die Illustration der Kostümgeschichte bedeutendsten Malern Jean-Antoine Watteau (1684–1721), François Boucher (1703–1770), Jean-Etienne Liotard (1702–1789), Jean-Honoré Fragonard (1732–1806), Thomas Gainsborough (1727–1788) und Jacques Louis David (1748–1825).
Das gerade wiederentdeckte Gemälde „Surprise“ (1718) von Jean-Antoine Watteau, jenes Malers, der eine ganze Epoche geprägt hat, zeigt uns den Herrenschuh jener Zeit: einen Absatzschuh, der über dem Rist mal mit einer Rosette und mal mit einer Schleife gebunden wird. Watteau hat wie kein anderer Künstler die Kleidermoden des Rokoko vortrefflich festgehalten. Eine große Rückenfalte der Damenroben, die er auf vielen seiner Werke malerisch fließen lässt, erhielt in der Kostümgeschichte den Namen „Watteau-Falte“. Sein größtes Bild (166 x 306 m): Das Ladenschild des Kunsthändlers Gersaint von 1720 (im Schloss Charlottenburg, Berlin) führt uns fantastische Gewänder einer Hofgesellschaft beim Galeriebesuch vor. Einen einfachen Bürgersmann setzte er seitlich ins Bild. Er trägt die einfache Alltagstracht mit flachen Schuhen. Und im Zentrum sehen wir eine Schuhsohle eines Höflings, der niederkniet, um sich ein tiefliegendes Detail an einem Gemälde anzusehen.

Die Sohle lässt erkennen, dass man damals keinen Unterschied von rechts und links kannte. Der Schuhmacher zog für den rechten wie den linken Schuh das Leder über ein und denselben Leisten. So waren Zuschnitt des Leders und Ausformung für beide Füße gleich. Das trifft für fast alle Schuhe dieser Epoche zu. Nur die Abnutzung der Sohle zeigt, dass mancher Schuh nicht unbedingt mal rechts oder links getragen wurde. Das Einlaufen gehörte auch damals zum neuen Schuh.

Abb. 11
Drei Absatzschuhe, (v. l.)
um 1720, um 1720, um 1770
DLM Ledermuseum Offenbach

Als der Reifrock in den 1780er Jahren unter dem Einfluss bürgerlicher Mode aus England allmählich aus der Hofmode verschwand und die Seidengewebe schlichter wurden – man bevorzugte jetzt einfache Streifenmuster mit wenig aufgebrachtem Rüschendekor – wurden auch die Schuhe sichtbar einfacher gestaltet. Stoffschuhe waren aus simplen Ripsgeweben (Cannelé, Cannetillé oder Taft) gefertigt und wechselten zu neuen Formen: Die extremen Spitzen verschwanden, der geschwungene Absatz wurde immer niedriger und ein flacher Schuh gewann in der Damenmode an Boden. Oft schloss die Laufsohle einen kleinen Absatz ein, der keilförmig zwischen Brand- und Laufsohle auslief.

Das Aufkommen des Klassizismus

1788 wurden zum ersten Mal Kleider „à la grecque" erwähnt. Unmittelbares Vorbild war „Der Schwur der Horatier", 1784–85 von Jacques-Louis David gemalt. Schon 1755 hatte der Archäologe Johann Joachim Winckelmann mit seiner veröffentlichten Schrift: „Gedanken über die Nachahmung der griechischen Werke ..." diese neue Begeisterung eingeleitet.
Die Hofdamen bevorzugten beinahe durchsichtige Kleider, unter der Brust hochgebunden, aus weichem weißen Musselin. Zu den sogenannten Chemisen trug man kleine flache Leder- und Seidenschuhe (Vorläufer der Ballettschuhe). Seitlich setzten Seidenbänder an, die – der vermeintlich griechischen Linie angepasst – kreuzweise um Fessel und die Waden hinauf mit Seidenbändern umschlungen wurden [Abb. 13].

Abb. 12
Damenschuh, um 1785
Museo de la Moda, Santiago/
Chile

links I Abb. 13
Titelkupfer zum Jahrgang 1801 des „Journal des Luxus und der Moden", Zusammen mit Abb. 2: Vergleich der Moden: elegante Paare von 1701 und von 1801

rechts I Abb. 14
Damen-Kreuzbandschuhe „slipper", Paris, 1818
Museum für Kunst und Gewerbe Hamburg

Mit der französischen Revolution ging die Führung in der Mode endgültig vom Hof auf das gesellschaftlich erstarkte Bürgertum über. Die Kleidung war damals Zeichen politischer Gesinnung. Die jungen Männer trugen lange Hosen, sogenannten Pantalons, die in weichen Stiefeln mit übergroßer Krempe steckten. Die Herren trugen nach englischer Art flache, meist schwarze Schuhe, mit einer Schnalle verziert. Die Damen blieben weiterhin bei flachen Schuhen, heute Ballerinas genannt, mit einer kleinen Spitze, leicht gerundet und – mittig auf dem Blatt – nur wenig verziert. Ein kleiner gedrungener Absatz trat bald wieder auf. Bedrucktes Leder ersetzte aufwendige Stickereien.

1804 krönte sich Napoleon I. zum Kaiser der Franzosen und führte die Hoftracht wieder ein. Seide wurde für die große Gala vorgeschrieben, um die französische Seidenindustrie wieder zu beleben. Durch die baumwollene Chemisen-Mode war sie fast zum Erliegen gekommen. Mit der Seide kehrte eine neue Steifheit in die Kleiderfasson zurück. Doch der zierliche flache Schuh mit den Fesselbändern blieb der Damenmode des Empire noch eine Zeit lang erhalten.

Literatur

Gall, P. Günther, Katalog Heft 6 des Deutschen Ledermuseums mit angeschlossenem Deutschen Schuhmuseum, Offenbach 1980.

Gall, P. Günther, Die Entwicklung des Absatzes in der Schuhmode, in: Waffen- und Kostümkunde, Band 30, Heft 1, 1971, S. 13–25.

Swann, June M., Shoes, London 1982.

Ausstellungsführer, Bally Schuhmuseum, Schönenwerd 1962.

Ausst. Kat. Europa und der Orient, 800–1900. Gereon/Budde, Hendrik; Hg. Sievernich, Berliner Festspiele, Berlin 1989.

Ausst. Kat. Schuhe – vom späten Mittelalter bis zur Gegenwart. Durian-Ress, Saskia; Hg. Bayerisches Nationalmuseum München, 1991.

Ausst. Kat. Apropos: der Charme der Accessoires. Strate, Ursula; Hg. Museum für Kunst und Gewerbe Hamburg, 1999.

Schuhnot in der Nachkriegszeit

Ulf Mohrmann

Einleitung

Im Verlauf des Zweiten Weltkriegs wurde die Versorgungslage der Bevölkerung immer prekärer. Es mangelte nicht nur zunehmend an Lebensmitteln aller Art, sondern auch die Beschaffung von Kleidungsstücken bedurfte schon eines gerüttelten Maßes an Verhandlungsgeschick und Findigkeit. Zwar versprach das 1945 bevorstehende Ende der Kampfhandlungen eine baldige Besserung der Verhältnisse, jedoch stand die Bevölkerung in den letzten Wochen und Tagen des Zweiten Weltkriegs unter stärkster Anspannung. Die soziale Lage der deutschen Gesellschaft vor der Währungsreform von 1948 konnte in vielen Bereichen des Alltagslebens nur als katastrophal bezeichnet werden. Besonders im Frühjahr 1946 schien die Befriedigung grundlegender Bedürfnisse fast unmöglich und somit die Situation lebensbedrohlich zu werden. Was für die Bevölkerung früher als selbstverständlich galt, stellte diese nun vor riesige Probleme. Die Beschaffung von Kleidung und vor allem von Schuhwerk war mit großen Hindernissen verbunden. Modische Standards, wie sie in Friedenszeiten von Bedeutung waren, spielten in den damaligen Krisenjahren eine völlig untergeordnete Rolle. Bevor es für Frauen als modern galt Hosen zu tragen, zogen sie diese nunmehr aus der reinen Notwendigkeit an, sich vor Kälte zu schützen. Frauen mit Soldatenstiefeln an den Füßen prägten ebenso das Straßenbild wie Personen mit Jacken oder Mänteln, die aus Felddecken zusammengeschneidert worden waren.

Ob auf dem Lande oder in der Stadt – die alltäglichen Nöte nahmen in den Monaten nach dem Ende des Zweiten Weltkriegs die volle Aufmerksamkeit der Bevölkerung in Anspruch. Ohne brauchbare Schuhe waren der Wiederaufbau der zerstörten Stadt oder der regelmäßige Besuch einer Schule bzw. eines Arbeitplatzes genauso wenig möglich wie das „Organisieren" von Lebensmitteln. Kurzum: Ohne schützende Schuhe gab es keine Wiederaufnahme eines geregelten Alltagslebens. Die elementare Bedeutung dieses zuvor als selbstverständlich angesehenen Kleidungsstückes wurde vielen Menschen erst in der Krise bewusst. Der Einfallsreichtum, den die Menschen in diesen Mangeljahren an den Tag legten, lässt sich besonders gut am Beispiel „Schuh" dokumentieren.

Armut, Einfallsreichtum und der Schwarzmarkt

Die Hansestadt Bremen wurde im Zweiten Weltkrieg recht früh und relativ schwer von alliierten Fliegerbomben getroffen, sodass die Bevölkerung ab 1941 die sich zuspitzende Versorgungslage zu meistern und große Probleme zu bewältigen hatte. Neben der Beschaffung des Lebensnotwendigen stand die Beseitigung der Trümmer an erster Stelle. Das stellte eine hohe körperliche Belastung dar. Die harte Arbeit zeigte ihre Folgen auch am arg strapazierten Schuhwerk der Menschen. Abgesehen davon, dass nicht genügend Arbeitsschuhe zur Verfügung standen, bereitete der tägliche Verschleiß andauernde Probleme.

Zu Kriegszeiten war der tägliche Konsum zunehmend eingeschränkt worden. Lebensmittel-, Kleider- und auch Schuhkarten begrenzten die Auswahl erheblich. Die Neuanfertigung wie auch Reparatur von Schuhen wurde durch den zunehmenden Mangel an Materialien wie Leder oder Gummi bestimmt. Oft konnte nur ausgemustertes Kriegsmaterial verwendet werden wie Reste von kaputten Stiefeln oder Uniformstoffe. Dieses Material war kaum geeignet, den Füßen Schutz und Wärme zu bieten. An Komfort war wenig zu denken. Nicht selten berichteten Leidtragende: *„Die neuen Schuhe waren aus Kriegsmaterial und drückten. Mit Blasen und einem Loch im Strumpf kam ich zu Hause an.“* [1]

Besonders unter dieser Situation zu leiden hatten die Kinder. In den kalten Wintermonaten waren für sie selbst die kleinsten Gänge mit großen Anstrengungen verbunden. Häufig mussten sie mit recht plumpen Holzschuhen vorlieb nehmen, die den Füßen oft mehr schadeten als diese schützten. Nicht selten waren Familienangehörige gezwungen, sich ein einziges Paar Schuhe zu teilen.

Die schwierige Lage veranlasste die Menschen häufig zu ungewöhnlichen Schritten und Maßnahmen. Selbst Plünderungen von Textil- und Schuhgeschäften waren zu dieser Zeit keine Seltenheit. Auch die Besatzungsmächte blieben von solchen Aktionen nicht verschont. Um verwertbares Material für Schuhe zu bekommen, wurde bisweilen auch nicht davor zurückgeschreckt, den ledernen Sitzbezug oder Gummireifen eines Militärfahrzeugs zu zerschneiden und mitzunehmen.

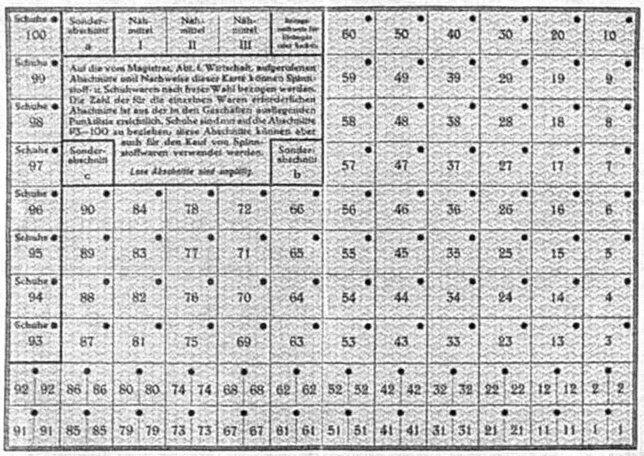

Textil- und Schuhkarten 1945 – 49

Es begann sich ein blühender Schwarzmarkt für alle möglichen Güter des täglichen Bedarfs zu entwickeln. Da die Auslagen der Geschäfte nicht viel hergaben, sahen sich die Menschen oftmals veranlasst, sich auf illegale Weise zu besorgen, was sie zum Überleben benötigten. Wollte man mit der alten Reichsmark (RM) Lebensmittel oder Kleidungsstücke erstehen, so hatte man in der Regel wenig Glück. Die Kriegswährung büßte zunehmend ihren Wert und ihre Funktion als Zahlungsmittel ein. Dieses zeigte sich am normalen Lohn eines Facharbeiters in der britischen Besatzungszone, der 1947 durchschnittlich etwa 230 RM im Monat ausmachte. Für diese Summe war es jedoch noch nicht einmal möglich, sich auf dem Schwarzmarkt ein Pfund Butter zu kaufen. Ein Paar Herrenstiefel kosteten z. B. auf dem Schwarzmarkt zur gleichen Zeit ca. 1000 RM. Mehrere Monatsgehälter für einen solchen Kauf ausgeben zu müssen war also nichts Außergewöhnliches.

Zigaretten entwickelten sich zur Ersatzwährung auf dem Schwarzmarkt. Oft wurden Dinge allerdings auch einfach getauscht. Viele Bremer gingen mit den Habseligkeiten, die ihnen geblieben waren, in die bäuerliche Wesermarsch und versuchten gegen intakte Haushaltsgegenstände, noble Herren- oder Damenschuhe, Teppiche oder Spielsachen Lebensmittel wie Kartoffeln, Eier oder Schinken einzutauschen. Auf dem organisierten Schwarzmarkt blieben Versuche gegen die Aktivitäten von Schwarzhändlern vorzugehen, zumeist ohne nennenswerten Erfolg. Auf diversen Razzien wurden allzu oft nur kleine Verkäufer aufgegriffen. Viele Händler schienen informiert zu sein, bevor Razzien überhaupt stattfanden. Die kriminellen Größen, die am meisten von diesem Geschäft profitierten, ließen sich nicht auf der Straße blicken, sondern ließen andere für sich arbeiten. Diebstähle waren eine beliebte Beschaffungsmaßnahme für Schwarzmarkt-Güter. Überall war das „Organisieren" von Lebensnotwendigkeiten tägliche Praxis und gang und gäbe. Es existierten allerdings auch legale, von offizieller Seite kontrollierte Tauschmärkte. Hier fanden beispielsweise neu gegründete Fußballvereine die Möglichkeit, durch Tausch Fußballschuhe zu erhalten. Dennoch herrschte auch in diesem Bereich erheblicher Mangel.

Wahlkampfplakat der SPD, 1949

Zwar gab es Schuhkarten für Kinder und Erwachsene, aber die Versorgungslage konnte nicht annähernd die Nachfrage befriedigen. Meistens wurden Schuhe aus den Vorkriegsjahren notdürftig geflickt und weiter getragen. Wer in den Besitz von militärischem Schuhzeug gelangte, konnte sich glücklich schätzen, denn dieses war nicht nur robuster gearbeitet, sondern hatte in der Regel seinen Praxistest schon weitgehend bestanden. Besonders prekär sah die Versorgung mit Schuhen bei Kindern aus. Kaum hatten die Eltern sich um Schuhe für sie gekümmert, wuchsen sie auch schon wieder aus diesen heraus. Um gegen diesen elementaren und für das Wachstum der Kinder sehr bedeutenden Mangel anzugehen, kamen die Eltern auf teilweise sehr exotische Ideen. Wer sich nicht anders zu helfen wusste, bastelte sich seine eigenen Schuhe, wobei die verschiedensten Materialien zum Einsatz kamen. Sohlen aus selbst bearbeitetem Holz, aus Kork oder sogar aus Fahrradmänteln und Autoreifen waren keine Seltenheit. Luftige Pantoletten mussten in Ermangelung von Alternativen selbst im Winter getragen werden. Die Kreativität bei der eigenen Herstellung von Schuhen kannte keine Grenzen. Dabei verfügten die selbst gebauten Fabrikate keineswegs über Schusterqualität, denn sie waren ja aus der Not geboren und sollten lediglich für eine Übergangszeit dienen. Kinder beklagten sich nicht selten über die Schwere der Schuhe, die zusätzliches Gewicht dadurch erhalten hatten, dass man ihnen zur Stabilitätserhöhung noch Holzverstrebungen eingefügt hatte.

Flüchtlingskinder, 1947

Eine große Schwierigkeit bildete der hohe Verschleiß des Ersatzmaterials. Besonders bei Kinderschuhen musste zudem darauf geachtet werden, dass die Schuhe nicht zu klein oder zu hart waren. Bei täglichem Gebrauch drohten die Füße sonst zu verkrüppeln. Weiches und flexibles Material war dementsprechend äußerst gefragt.

Der Improvisation und dem Einfallsreichtum waren keine Grenzen gesetzt. Recycling von Rohmaterialien wurde das Gebot der Stunde. Alles, was irgendwie verwertbar war, wurde genutzt. Löchrige Holzklappern, die völlig abgelaufen waren, durften keinesfalls weggeworfen werden. Jeder versuchte, sämtliche Materialien zu nutzen, derer er habhaft werden konnte. Die Nachkriegsbevölkerung war sich dabei keineswegs zu schade, beispielsweise aus gestärkten Kragen von Matrosenhemden Damenschuhe anzufertigen.

Nicht nur der Inhalt von Carepaketen war äußerst begehrt, sondern die Verpackung der Pakete selbst konnte oftmals noch einen sinnvollen Zweit- und Drittnutzen erfüllen, wie ein Zeitzeuge berichtete: *„Ein Paket aus Amerika! Ich musste zur Hauptpost am Bahnhof. Dort wurde kontrolliert, ob etwas zu verzollen drin wäre. Der Beamte stellte das Paket auf den Tresen und zückte seine Schere. ‚Oh, bitte nicht!' wehrte ich ab, ‚das gibt noch Schuhbänder für meine Kinder.' Der Beamte begriff sofort und wandte sich dem nächsten Paket zu. Ich nestelte solange an dem Knoten herum, bis ich den ganzen Bindfaden gelöst hatte. Was in dem Paket war, weiß ich nimmer. Es war nichts zu verzollen – den amerikanischen Bindfaden aber färbte ich daheim mit Wasserfarben braun und schwarz, schnitt ihn in entsprechend lange Teile und hatte endlich heile, unverknotete Schnürbänder für beide Kinder."*[2]

Die ganze Sachenwelt wurde nun nach wieder- und weiterverwertbaren Stoffen durchsucht und durchprobiert. Fabrikationsreste wie Schaffell, Hutfilz oder Industriefilz fanden eine erstklassige Verwendung bei der Herstellung von Hausschuhen. Dadurch konnte zudem noch ein kleines Stück an Gemütlichkeit und Wärme in die Häuser zurückkehren.

Pragmatik, Schlichtheit und Haltbarkeit waren grundlegende Motive bei der Konzeption von Schuhen in der beginnenden Nachkriegsgesellschaft. Einfache und belastbare Schuhe wurden bereits ab dem Herbst 1945 in Serie produziert, um den Ansprüchen des harten Nachkriegsalltages gerecht zu werden.

Der Schuhmarkt der direkten Nachkriegszeit

Die Produktion von Schuhen war zwar durch den Krieg immer stärker beeinträchtigt worden, dennoch konnte die Herstellung in Deutschland nach Kriegsende relativ schnell wieder aufgenommen werden. Unternehmen wie *Salamander* in Kornwestheim begannen bereits am 20. Mai 1945 wieder mit einer Notproduktion unter US-Regie. Die letzte Jahresproduktion dieses größten deutschen Herstellers hatte 1944 noch 3,2 Millionen Paare betragen. Hatten 1939 noch 7000 Menschen für *Salamander* gearbeitet, so konnten 1945 immerhin 3400 Personen beschäftigt werden. 26 Prozent der Werksanlagen und sogar 50 Prozent der Verkaufsstellen waren zu diesem Zeitpunkt zerstört. Die Zahl der Angestellten, die zum Krieg eingezogen worden waren, belief sich auf 1400. Von diesen hatten lediglich 700 Männer überlebt. Auch in Sulingen bei Bremen kam die Schuhherstellung bei *Lloyd Schuhe* im April 1945 zum völligen Erliegen. Nach Plünderung von Fabrik und Auslieferungslager musste die Schuhfabrik ganz von vorne anfangen. Im September 1945 war es dann soweit: Ein Teil der auf dem Werksgelände wohnenden Belegschaft begann mit der Anfertigung von Schuhen mit Holzsohlen.

Neben den Materialproblemen war auch der gesamte Vertrieb während der Kriegsjahre immer schwieriger geworden. Straßen waren zerstört, Eisenbahnen fuhren nicht mehr oder es mangelte an Kraftstoff. So sah sich bereits in den letzten Kriegsmonaten der junge Heinz-Horst Deichmann, der spätere Geschäftsführer des Familienunternehmens *Deichmann*, gezwungen, Schuhe per Fahrrad auch über größere Entfernungen auszuliefern. Auch den Deichmanns war gar nichts anderes übrig geblieben, als Notschuhe aus Jute, aus Stroh oder aus Fallschirmstoff herzustellen und anzubieten. Sohlen aus Pappelholz waren in diesen Zeiten der Materialknappheit keine Seltenheit.

Aber nicht nur Großunternehmen wie *Deichmann* oder *Salamander* gelang es, in der Nachkriegszeit langsam wieder Fuß zu fassen. Selbst kleine Schuhmacher-Betriebe öffneten wieder ihre Türen, nachdem ihre vormals eingezogenen Besitzer unversehrt aus dem Krieg zurückgekehrt waren.

Notschuhe mit Holzsohlen

Den zahlreichen Flüchtlingen aus den deutschen Ostgebieten bot gerade die neu entstehende und arbeitsintensive Schuhproduktion des Westens eine Reihe von Arbeitsplätzen an, wenngleich die Suche nach Arbeitskräften in den Schuhfabriken erst nach 1948 richtig einsetzte.

Der Aufschwung

Einen Wendepunkt für den Wiederaufstieg auch der deutschen Schuhindustrie stellte die Währungsreform von 1948 dar. Nachdem die alte Reichsmark im Verhältnis 1:10 abgewertet worden war, konnte als neue Währung die Deutsche Mark (DM) ausgegeben werden. Auch wenn jeder Bürger anfangs lediglich 40 DM und später noch einmal 20 DM „Startkapital" erhalten hatte, war es nunmehr wieder möglich geworden, auch ohne Bezugsscheine einzukaufen. Bis zum Stichtag der Währungsreform hatten die Händler große Mengen an Produkten gehortet, die nun wieder zum Verkauf angeboten wurden. Die Kommentare von Zeitzeugen gewähren einen Einblick in die nun einsetzende Euphorie, denn fast alles war mit einem Schlag erhältlich: „[...] *Kochtöpfe, elektrische Bügeleisen, frisches Obst und Eier und viele andere, kaum noch bekannte Kostbarkeiten. – Und es wurde immer besser! Allmählich schlossen die Bezugsscheinämter, und am 1.5.50 bereits wurde die Lebensmittelrationierung aufgehoben!*"[3]

Pantoffeln mit Sohlen aus Autoreifen

Um die Schuhversorgungslücke zu füllen, hatte ab 1948 der Verkauf der sogenannten „Jedermann-Schuhe" begonnen. Dieser robuste Lederschuh sollte mit einem Verkaufspreis von 29,90 DM für jeden Erwachsenen erschwinglich sein. Das entsprechende Kindermodell kostete 19,50 DM. Es handelte sich bei diesen Schuhen um solide und zweckmäßige Kleidungsstücke, jedoch fehlte ihnen jegliche optische Anziehungskraft. Mit dem wachsenden Wohlstand der 1950er Jahre verloren diese Schuhe schnell wieder ihren Kundenkreis.

Zunächst hatte die junge westdeutsche Demokratie allerdings mit einer Reihe von Anfangsschwierigkeiten zu kämpfen. Arbeitslosenzahlen von zwei Millionen im Winter 1951/52 und in die Höhe schießende Lebensmittelpreise stellten die sich als „soziale Marktwirtschaft" bezeichnende neue Wirtschaftsordnung auf den Prüfstand. Erst ab Mitte 1952 stieg die Nachfrage nach deutschen Produkten spürbar an. Als begünstigender Faktor wirkte sich die Nachfrageexplosion nach Industriegütern infolge des Koreakrieges aus. Mit dem florierenden Export wurde eine lange Phase der Hochkonjunktur eingeleitet, die die Arbeitslosenzahlen bis zur Mitte der 50er Jahre bereits halbierte. 1955 hatte auch *Salamander* seine Produktion soweit ausgebaut, dass wieder 9900 Mitarbeiter Arbeit fanden. Eine Jahresproduktion von 7,9 Millionen Schuhpaaren konnte realisiert werden.
Der Einfallsreichtum der Nachkriegsjahre bei der individuellen Herstellung eigener Notschuhe war nun nicht mehr gefragt. Ein Überangebot an Schuhen für alle Altersgruppen und in jeder Preislage bestimmte von nun an die Auslagen der Geschäfte.

Damenschuhe aus Schlangenleder

Die aus der Not gefertigten Schuhe und Herstellungsmethoden gerieten zunehmend in Vergessenheit. Dabei hatten größere Teile der Bevölkerung auf traditionelle Methoden der Schuhproduktion zurückgegriffen, die vor Hunderten von Jahren bereits im Einsatz gewesen waren. Einen nachhaltigen Eindruck hinterließen diese Not- und Krisenjahre bei der Kriegs- und unmittelbaren Nachkriegsgeneration. Angesichts des Überflusses an Kleidungsstücken oder Schuhen in der heutigen Gesellschaft des Massenkonsums erscheinen die Probleme von damals das Verhalten der Verbraucher kaum zu beeinflussen. So stellte resümierend eine Zeitzeugin fest: *„Die ersten Nachkriegsjahre ... haben mich geprägt und sind mir bis heute unvergesslich; sie beeinflussen mein Verhalten in mancher Beziehung, z. B. bringe ich es nicht fertig, Essbares wegzuwerfen, und es fällt mir schwer, Kleidungsstücke auszurangieren, bevor sie nicht wirklich hinüber sind. Über allem steht die Erfahrung, dass derart schwierige Zeiten ein selbstverständliches Miteinander der Generationen mit sich brachten, ein jeder gab sein Bestes, um das Durchkommen für alle zu ermöglichen* [...] "[4].

Anmerkungen

[1] Zit. aus Historisches Museum Aurich (Hg.): Frauenleben in Aurich in der Kriegs- und Nachkriegszeit, Celle 2002, S. 20.

[2] Zit. bei Regina Bruss, Mit Zuckersack und Heißgetränk. Leben und Überleben in der Nachkriegszeit. Bremen 1945–1949, Bremen 1989, S. 120.

[3] Ebd., S. 207.

[4] Ebd., S. 214.

Schuh-Ikonen – Von High Heels zu Birkenstock

Ingrid Loschek

Wie kein anderes Accessoire vermögen Schuhe die Ästhetik einer Kleidung sowie ihre Aussage und Stimmung zu unterstreichen oder aber vollkommen zu verändern. Ein schwarzes Kleid ist ein „anderes" schwarzes Kleid, ob es mit damenhaften Stöckelschuhen, mit jugendlichen Ballerinas, mit sportlichen Joggingschuhen, mit aggressiven *Doc Martens* oder mit sommerlichen Flip-Flops getragen wird. Kleidung (einschließlich Fußbekleidung) verweist immer auf etwas Außer-Vestimentäres wie Körper, Erotik, Gefühle, Anlass, Musik oder Codes. Jedoch nicht dem Objekt an und für sich gilt die ikonische Verehrung, sondern der Idee dahinter, der Aura oder dem Irrationalen. Ein Grund, weshalb Schuhe sowohl des Luxusgenres als auch vergleichsweise Billigprodukte wie Sneakers, Birkenstocks und sogar Flip-Flops zu Ikonen[1] der Fußbekleidung werden. Kultschuhe sind materialisierte Träume: Träume von Freiheit, von Luxus, von Durchhaltevermögen, von Siegen. Auf dieser Ebene stellen Kultschuhe eine emotionale Bindung zwischen Betrachter/in und Träger/in her. Menschen der Konsumgesellschaft kaufen Gefühle: Kultschuhe sind Objekte emotionaler Begierde.

Ikonen – auch im profanen Bereich von Design und Medien – verfügen über eine zeitlose Bedeutsamkeit. Sie bleiben durch eine immer wiederkehrende Neuinterpretation (Re-Design) und durch eine ästhetische Anpassung im kulturellen Gedächtnis erhalten. Ikonen werden nicht altmodisch. Sie haben sich seit ihrem Entstehen bewährt und sind innerhalb eines Kulturkreises etwas Vertrautes. Ihre Zweckmäßigkeit liegt im kulturellen Zusatznutzen, wie in der Möglichkeit gesellschaftlicher Aufmerksamkeit oder sozialer Abgrenzung sowie der visuellen Kommunikation einschließlich einer zeichenhaften (ikonischen) Aussage. Letztere funktioniert auf der Basis absoluter Vertrautheit, wenn zum Beispiel ein Stiletto-Schuh zum Piktogramm für die Damentoilette wird oder ein durchgestrichener Stiletto als Verbotsschild das Betreten des Parkettfußbodens verwehrt.

Vom Stöckelschuh zum High Heel

Eine der ältesten Bekleidungsikonen stellt der Stöckelschuh dar. Seit jeher steht er für Erotik, Macht, Wohlstand, Eleganz und Sinnlichkeit. Allerdings geht sein wichtigstes Merkmal, der Absatz, auf den funktionellen Anspruch zurück, beim Reiten Halt im Steigbügel zu gewähren. Erste Belege dafür treten im hohen Mittelalter auf.[2] Erst gegen Ende des 16. Jahrhunderts machte sich die Tatsache der Überhöhung der Gestalt und der optischen Längung der Beine durch den Absatz – zunächst – die adelige Männermode zunutze. Im Barockzeitalter wurde auch der adeligen Dame außerhalb des spanischen Hofzeremoniells und damit des Reifrockzwangs eine freiere Gangart und ein kokettes Spiel des Rockhebens zugestanden, die die Verbreitung des Stöckelschuhs begünstigten. Damit trat der heute sogenannte High Heel in den modischen Mittelpunkt weiblicher Erotik. Schuhe mit extrem hohen Absätzen zwingen die Trägerin als Ausgleich der Balance zu einem Hohlkreuz, wodurch es zur Betonung von Gesäß und Busen kommt, was als sexuelle Geste verstanden wird. Als Rückschluss der sexuellen Geste gelten hohe Absätze als erotisch.[3] Der Kulturkritiker Eduard Fuchs hielt dies in seiner „Illustrierten Sittengeschichte" bereits 1910 eindeutig fest: Durch den hohen Absatzschuh „... wird die gesamte Haltung ... jugendlicher und unternehmender, der vorgedrängte Busen erscheint strotzender; ebenso wie die Linie der Schenkel straffer und dadurch deren Formen plastischer und klarer. ... Alle diese Reize erscheinen im Zustand der Aktivität. Weil aber diese Aktivität bei mehreren dieser Reize, so vor allem beim Busen, in erster Linie mit der Geschlechtsbetätigung zusammenhängt, so ist ihre Wirkung auf die Sinne in diesem Zustand am provozierendsten." Weitaus profaner nehmen sich die gesundheitsschädigenden Warnungen der Orthopäden aus, unter anderem mit dem Hinweis, dass ein Absatz von 7,5 Zentimetern die Beanspruchung des Ballens um 75 Prozent erhöht.[4] Dennoch scheinen hochhackige Schuh kurzfristig vielversprechend zu sein, so dass die aktuelle Schuh-Kollektion des britischen Dessouslabels Agent Provocateur unter dem Motto „Pure Sex! Good enough to lick!" verkauft wird. Allerdings mag die Reduzierung des Weiblichen auf High Heels nur als visuelle Medienidentität durchgehen, gelten sie doch nur dem Schein des Weiblichen. Abgesehen von der erotischen Wirkung ist die Eleganz des Stöckelschuhs in Frage gestellt, wenn die Trägerin eine extreme Absatzhöhe nicht souverän beherrscht.

Neben der Geste des Erotischen steht der hochhackige Schuh für Luxus, denn hochhackige Schuhe waren bei beiden Geschlechtern stets ein Zeichen des Müßiggangs. Schon zur Zeit von Ludwig XIV. von Frankreich galt es als Auszeichnung für den männlichen Adel, Schuhe mit Schmuckschnallen und hohen Absätzen zu tragen, wobei dem französischen Hochadel Absätze in Rot als höchstes Privileg zugebilligt wurden.

High Heels

Im 20. Jahrhundert galt der kreative Fokus besonders dem Absatz, nach dem Motto: „Zwischen der Ferse einer Frau und dem Erdboden gibt es soviel Raum, mit dem man etwas anfangen kann." Als offenen Raum beließ der berühmte französische Schuhmacher André Perugia in den 1930er Jahren seinen „heel-less shoe", der die zehn Zentimeter Risthöhe als konstruktives Meisterwerk ohne Absatz erreichte und somit höchste Irritation beim Betrachter auslöste. Nach dem Zweiten Weltkrieg war es Christian Dior, der sich um die Rückkehr zu damenhafter Eleganz bemühte. 1953 verpflichtete er den Schuhkreateur Roger Vivier, zwei Schuhkollektionen pro Jahr für das Haus Dior zu entwerfen. Ein nicht geringeres Prestige genossen zu jener Zeit die Schuhe des berühmten italienischen Schuhmachers Salvatore Ferragamo und des Franzosen Charles Jourdan, der nach 1959 für Dior Stilettos entwarf. Allerdings gelang erst um 1955 der italienischen Schuhherstellung, hohe und dünne Absätze mittels Einfügen eines Metallstabes zu konstruieren. Damit war der Stiletto geboren, dem Marilyn Monroe zum Ruhm für Sexiness verhalf. Gleichzeitig wurde der im Deutschen als Bleistift- oder Pfennigabsatz Bezeichnete als Parkettzerstörer verdammt, aber dennoch getragen.

Gabrielle Chanel war gegen hochhackige Schuhe, da sie Frauen zu hilflosen Püppchen machen. Zu ihrem Chanel-Kostüm, das für die Frau mit beruflicher Karriere ein Pendant zum männlichen Sakko-Anzug darstellen sollte, passte ein eleganter Schuh mit nur moderatem Absatz. Chanel erdachte daher eine alternative Attraktivität, vor allem auch um dem Schönheitsideal kleiner Füße gerecht zu werden: den *Two Tone-Schuh*, den sie der Herrenmode entlehnte und der ebenfalls zu einer Ikone unter den Schuhen wurde. In Cremefarben mit Schwarz kombiniert – schwarz waren Schuhkappe und Schuhrahmen – waren diese wesentlich unempfindlicher gegen Schmutz. Chanel selbst hatte ästhetische Gründe: „Die schwarze Spitze verkürzt den Fuß und das Beige verlängert das Bein", soll sie ihrem Schuhmacher Raymond Massaro erklärt haben.

Obgleich der hochhackige Sling-Pumps bereits in den 1990er Jahren in den modischen Blickpunkt rückte, war es die erfolgreiche TV-Serie „Sex and the City", die High Heels und deren Kreateur Manolo Blahnik zur Ikone werden ließ. Blahnik lässt sich, wie er selbst sagt, stark von der Architektur beeinflussen. Manche seiner limitierten Modelle überschreiten bei weitem die 1000-Euro-Grenze. Sein Konkurrent Christian Louboutin ist durch sein Markenzeichen der roten Sohlen ebenso bekannt. Der kreativen Gestaltung des Absatzes sind keine Grenzen gesetzt, von hohen (Doppel)Kegeln, S-Kurven, Voluten, Glas- oder Blumensäulen bis zum gedrehten oder nach innen geschwungenen schmalen Stöckel. Dennoch ist es der geradlinige Stiletto, der als Klassiker ikonisch verehrt wird. Die als „high fashion" zu klassifizierenden Modelle entziehen sich der Nachahmung in der Massenmode. Die Reichen und Schönen dieser Welt wissen, dass dem zarten Schuhwerk die Fahrt in der Limousine und das Gehen auf einem roten Teppich am erträglichsten sind. Letztendlich sind ihre Schuhwerke handwerkliche Meisterleistungen und – laut der Werbemagazine – „must haves", wie der „Tribute" mit einer Absatzhöhe von 14,5 Zentimetern (allerdings mit Plateausohle) des Hauses Yves Saint Laurent, der 2007 binnen weniger Wochen vergriffen war – trotz des stolzen Preises von 660,- US-Dollar.

Ballerina

Als Pendant zu hohen Stöckelschuhen erfreuen sich Ballerina-Slipper einer großen Anhängerschaft. Ihren Erfolg verdanken sie der generell praktisch-legeren Bekleidungseinstellung der US-Amerikaner. Als Erfinderin der flachen Ballerinas, sieht man von den flachen Escarpins zur Zeit des Empire ab, gilt die New Yorker Modedesignerin Claire McCardell. Da während des Zweiten Weltkriegs auch in den USA Schuhe, mit Ausnahme von Arbeitsschuhen, wie unter anderem die Trainingsschuhe der Balletttänzer, streng rationiert waren, und Claire McCardell 1944 Schuhe für die Präsentation ihrer Modekollektion brauchte, bestellte sie bei der amerikanischen Ballettbekleidungsfirma Capezio Balletttrainingsschuhe mit fester Sohle. Diese überzog die kreative Designerin mit Stoffen, die zu ihrer Kollektion passten. In den 1950er Jahren machte der von McCardell lancierte Ballerina-Slipper Furore durch Schauspielerinnen wie Audrey Hepburn und Brigitte Bardot. Für die jungen Mädchen von damals war der Ballerina-Schuh die einzig modisch denkbare Fußbekleidung zu Caprihosen oder „Krempeljeans". Seitdem sind Ballerinas in eleganten bis sportlichen Ausführungen von teurem Leder über Segeltuch bis zu Plastik bei fast allen Schuhherstellern im Sortiment.

Sportschuh der Marke *Adidas*

Der Turnschuh als Lebensphilosophie

Jeans, Turnschuhe und Parka der 68er-Generation galten als Geste der Befreiung vom engstirnigen bourgeoisen Denken. Ein Turnschuh mit drei weißen Streifen war der erste Sportschuh, der zum Ausdruck einer Anti-Establishment-Haltung wurde und außerhalb von Sportstadien Furore machte. Adolf Dassler fertigte 1920 im niederbayerischen Herzogenaurach einen ersten leinenen Trainingsschuh für Läufer an. Als Verstärkung des Ristes ließ Dassler zunächst zwei, dann drei Lederstreifen anbringen. Adi Dassler ließ die drei Streifen als Warenzeichen eintragen und die Marke war geboren. 1948 gründete er die Firma *Adidas*. 1954 wurde in *Adidas*-Fußballschuhen die Weltmeisterschaft gewonnen und der Weltruhm von *Adidas* besiegelt. Seither bleiben „Adidas originals" die Superstars der Sportschuhszene neben „Hightech-Rennmaschinen" von *Nike*, *Reebok* und Konsorten. Eines differenzierten Insider-Wissens bedarf es allerdings, um die Ikonen der Joggingschuhe der einzelnen Marken zu benennen. Viele Hightech-Stoßdämpfer-Variationen im Fersenbereich bieten möglichst optimalen Laufkomfort, obgleich ihr hauptsächlicher Benutzungsanlass das Alltagsleben ist.

Als Urahne aller Sport- und Joggingschuhe gilt jedoch der legendäre *Converse All Star*. Die *Converse Rubber Shoe Company* (auch *Boston Rubber Shoe Company*) in Malden, Massachusetts, USA entwickelte 1915 einen knöchelhohen Schnürschuh aus strapazierfähigem, braunem Segeltuch mit brauner Gummisohle, der sich besonders als Tennis- und später als Basketballschuh eignete. In den 1920er Jahren machte ihn der legendäre Basketballstar Chuck Taylor weltberühmt; heute tragen Dennis Rodman, Madonna, Jamiroquai oder Robbie Williams „Chucks". Es lohnt sich, die alten Originale aufzuheben, denn seit 2003 (nun im Besitz von *Nike*) sind es keine „2-ply cotton canvas made in USA" mehr, sondern „1-ply plastic textiles made in Asia".

Vom Gesundheitsschuh zum Lifestyle-Image

Birkenstocks und *Doc Martens* sind vom Gesundheitsschuh zum Ausdruck eines Lifestyles geworden, nachdem ihrem „lower class image" eine politisch-emotionale Aussage und ein sozialer Gleichheitsanspruch zuteil geworden ist. Einen kometenhaften Aufstieg erlebte der einstige orthopädische Versorgungsartikel, die *Birkenstock*-Sandale, durch Hippies und Aussteiger. Der Schritt zum intellektuellen anti-bourgeoisen Symbol gelang der *Birkenstock*-Sandale durch die 68er-Generation, die die sanitäre Optik zum Anti-Chic erklärte und sie in ihre gesellschaftskritische Protesthaltung einfügte. Einen weiteren Schritt zum modischen Artikel gelang dem Hersteller anlässlich des 30jährigen Jubiläums des *Birkenstock* Modells *Arizona* im Frühjahr 2003. Man bat Weltstars wie Cindy Crawford, Robin Williams und Whoopie Goldberg je ein paar Sandalen individuell zu stylen. Höhepunkt war der „Birkenstock designed by Heidi Klum", ein edles Modell aus Nappaleder mit Nieten und Glassteinen verziert und ein trendiges Modell aus Jeansstoff mit ausgefransten Kanten. Hinter der *Birkenstock*-Sandale steckt allerdings eine nicht einhellige Überzeugung des gesundheitlichen Vorteils ihrer Konstruktion, deren Kernpunkte eine tiefe Fersenschale, Quer- und Längsgewölbestütze, Zehengreifer und Bettungsrand aus leichtem Kork-Latex sind.

Birkenstock
designed by Heidi Klum, 2003

Doc Martens, Kinderschuhe

Ähnlich waren Protesthaltungen Triebfeder für die modische Verbreitung eines anderen Gesundheits- und Arbeitsschuhs.[5] Der bayerische Arzt Dr. Maertens und der Ingenieur Dr. Herbert Funk hatten 1946 eine mit Luftkammern versehene Schuhsohle erfunden, jedoch nur für Gesundheitsschuhe eingesetzt. 1959 kaufte der britische Schuhhersteller R. Griggs die Lizenz für seine Armee- und Arbeitsboots. Die hochwertigen rahmengenähten *Air Wairs* wurden mit einer markanten gelben Steppnaht und zum Teil mit einer Sicherheitsstahlkappe versehen. Der Arbeitsschuh von Polizisten, Postboten, Busfahrern und Müllmännern eignete sich bestens für die Proteste der No-Future-Generation der Punks und Skinheads, deren soziale Wurzeln im Arbeitermilieu liegen. Pop-Gruppen wie „The Kinks" machten Anfang der achtziger Jahre die *Docs* zum Plattencover ihres Songs „Soul on my Boots" und als Markenartikel bei der Jugend populär. Kultstatus erhielt der erste am 1.4.1960 auf den englischen Markt gekommene 8-Ösen-Schuh in Kirschrot, der als „1460er" Kultstatus erlangte. Auch Papst Johannes Paul II. besaß angeblich *Doc Martens* – allerdings in Weiß. Im Februar 2007 ließ der Designer Yohji Yamamoto seine Mode-Kollektion von *Doc Martens*-Stiefel tragenden Models auf dem Pariser Laufsteg defilieren: ein weiterer Beweis ihres Kultstatus.

Flip-Flop-Badelatschen, 2008

Badelatschen mit Ikonen-Status

Mit ihrem Ursprung im alten Ägypten stellen Zehen(steg)sandalen die älteste Form der Fußbekleidung dar. Aufgrund ihrer einfachen Herstellung sind sie seit der Frühzeit in allen Kulturen südlicher Breitengrade verbreitet. Einen „Ikonen-Status" allerdings erlangten nur die in Europa sogenannten *Flip-Flops*. Ihr Name, der auch im Englischen existiert, stammt wahrscheinlich von dem Gehgeräusch, das sie erzeugen. Jedoch nur in Deutschland ist *flip*flop®* ein geschützter Markenname. Die Münchnerin Stefanie Schulze rief die Marke *flip*flop®* 1997 für die von ihr kreierten bunt gemusterten Schaumstoffschlappen ins Leben, die bald Kultstatus für junge Füße erreichten.[6] Streng genommen sind nur „Zehenlatschen" aus Kunststoff *Flip-Flops*; für alle edleren Modelle aus Leder oder solche mit Perlen oder Flitter verzierte, gilt dieser Name nicht.

Ikonen im Herrenschuhbereich

Herrenschuhe eignen sich wesentlich weniger zur ikonischen Verehrung als ihre weiblichen Pendants. Jedoch bildeten sich Klassiker aus, denen durch ihren vielfältigen Trageeinsatz und durch eher Unscheinbarkeit eine Wertschätzung zuteil wird. An führender Stelle als Klassiker unter den Männerschuhen liegt der *Brogue* (von gälisch „brog": Schuh), der sich durch eine Lochverzierung auf der Vorderkappe und entlang der Schaftteilkanten auszeichnet. Je nach Schnitt und Anordnung der Perforation *(broguing)* werden verschiedene Modelle, vom *Semi-* bis zum *Full-Brogue*, unterschieden. Allerdings zählt der derbere *Budapester* oder *Karlsbader*, benannt nach bekannten Herstellungsorten, trotz seiner Lochverzierung, aber infolge seiner hohen, breiten Schuhkappe nicht zum *Brogue*. Jedoch auch sie haben dank ihrer hohen Qualität Kultstatus in der gediegenen Männerkleidung.

Mokassins, Moonboots, Tod's, Timberlands und Konsorten

Ein wahres Pendant (auch im Sinne von Gender Crossing oder Unisex) zu den soliden, klassischen, männlichen *Brogues* stellen folgende Schuharten dar: Der einfache indianische Schlupfschuh, der *Mokassin* aus einem Stück Leder ohne zusätzliche Sohle, regte diverse Schuhhersteller zur Anpassung an urbane und regenreiche Gebiete an. Absolut alle *Mokassin*-Abkömmlinge sind zu Klassikern der Fußbekleidung beiderlei Geschlechts geworden. *Loafer* (engl. „Faulenzer"), mit Varianten wie *Penny*,

Tassel- und *Laschenloafer*, waren in den 1910er Jahren die ersten Herrenhalbschuhe mit Sohle und Absatz, die sich an den Mokassin angelehnt hatten und seit den 1930er Jahren als Collegeschuhe beiderlei Geschlechts enorme Verbreitung fanden. Der Italiener Diega Della Valle, Spross einer Schuhmacherfamilie, ließ 1979 Ferse und Sohle des *Mokassins* mit 133 Gumminoppen versehen und gab ihm den Namen *Tod's*. Als Auto- und Bequemschuh wurde das preislich exklusive Modell für die Prominenz akzeptabel. Der Amerikaner Nathan Swartz, der 1918 als Näher in einer Bostoner Schuhfabrik begonnen hatte, entwickelte aus dem indianischen *Mokassin* einen sogenannten Boot-Schuh mit Gummisohle und einem umlaufenden Lederriemen zum Engerziehen. Außerdem kreierte er nach 1952 in seinem eigenen Unternehmen einen Halbstiefel aus gelblichem Nubuk-Leder, dessen Sohle an das Oberleder mittels der neuen „injection molding technology" geschweißt und dadurch wasserdicht ist. 1973 gab er dem Schuh den Markennamen *Timberland*, der zur Ikone unter den „cross country"-Schuhen wurde. Schuhe, die weder links oder rechts, Kind oder Erwachsener, Mann oder Frau kennen und dennoch funktionell unübertroffen sind und allein deshalb Kultstatus erreicht haben, sind *Moonboots*. Obgleich sie heute zu einer Bezeichnung eines bestimmten Schuhtyps geworden sind, entstammen sie einer markengeschützten Erfindung. 1971 gründete Giancarlo Zanatti die Bekleidungsfirma *Tecnica* bei Treviso und erfand den *Moon Boot®*. Name und Herstellungsidee entstammen der ersten Mondbegehung von 1969. Der Schneestiefel besteht aus einem speziellen, imprägnierten Kunststoff, ist innen geschäumt und hat geschweißte Nähte und Sohle. Trotz aller modischen Farben, einschließlich dem in Luxus-Ski-Orten bevorzugten Gold, und vielfältiger Muster einschließlich Graffitis, bleibt er auf Grund seiner obgleich wenig attraktiven Form unverwechselbar.

Klassische Mokassins, 2008

Resümee

Es ist ihre Unverwechselbarkeit, die Schuhe zu Ikonen macht. Jeder Kultschuh gibt die Sicherheit, sich bewährt zu haben, sei es für gesellschaftliche Anlässe, im Beruf, für Freizeit oder Sport. Durch ihren untrüglichen Wiedererkennungswert werden Gebrauchsartikel zu Kultobjekten und eignen sich dadurch weitaus effizienter zum Ausdruck der sozialen Stellung oder einer emotionalen Befindlichkeit als rasch wechselnde Moden.

Anmerkungen | Literatur

[1] Von griechisch ikóna: Ab-Bild.

[2] Die Einführung des Absatzes steht in unmittelbarem Zusammenhang mit jener des Steigbügels und der dadurch bedingten Veränderung der Reithaltung, die während der Völkerwanderungszeit erfolgt sein dürfte. (In der Antike saß der Reiter ohne Steigbügel mit weit nach vorn gestreckten Füßen im Sattel.) Beim Steigbügel lief der Reiter Gefahr, mit dem ganzen Fuß bis über den Knöchel hindurchzurutschen und sich beim Kampf nicht mehr aufrichten zu können. Deshalb belegen erstmals Stiefel bei persischen Reiterarmeen einen kleinen, dornenförmigen Hacken unter der Ferse. Auch im Abendland wurden persische Reitstiefel mit einem solchen Absatz bekannt. Ein frühes Abbildungsbeispiel ist eine Miniatur von 1307. Parallel erkannte man den figur- und

haltungsverändernden Effekt zur Steigerung des Körperausdrucks (Imponiergehabe). Im 16. Jh. lässt sich ein Vordringen des orientalischen Absatzes, wo er nicht mehr nur am Stiefel zu finden war, sondern sogar beim Frauenschuh auftaucht, über den Balkan und Polen nach Mitteleuropa verfolgen. 1570 wurden in Polen und Ungarn nachweislich Absätze getragen. Für die Übernahme des Absatzes am Schuh wird das figurverändernde Moment als entscheidend gewertet. Der hohe Absatz verleiht dem Träger einen tänzelnden Gang, der bei der Frau die weibliche Figur betont. Er lässt ferner den Fuß kleiner und zierlicher erscheinen. Ingrid Loschek: Reclams Mode- und Kostümlexikon. Stuttgart [5]2005. S. 92. Saskia Durian-Rees: Schuhe. Vom späten Mittelalter bis zur Gegenwart. Hg. Bayerisches Nationalmuseum München 1991. S. 38f.

[3] Ingrid Loschek: Von der Geste zum Ritual in der Mode. In: Alba d'Urbano/Tina Bara (Hg.): Eine Frage (nach) der Geste. Salzburg 2008.

[4] Abgesehen von der orthopädischen Gesundheitsgefährdung wies der schwedische Forscher Jarl Flensmark das Tragen von Stöckelschuhen als Auslöser für Schizophrenie nach. Demnach wird beim Tragen von Stöckelschuhen die Kleinhirnrinde schwächer stimuliert als beim gewöhnlichen Gehen, was den Signalweg des Botenstoffs Dopamin im Gehirn beeinflusst. Dieser Signalweg ist bei Schizophrenie-Patienten gestört. Beim Laufen in flachen Schuhen (oder noch besser barfuß) dagegen versorgen taktile Sinneszellen in den Waden die Kleinhirnrinde mit ausreichend vielen Reizen (in: Medical Hypotheses, Vol.63/4, 2004. S. 740–747).

[5] Obwohl *Birkenstock*-Sandalen und *Dr. Maertens* Luftpolster-Schuhe die berühmtesten deutschen Bequemschuhe sind, sind sie nicht die einzigen. Unter anderem lancierte das Traditionsschuhhaus Eduard Meier in München 1992 die *Peduform*-Kollektion auf asymmetrischen Leisten. In den Folgejahren wurden asymmetrische Leisten vom Trendlabel Prada, später vom Mainstream der Schuhmode übernommen. Erstmals in der Geschichte der Fußbekleidung war damit ein orthopädisches Konzept aus dem Nischendasein von Gesundheitsschuh oder Protestmode ausgebrochen und erfasste die Populärmode.

[6] Ende 2003 wurden die Markenrechte von der Bernd Hummel Holding GmbH bei Pirmasens übernommen. 2005 wurde die erste *flip*flop®-Holiday-Kollektion* präsentiert, bestehend aus Schuhen, Accessoires und Bekleidung, 2007 wurde der erste *flip*flop* Concept Store in Berlin-Mitte eröffnet.

Cox, Caroline: Stiletto. London 2004.
Geldner, Wilfried: Adi Dassler. Made in Germany. Berlin 1999.
Jürgenssen, Birgit: Schuhwerk. Subversive Aspects of "Feminism". Wien 2003.
McDowell, Colin: Manolo Blahnik. London 2005.
Loschek, Ingrid: Accessoires. Symbolik und Geschichte. München 1993.
Loschek, Ingrid: Reclams Mode- und Kostümlexikon. 5. Auflage, Stuttgart 2005.
Loschek, Ingrid (Hg.), Schmid, Beate: Klassiker der Mode. Die Erfolgsgeschichte legendärer Kleidungsstücke und Accessoires. Augsburg 1999.
O'Keeffe, Linda: Schuhe. Eine Hommage an Sandalen, Slipper, Stöckelschuhe. Köln 1997.
I protagonisti della moda. Salvatore Ferragamo (1898–1960). Ausst.-Katalog des Palazzo Strozzi. Florenz 1985.
Sneakers. Das ultimative Handbuch. Hrsg. von Unorthodox Styles. München 2005.
Helge Sternke: Alles über Herrenschuhe. Nicolai Verlag, Berlin 2006.
Die Verlassenen Schuhe. Ausst.-Begleitbuch des Rheinischen Landesmuseums Bonn und des Deutschen Leder- und Schuhmuseums Offenbach am Main. Bonn 1993.
Z. B. Schuhe. Vom bloßen Fuß zum Stöckelschuh. Eine Kulturgeschichte der Fußbekleidung. Hrsg. v. Michael Andritzky, Günter Kämpf und Vilma Link. Werkbund-Archiv 17. Gießen 1987.

Erstlingsschuhe – Zwischen Magie und Gebrauch

Nike Breyer

Vor nur einer Generation konnte man hierzulande gar nicht so selten ein abgelegtes Kinderschühchen am Rückspiegel eines Autos baumeln sehen – bisweilen war es auch galvanisiert[1] – und sich vielleicht ein bisschen wundern.
Heute ist dieser schöne Brauch fast ausgestorben. Der, weil ständig im Blickfeld, vorzüglich prädestinierte Ort für Glücksbringer und Talismane wurde, wenn er nicht moderner Sachlichkeit folgend überhaupt leer bleibt, großteils von konfektionierten Maskottchen übernommen: Objekten mit hohem Rührungs-, Amüsier- oder Niedlichkeitsfaktor wie etwa Plüschversionen von „Tigerente" oder „Tabaluga" oder auch einem Miniaturgummiskelett. Die einstmals hier platzierten Kinderschuhe unterscheiden sich von derartigem Spielzeug. Es sind wirkliche Gebrauchsgegenstände, die einmal eine herausragende Rolle im Leben eines kleinen Menschen gespielt haben. Genau das macht Erstlingsschuhe zu einem besonderen Objekt, in dem sich, wie im Folgenden dargelegt, höchst spannend Logos und Mythos kreuzen.

Fuß fassen

Gibt man das Wort „Erstlingsschuhe" als Suchbegriff im Internet ein, stößt man auf Auktionshäuser und Versandanbieter, die unter dieser Bezeichnung fast ausschließlich die Fußbekleidung von Kleinstkindern im Täuflingsalter anbieten, winzige flauschige Futterale, die mit echtem Schuhwerk wenig zu tun haben und eher dekorativer Babyverschönerung und mütterlichem Spieltrieb dienen. Die ursprüngliche Bedeutung des Wortes ist eine andere. Sie bezeichnet die Schuhe, in denen das Kleinkind seine ersten Schritte tut, üblicherweise im Alter von ein bis zwei Jahren, – als einen Urakt menschlicher Selbstbestimmung. Der heute geläufigere, moderne Name für dieses Schuhwerk lautet darum Lauflernschuhe, welchem allerdings der schöne alte Beiklang des Initiatorischen fehlt.

Bräuche, Märchen, Redewendungen

Fuß und Schuh spielen in vielen alten Bräuchen, Mythen, Märchen und im Volksglauben eine wichtige Rolle. Neben einer erotisch-geschlechtlichen Aufladung, die verschiedene Hochzeitsbräuche oder das bekannte Märchen vom „Aschenputtel" verschlüsselt ins Bild setzen – für die Erstlingsschuh-Thematik ist dies von untergeordneter Bedeutung –, erscheint vor allem das Motiv von Besitznahme und Machtergreifung symbolisch an Fuß und Schuh gekoppelt. Die Formulierung „unter jemandes Pantoffel stehen" drückt dies ebenso aus wie der alte Jägerbrauch, stolz den Fuß auf das erlegte

Ob Spangenschuh oder Stiefelchen:
Bis 1900 ging Niedlichkeit vor Fußgerechtigkeit.
Symmetrisches Mädchenstiefelchen um 1870, Deutschland

Wild zu setzen. Im Reim einer deutschen Rapper-Formation „Die Welt liegt uns zu Füßen, denn wir stehn drauf" („Mit freundlichen Grüßen") wird die alte Formulierung „jemandem zu Füßen liegen" (besiegt, ergeben sein) mit der modernen Formulierung „auf etwas stehen" (umgangssprachlich für schätzen/mögen) zu frischer Ausdrucksstärke gesteigert. Auch viele Sprichwörter und Redewendungen verwenden das Bild von Fuß und Schuh: „Fuß fassen", „auf eigenen Füßen stehen", „auf die Füße kommen", „mit beiden Füßen/Beinen im Leben stehen" und „auf großem Fuß leben" handeln von der substanziellen Geste des Besitzergreifens, Zuständigseins, aus der auch der *Erstlingsschuh* seine Symbolkraft schöpft.

Initiation

Warum? Die ersten Schritte des Kindes manifestieren zu allen Zeiten als sichtbares Zeichen den Übergang vom tendenziell objekthaften Dasein, in dem fremder Wille das Kind bewegt, in die Selbstbestimmung. Ein initiationsnahes Erlebnis, welches das Kind in einen neuen entwickelteren Lebensabschnitt entlässt.
Den ersten Laufschuh des Kindes als Unterpfand kindlicher Machtergreifung mit besonderer Aufmerksamkeit zu bedenken, erscheint mit Blick darauf nicht weiter überraschend. Ihn darüber hinaus zum Glücksbringer zu erklären, verweist noch auf eine andere Kommunikationsebene, sucht Anschluss an vorrationale, magische Vorstellungswelten.

Entdeckung der Kindheit

Auch für diese gelten Rahmenbedingungen. Die Bereitschaft, Erstlingsschuhen Beachtung zu schenken, muss – so darf man vermuten – im europäischen Kulturraum einer Zeit entstammen, die zum einen weiter zurück liegt als der Anbruch eines naturwissenschaftlich dominierten Weltbildes. Andererseits kann sie allzufern auch wiederum nicht liegen, da sie schon eine Vorstellung von Kindsein oder Kindheit bezeugt. Wie der französische Historiker Philippe Ariès in seiner Studie „Die Geschichte der Kindheit" andeutet, kann man dies für das europäische Mittelalter noch nicht in vollem Umfang annehmen. Viele Kinder starben vor dem fünften Lebensjahr, weshalb man sich emotional nicht enger an sie band. Bis 1600 tauchen sie selten auf Gemälden auf, und erst ab dem 15., 16. Jahrhundert beginnt man mit dem Aufstieg der bürgerlichen Kernfamilie im städtischen Umfeld, Kindheit als eine vom Erwachsenenalter getrennte besondere Lebensphase wahrzunehmen. Das verstärkte sich im 17. und 18. Jahrhundert. Ein Aufblühen von Erziehungsliteratur und pädagogischen Konzepten (John Locke: Gedanken über die Erziehung; Jean Jaques Rousseau: Emile) sind Ausdruck davon, dass Kindsein und Kindheit regelrecht entdeckt wurden. Der Brauch, den Erstlingsschuh zu bewahren, dürfte also mit dem Aufstieg der Städte als eine Mischform aus altem, magischem Denken und sich konstituierendem, bürgerlichem Selbst- und Traditionsbewusstsein entstanden sein.

Magie und Aberglauben

Seit dem Vormarsch von „Vernunft“ und Rationalität im 17. und 18. Jahrhundert haben wir uns angewöhnt, den alten Glauben an die Objekten innewohnenden Kräfte als „irrational“ und „Aberglauben“ auszugrenzen. Verschwunden ist dieser Glaube aber nicht. Zum Stichwort „Talisman“, einem klassischen Accessoire vorrationaler Lebenspraxis, führt der „Brockhaus“ folgendermaßen aus: „Kleine Gegenstände, für die im umgangsprachlichen Gebrauch heute kein Bedeutungsunterschied zum Amulett besteht. Dieses ist jedoch eher ein Unterbegriff von Talisman; der Begriff wird in der zaubertheoretischen Literatur nur für am Körper getragene Dinge verwendet. Eine weitere Unterscheidung betrachtet Amulette als Schutz- und Abwehrhilfen, den Talisman hingegen als aktiv wirkenden Glücksbringer“. Erstlingsschuhe, am PKW-Rückspiegel platziert, besetzen damit ziemlich eindeutig die Funktion eines Talismans als Glücksbringer, der auch mit den Kräften eines Amuletts – Abwehr von Dämonen, alias Unfällen – ausgestattet ist. Der moderne Mensch, so darf man schlussfolgern, zeigt sich offensichtlich bis heute nicht restlos überzeugt von der ausschließlichen Zuständigkeit moderner Wissenschaft für sein Wohl und Wehe und knüpft halb emotional, halb instinkthaft an alte Vorstellungs- und Bildwelten an, die in sein kollektives kulturelles Gedächtnis eingeschrieben sind. Auch Erstlingsschuhe als Abwehrzauber und materialisiertes „Schutzpatronat“ gehören hierher.

Für „sie“ und „ihn“: Endlich paarige Stiefelchen. Deutschland, um 1910

Jahrhundertelang symmetrisch

Kinderschuhe, mithin auch Erstlingsschuhe, sind aber nicht nur Symbol, sondern auch und vor allem konkrete Gebrauchsgegenstände. Als solche haben sie sich im Laufe der Geschichte immer wieder verändert und durch den Fortschritt anatomischer Forschung auch formal und technisch entwickelt. Auf die geschilderte magisch-emotionale Bindung an den Erstlingsschuh hat dies keinen Einfluss, sehr wohl aber auf Trageeigenschaften und Gebrauch.

In vielen Sammlungen und Museen stammen die gesammelten Erstlingsschuhe aus dem 19. Jahrhundert. Meist sind es eher schlichte Modelle, aus weicherem Leder gearbeitet, vielfach mit der für Kinderschuhe bis heute beliebten Fesselspange versehen (ein Modell, aus dem sich in der zweiten Hälfte des 20. Jahrhunderts der beliebte Teenager-Klassiker „Mary Jane" entwickelte). Manche Schühchen bestehen auch pantoffelartig komplett aus Leinwand oder Satin, sind farbig bestickt und verziert. In dieser Form dürften sie dem Besitz begüterterer Familien enstammen. Doch unabhängig von Alter und sozialer Herkunft zeigen alle aus dem 19. Jahrhundert stammenden Schühchen ein konstitutives Merkmal ihrer Zeit, das auch für die allermeisten Erwachsenen-Schuhe gilt: Sie sind über einen, den sogenannten „zweibälligen" Leisten gearbeitet. Das heißt, Leisten und Schuhe sind symmetrisch konstruiert und haben für den rechten und linken Fuß dieselbe Form. Erst beim längeren Tragen prägten in einem Kampf, bei dem es keinen Gewinner gibt, die Füße den Schuhen mehr oder weniger ihre Form auf. Dass dieses „Einlaufen" naturgemäß Gift für die Füße ist, zumal bei Kindern, deren Knochen noch im Wachstum begriffen und damit besonders leicht verformbar sind, leuchtet ein. Dennoch war es über Jahrhunderte hinweg üblich, in dieser Form zu verfahren. Man kannte es nicht anders.

Kinderschuhe um 1950, Reklame

Auf dem Weg zur Kindgerechtigkeit

Erst ein Kategorienwechsel in der zweiten Hälfte des 19. Jahrhunderts, der sich unter anderem auch als *Schuhreform* abbildete, brachte für Schuhe und Kinderschuhe ein Umdenken, dann auch eine Umstellung in der Praxis der Schuhherstellung. Angestoßen wurde diese „orthopädische Wende" vom dem aus Frankurt gebürtigen, Jahrzehnte an der Universität Zürich lehrenden Anatom Georg Hermann von Meyer (1815–1892). Er verfasste 1858 die kleine Kampfschrift „Die richtige Gestalt der Schuhe", nachdem er als Lehrer der Anatomie, wie er selbst sagte, immer wieder „Unglaubliches von Fußmissstaltungen" zu sehen bekam und sich in dieser Angelegenheit einmal Luft machen wollte. Seine Studie erregte sofort Aufsehen in Mediziner- und Behördenkreisen und provozierte eine lebhafte Diskussion, an der sich als Anwälte der Praxis bald auch gebildete Schuhmacher beteiligten. Die Folge: Das Schweizer und das Preußische Militär reagierten auf von Meyers Schrift und veranlassten um 1874 eine Umstellung auf das neue „rationelle System" nach von Meyer. Soldatenstiefel wurden künftig nach Grössen gestaffelt und nach dem Fuß über „einbällige" Leisten geformt. Die Schuhmacher und Fabrikanten zogen bei zivilen Männerschuhen nach, etwas später auch bei Damenschuhen. Am längsten hielt sich die unhygienische symmetrische Form bei Kinderschuhen. Erst ab zirka 1900 schusterte man auch diese paarig, obwohl viele Schuhreform-Anhänger dies schon vor Jahren gefordert hatten. So kritisierte Dr. Vötsch, Oberamtsarzt und Spezialarzt für Fußleiden in Nürtingen, 1883 das unverantwortliche Zögern seiner Zeit in scharfen Worten: „Bei Kindern, vollends den jüngsten, welche eben erst das Gehen erlernen, andere als vollständig symmetrisch geformte Stiefelchen anzuwenden, ist niemandem eingefallen, ja man wollte gerade mit ihnen abwechseln, das nämliche Stiefelchen heute dem rechten, morgen dem linken Fuß anziehen – sei es aus Unverstand, oder aus Indolenz, oder übel angebrachten Sparsamkeitsrücksichten zulieb. – Es ist damit erreicht worden, dass meist vor dem Abtragen des ersten Paares schon die Zehen eine falsche Richtung anzunehmen begonnen hatten und der Grund zu Missstaltungen der Füße gelegt war." Ähnlich äußerte sich auch K. und K.-Regimentsarzt der Kriegsmarine Dr. Ludwig Schaffer 1886, indem er betonte, „Zehenpflege von früh an sollte Hauptsorge der Eltern sein". Denn: „Die späteren Fußverkrüppelungen würden immer seltener werden, wenn eben schon von Jugend an das schuhfähige Kind mit vernünftigen Schuhen beginnen würde."

Ungeachtet günstiger Zeitumstände wie dem Aufstieg der Hygiene als Wissenschaft und der Erneuerung der Anatomie brauchte die Schuhreform jedoch ihre Zeit. Schließlich war nicht nur ein radikales Umdenken von „Schönheit" und Körperlichkeit erforderlich, um sich mit dem ungewohnten Aussehen der neuen Schuhe anzufreunden, sondern auch eine tiefgreifende Umstellung in der Produktion – handwerklicher wie industrieller Art. Doch nach einem fünfzigjährigen Schuhkulturkampf setzte Paarigkeit von Leisten und Schuhen sich am Ende durch. Nur extrem asymmetrische „Vollbild"-Reformschuhe nach von Meyer blieben auf ein minoritäres, von der modernen Hygiene begeistertes oder der Lebensreformbewegung zugeneigtes Publikum beschränkt. Sie verschwanden als extravagante Konzeptschuhe nach dem Ersten Weltkrieg wieder – zumindest zunächst. Paarigkeit hingegen war seither unhintergehbarer Standard jeglicher Fertigung geworden, wenn man einmal von Futteralen absieht, die nicht eigentlich das Wort Schuhwerk verdienen, wie etwa Filzpantoffeln oder Moonboots. Ein echter Siebenmeilenschritt in der Entwicklung zum modernen Schuh, der in seinen Auswirkungen auf Fußgesundheit und Tragekomfort kaum überschätzt werden kann.

Im Fokus der Forschung

Von untergeordneter Bedeutung gegenüber Sohlenform und Leisten, also gewissermaßen ein Nebenschauplatz der Schuhreform, war die Frage nach dem Absatz – auch an Kinderschuhen. Ein prominentes und amüsantes Fallbeispiel für das Ringen um die gesundheitsförderlichste Lösung überliefert uns die Historikerin Brigitte Hamann in ihrer Studie über Winifred Wagner. So soll sich Cosima Wager 1919 beim Arzt der Familie Wagner, Ernst Schweninger, beschwert haben, dass ihre Schwiegertochter Winifred den zweijährigen Enkel Wieland Schühchen mit Absatz tragen ließe. Das sei, so habe ihr ein Arzt aus Berlin versichert, äußerst ungesund, ja der Kleine könne gar eine „Beckensenkung" davontragen. Außerdem verdürbe es den Gang. Winifred revanchierte sich, indem sie dem Arzt ein Stiefelchen zur Begutachtung übersandte, nebst einem zehnseitigen Brief, in dem sie ihre Wahl rechtfertigte, auch damit, dass die Absätzchen Plattfüße verhindern sollten. Wie dieses Duell der Herrscherinnen auf dem Grünen Hügel ausgegangen ist, enthält uns Hamann leider vor. Immerhin habe es sich bei den inkriminierten Stiefelchen offensichtlich um eine „Spende aus Amerika" gehandelt, „wo man solche *orthopädisch richtigen Formen* seit kurzem anfertigte und von weichen flachen Kinderschuhen abging."

Dass feste Sohlen mit Absatz für Kleinstkinder orthopädisch richtiger seien als weiche flache Schuhe, darf nach heutigem Wissensstand verneint werden. Damals wurde allerdings derart argumentiert. Dabei beschäftigte das Schreckgespenst Plattfuß die Ärzte jener Zeit geradezu obsessiv und inspirierte sie zu zahllosen Theorien über seine Entstehung, Therapie und Verhinderung – auch im Kindesalter. Wielands Stiefelchen sind damit auch ein wunderbares Beispiel für die Suggestionskraft von Wissenschaftsmoden, die, wie alle Moden unausrottbar, mit größtem Selbstbewusstsein vorgetragen, weniger an die Ratio als an numinose Hoffnungen appellieren und denen dennoch ein verblüffendes Übermaß an Vertrauen entgegengebracht wird.

Die Lebensreform brachte sie in Mode: Reformsandalen – für jung und alt.

Neue Standards

Einen neuerlichen Entwicklungsschub erlebten Kinderschuhe in den Dreißiger Jahren des letzten Jahrhunderts, als Paarigkeit zur noch hygienischeren Flossenform gesteigert wurde. Dazu wurde im Rückgriff auf alte Reformvorlagen erneut eine maximale Annäherung an die naturbelassene Fußform angestrebt und zum Richtmaß für Kinderschuhe gemacht. Möglicherweise im Einklang mit herrschenden Wissenschaftsmeinungen, ganz sicher aber auch aus produktionstechnischen Gründen bestanden die Sohlen der Kinderschuhe bis weit in die Sechziger Jahre des letzten Jahrhunderts weitgehend aus mehr oder weniger festem Leder und waren darum wenig bis überhaupt nicht biegsam. Auch das hat sich inzwischen geändert, spätestens seit neue Sohlenmaterialien wie Kautschuk oder Polyurethan produktionsreif wurden. Aber auch vom wissenschaftlichen Standpunkt gelten biegsame Sohlen heute wieder als besonders kindgerecht. Zur Kinderschuh-Form heißt es in der Dissertation von Marlene Mauch „Die kindliche Fußmorphologie" (2007): „Der Schuh sollte den Fuß sowohl in seiner physiologischen Form als auch in seiner Funktion unterstützen, d. h. die Form des Schuhinnenraums sollte *in allen seinen Dimensionen* [Hervorhebung durch Autorin] mit dem menschlichen Fuß korrespondieren."

Kindgerecht mit Konzept: Fußbekleidung von Elefanten

Das WMS-System

Um letztgenannte Forderung ging es beim bislang letzten Entwicklungsschub von Kinderschuhen, für den zur Mitte des letzten Jahrhunderts die Kinder- und Jugendschuhfabrik Gustav Hoffmann in Kleve mit ihrer Marke „Elefanten" eine weitreichende Neuerung auf den Weg brachte. Nachdem zuvor alle Aufmerksamkeit der Sohle und dem kindgerecht geformten Leisten gegolten hatte, sollte nun auch das Verpassen von Kinderschuhen in der richtigen Grösse verbessert werden. Um ihr neues Kinderschuhmodell „Torsana", das 1959 auf den Markt gekommen war und seitens der Ärzteschaft schlechte Kritik bekommen hatte, zu überarbeiten, entschloss sich Hoffmann eine Reihenmessung von Kinderfüßen durchzuführen. Dafür engagierte man den jungen Kinderarzt Dr. med. Eine Maier, der nach zweijähriger Arbeit die Ergebnisse vorlegte: Die existierenden Größentabellen für Kinderschuhe werden den gemessenen Kinderfüßen nicht gerecht. In verschiedenen Altersstufen sind die Füße einmal schmäler, einmal breiter als angenommen. Die Firma Hoffmann reagierte und erarbeitete unter Federführung von Maier das neue WMS-Weitensystem: Jeder Kinderschuh von *Elefanten* wurde von nun ab pro Größe in den drei Weiten weit, mittel und schmal gefertigt.

Das fortschrittliche WMS-System, das bald auch von anderen Herstellern übernommen wurde, hat sich seither jahrzehntelang bewährt. In den letzten Jahren gilt es hierzulande zunehmend als umstritten, allein aus dem Grund, weil es vom Handel größere Lagerhaltung erfordert. Das hindert jedoch andere Länder und Kulturen nicht, allen voran die Japaner, ihre Botschafter ins Mutterland von WMS zu entsenden und sich unbeeindruckt von der hiesigen Kontroverse und praktischerweise kostenlos darüber eingehend zu „informieren". Ein Schelm, wer Böses dabei denkt.

Dank Schuhreform und WMS könnten die weichen, noch nicht formfesten Kinderfüße heute endlich anatomiegerecht bekleidet werden – wenn sich nicht die neue Tyrannei der Rendite anschickte, uns neuerlich Kopf und Fuß zu verdrehen, nachdem wir die alte Tyrannei der „unsinnigen Mode" gerade erfolgreich abgeschüttelt haben. Da hilft nur beten – und Kinderschuhe vor die Windschutzscheibe hängen.

Anmerkung | Literatur

[1] Galvanisierung ist eine Technik, die ein Objekt durch Elektrolyse mit einer metallischen Haut überzieht. Goldschmiede und Juweliere „veredelten" lange Zeit auch Erstlingsschuhe auf diese Weise.

Andritzky, Michael (Hg.): Z. B. Schuhe. Vom bloßen Fuß zum Stöckelschuh. Eine Kulturgeschichte der Fußbekleidung. Frankfurt 1998 (4. Auflage).

Breyer, Nike: Linientreu – Schuhkonzepte der Lebensreform und ihr Weg durch das 20. Jahrhundert. In: Die Lebensreform, Entwürfe zur Neugestaltung von Leben und Kunst um 1900. Hg. K. Buchholz, R. Latocha, H. Peckman, K. Wolbert. Darmstadt 2000.

Hansmann, Liselotte; Kriss-Rettenbeck, Lenz: Amulett und Talisman, Erscheinungsform und Geschichte, München 1966.

Hamann, Brigitte: Winifred Wagner. München 2002.

Mauch, Marlene: Die kindliche Fußmorphologie. Dissertation an der Philosophischen Fakultät der Technischen Universität Chemnitz 2007.

Meyer von, Georg Hermann: Die richtige Gestalt der Schuhe, Zürich 1858. Wiederabdruck in: Thomsen, Wilhelm: Geschichte der Schuhreform Herrmann von Meyer's und ihre Beziehungen zur Gegenwart. Stuttgart 1940. S. 25–48.

Schaffer, Ludwig: Hygiene und Aesthetik des Menschlichen Fusses. Wien 1886.

Vötsch: Fußleiden und Rationelle Fußbekleidung. Stuttgart 1883.

Affen im Tütü und der Schuh als Fetisch

Rosita Nenno

Prolog

Haben Sie schon einmal einen Schimpansen in Schuhen gesehen? In Anzug und Krawatte schon, auch im rosaroten Tütü oder mit blumenbestecktem Hut. Die Affen sind uns ähnlich und ahmen uns nach – nur in Schuhen laufen können Sie nicht. Das ist das Privileg des Menschen.

Eine Frauenzeitschrift warb kürzlich ganzseitig mit einem wunderbaren Foto: Der Blick in einen Schrank, in dem ein gutes Dutzend Damenschuhe stehen, jeweils versehen mit einem Kommentar: erstes Date mit Dieter – Führerschein bestanden – Trennung von Dieter – Tanzabend mit Klaus – Vorstellungsgespräch – fünf Kilo zugenommen – Urlaub auf Ibiza – erste Diäterfolge usw. Ein Paar Schuhe als Belohnung, eins als Trost, eins als Aufwertung, zum Mut machen ... Ich wette, viele von Ihnen haben noch ihre Erstlingsschuhe oder die der Kinder, vielleicht haben Sie auch Schuhe am Rückspiegel ihres Autos hängen, und die Brautschuhe sind auch nicht auf den Müll geflogen. Warum??? Warum gelten Schuhe seit Jahrtausenden und in vielen Kulturen als Glücksbringer, als Maskottchen? Nicht die Jacke, der Hut, der Gürtel, die Krawatte bleibt – es bleibt der Schuh.

Folge mir! schrieben schon vor 1800 Jahren in Alexandria die Kurtisanen mit dem Sohlenabdruck ihrer Schuhe in den weichen Boden, und vor 2800 Jahren tranken die altiranischen Reiterkrieger Luristans Rauschgift aus Tonstiefeln und schützten sich gegen feindliche Magie mit Stiefelamuletten. Auch in Europa wurde der Brautschuh bis ins letzte Jahrhundert nach der Hochzeitsnacht als ein Garant der Fruchtbarkeit aufbewahrt, und selbst heute noch werden in einigen Gegenden Deutschlands Traditionen wie das Versteigern des Brautschuhs zelebriert. Ein zierlicher Damenpantoffel steht heute wie vor dreihundert Jahren als direkter Hinweis für Intimität und Verführung. Schuhe können Macht repräsentieren und Erotik. Und so wie der Teil für das Ganze stehen kann, so bildet der Schuh den Menschen ab: Bilder von Gedenkstunden an im Irak getötete Soldaten in diesem unseligen Krieg zeigten nicht selten eine Ansammlung von Stiefelpaaren – ein Paar Stiefel für jeden toten Soldaten. Der Schuh als Platzhalter oder als das, was übrig geblieben ist. Im Zivilen symbolisiert ein Cowboy- oder Reitstiefel den Macho, ein hochhackiger Pumps oder eine zierliche Pantolette die verführerische Frau.

Der Schuh hat also viele Aspekte, wir können ihn betrachten als ein technologisches Produkt, als eine Modeerscheinung oder aber ihn untersuchen nach seinem symbolischen Gehalt. Als kulturhistorisches Phänomen ist der Schuh (oder die Fußbekleidung im Allgemeinen) somit eine komplexe Erscheinung, deren Betrachtung sich für Fachleute genauso lohnt wie für den Laien.

Doch kommen wir auf die Affen zurück bzw. auf unsere gemeinsamen Vorfahren: Der aufrechte Gang des Menschen ist entwicklungsgeschichtlich gleichzusetzen mit einem enormen „Intelligenzsprung“: Erst stellte sich der Mensch auf seine Hinterbeine und hielt sich somit die Hände frei, dann schuf er sich Werkzeuge und startete eine ganze Welle neuer Erfindungen, zu denen natürlich auch die Schuhe gehörten. Und ebendiese Schuhe unterscheiden uns von allen anderen Lebewesen – das scheint uns unbewusst bekannt zu sein. „The foot launched man into humanhood“ – nennt der Journalist William A. Rossi dies und erklärt uns weiter, wie der aufrechte Gang den Körper – und in seiner Sicht vor allem den weiblichen – sexualisiert habe.[1]

Schuhe und Erotik

Und nun stellen Sie sich vor, wie ein zierlicher Fuß genüsslich und langsam in einen Schuh schlüpft oder wie der Fuß den Schuh abstreift… Diese Szene voll prickelnder Erotik ist hundertmal beschrieben und ebenso oft von der Kamera für Foto und Film aufgenommen worden. Sie steht für den Liebesakt selbst. Und das nicht nur für uns Zeitgenossen: Nein, seit Jahrhunderten sahen unsere Ahnen den Fuß als Symbol für das männliche Geschlecht, so wie der Schuh, in den er sich hineingleiten lässt, das weibliche repräsentiert. Und genau da liegt der Reiz. Rossi widmet dem Thema ein ganzes, die Menschheitsgeschichte umspannendes Buch mit dem Titel „The Sex Life of the Foot and Shoe“[2] und beschreibt uns darin alle Spielarten von Schnitt, Material und Absatzhöhe, die der Steigerung erotischer Attraktivität dienen. Seine Schilderungen aufgebogener Spitzen mittelalterlicher Schnabelschuhe, die kokett wippend zum Liebesspiel einladen oder frech unter Rocksäume gleiten (und von der Kirche als obszön eingestuft und verboten wurden), lesen sich ebenso unterhaltsam wie der Hinweis, dass die Leder-Bömmelchen auf den klassischen Herren-Schlüpfschuhen mit Mokassinnaht phallische Symbole seien, oder seine Vergleiche gockelhaften Stolzierens und der Verrenkungen bei Fruchtbarkeitstänzen mit demselben Habitus in der Tierwelt.

Der Schuh als Fetisch

Wenn wir nun das Thema Fetischschuh angehen, müssen wir differenzieren. Im landläufigen Sinne gilt Imelda Marcos als Schuhfetischistin mit ihrer weit über 300 Paar umfassenden Sammlung, die sie alle trug, und gleiches gilt für die Damen aus „Sex and the City", die ohne ihre „Manolos" scheinbar nicht leben können … „Ich bin eine richtige Schuhfetischistin" höre ich immer wieder von Besucherinnen des Deutschen Schuhmuseums, „ich besitze bestimmt 20/40/100 Paar Schuhe" – die Zahl lässt sich beliebig ersetzen. Diese Frauen sind ganz einfach Schuh-Liebhaberinnen oder sie haben (sic!) einen „Schuh-Tick"!

Doch sind wir damit weit entfernt von dem Fetisch, den Sigmund Freud 1927 in seinem kurzen Aufsatz „Fetischismus"[3] als Peniserersatz bezeichnet hatte, als Ersatz für den in frühen Kindertagen der Mutter angedichteten Penis – eine durchaus männliche und leider nur eindimensionale Sichtweise, die Frauen außen vor lässt. Der Sexualwissenschaftler Martin Dannecker beobachtet eine Verquickung von Warenfetisch und sexuellem Fetisch: „Die Einführung eines Fetischobjekts in eine Liebesbeziehung ermög-

Gaza Bowen,
Hommage to Antonio, 1992
DLM Ledermuseum Offenbach

gegenüberliegende Seite
Pumps Perugia, 1927
DLM Ledermuseum Offenbach

Fetischschuhe für einen Herrn,
1975
Sonderanfertigung
DLM Ledermuseum Offenbach

gegenüberliegende Seite
Fetischstiefel, vor 1914
DLM Ledermuseum Offenbach

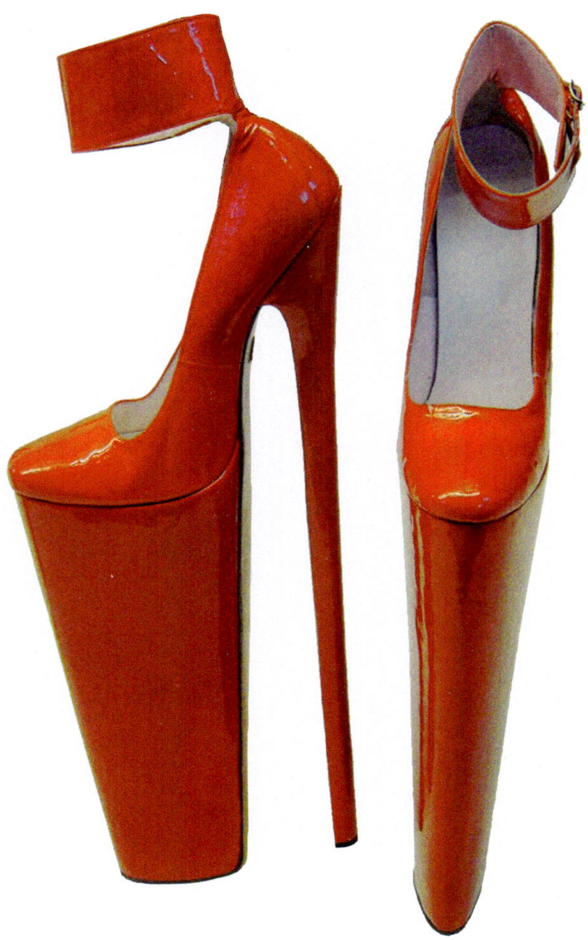

licht zwar eine Annäherung an das Liebesobjekt. Das Liebesobjekt als solches bleibt jedoch in seiner sexuellen Bedeutung blass, weil das fetischistische Begehren die erotischen und sexuellen Eigenschaften einer Person relativiert und diese nur wie durch einen Schleier wahrnimmt." Er führt weiter aus: „Im Unterschied zum kindlichen Übergangsobjekt wird der Fetisch, nachdem er einmal als solcher kreiert ist, in der Regel jedoch nicht mehr aufgegeben, weil ohne ihn sexuelle Erregung und Lust zu verschwinden drohen. Zwar können grundsätzlich alle leblosen Gegenstände so direkt und intensiv sexuell besetzt werden, wie sonst nur lebendige Partner und „gewöhnliche sexuelle Handlungen" (Reiche), also zum Fetisch werden. Kleidungsstücke eignen sich jedoch besonders für die Transformation in einen auf merkwürdige Weise lebendigen Fetisch. Diese besondere Eignung von Kleidungsstücken für fetischistische Besetzungen hängt mit der engen Verbindung zusammen, welche sie zum Körper und dessen sexuellen Geheimnissen und Schrecken haben."[4] In diesem Kontext kann neben dem Stöckelschuh oder dem bis zum Oberschenkel reichenden Schnürstiefel auch jeder Sneaker oder Pantoffel zum Fetisch werden.

Fetischschuhe im Sinne der Sexualwissenschaft und Psychiatrie, die also das Objekt sexuellen Begehrens und seiner Praktiken sind, die in der Intimität des heimischen Schlafzimmers gestreichelt und geküsst werden, in die hinein (als Vulva-Ersatz) im Extremfall ejakuliert[5] oder auch uriniert wird[6], sehen wohl selten das Licht der Öffentlichkeit. Der Wissenschaftler Mantegazza etwa berichtet demzufolge auch in seinen „Anthropologischen Studien" von einem Fetischisten, den der Anblick von Damenschuhen in der Öffentlichkeit erröten ließ und der ein Ausstellen im Schaufenster eines Schuhgeschäftes als unmoralisch betrachtete.

Prostituierte auf der ganzen Welt hingegen kennen Freier, deren einziges Begehr es ist, ihre Schuhe oder Stiefel zu berühren, sie zu küssen oder zu lecken, und die dafür bezahlen. In Amerika nennt man sie „Bootmen", in Deutschland sind sie als „Stiefelfreier" bekannt (Havelock Ellis) – unvergesslich die Szene in Buñuels „Aus dem Tagebuch einer Kammerzofe", in der der Hausherr weniger Augen hat für die Reize der schönen Jeanne Moreau denn für deren schwarze Schnürstiefeletten.

Sicher gehören einige der Stiefel in den Schuhsammlungen des Deutschen Ledermuseums in Offenbach (DLM) in diese Kategorie.[7] Zumeist ist jedoch das, was wir mit dem Begriff „Fetischschuh" bezeichnen, weniger der Schuh „an Stelle von" als die Stücke, die der Steigerung sexueller Attraktivität dienen, indem sie den Körper in seiner Erscheinung und in seinem Ausdruck verändern oder ihn gar an seiner natürlichen Beweglichkeit hindern, wie etwa die hochhackigen, mit goldfarbenen (Jugendstil-)Elementen besetzten Knöpfstiefel, die ein Ehemann für seine Frau um 1914 hatte fertigen lassen. „Wir haben uns in all unseren Ehejahren nicht ein Mal geliebt, ohne dass ich diese Stiefel getragen hätte", berichtete die hochbetagte Spenderin bei der Übergabe, noch immer sichtlich gerührt ob des Gedankens. Ich weiß nicht, was sie dem damaligen Leiter des Museums weiter erzählte, der die exquisiten Stücke dann mit dem Schild „masochistische Stiefel" in die Vitrine stellte – das Einzige, was mir an ihrem Aussehen als masochistisch erscheint, sind die unzähligen kleinen Knöpfchen, die bei jedem Liebespiel geknöpft und wieder geöffnet werden mussten!

Fetischstiefel im Rollenspiel um Dominanz und Unterwerfung

Anders der wenig ältere Wiener Fetischstiefel, aus feinem, braunem Leder auf einem spitzen Leisten gearbeitet, dessen gewundener, über 30 Zentimeter hoher Absatz in Form und Kurvung an eine Peitsche erinnert und sicher in einen sado-masochistischen Zusammenhang gehört. Die Stiefel machen ihre Trägerin immobil, ein Stehen oder gar Laufen ist auf ihnen nicht möglich, die Frau ist hilflos ausgeliefert und dürfte sich in einem Spiel um Dominanz und Unterwerfung in einer klar definierten Rolle befunden haben.

Die aufreizenden Leder- und Lackstiefel, die wir kürzlich in einer Ausstellung „Macht Leder Lust" in Offenbach gezeigt haben, lassen erst auf den zweiten Blick ihre Besonderheit erkennen: Sie sind fast ausschließlich in Männergröße gearbeitet und gehörten einem bekennenden Fetischisten, der sein Plaisir nicht daraus zog, Frauenstiefel zu liebkosen. Er ließ sich Knöchelspangenpumps mit schwindelerregenden Plateaus und Schnürstiefel mit senkrecht stehenden Sohlen und 25–30 cm-Stöckelabsätzen auf seinen Fuß arbeiten. Sie machten ihm das Laufen unmöglich – getragen hat er sie aber dennoch.

Im Zusammenhang mit Schuh- und Stiefelfetischismus kommen häufig Aspekte sadomasochistisch geprägter Beziehungen zum Tragen: „Es spielen da auch noch masochistische (Idee des Getretenwerdens, des den Fuß auf den Nacken Setzens) oder sadistische (des auf den Fuß Tretens usw.) Vorstellungen mit hinein. Auch der vom Leder ausgehende Geruch hat seine Bedeutung, ähnelt ja der intensive Geruch des Leders dem *fötor cunni*. Manche Schuhfetischisten lieben nur Stiefel mit doppelten Knopfreihen oder hochknöpfige Schuhe, vor allem aber hohe Stöckelschuhe, da die hohen Absätze als besondere Abzeichen weiblicher Schuhe gelten."[8] Letzteres erklärt auch die Vorliebe von Transvestiten für die extremen Stöckelschuhe. Und in Arne Hoffmanns „Lexikon des Sadomasochismus" finden wir zu dem Stichwort Stöckelschuhe ein aussagekräftiges Foto: Ein Damenfuß in einem mit nadelspitzem Metallstiletto versehenen Pumps zertritt eine Männerhand – der Kommentar dazu lautet: „Stöckelschuhe: Insignien weiblicher Herrschaft".[9] Auch wenn dieser „Herrschaft" ein männlicher Machtanspruch entgegensteht, der besagt, dass SIE ihm in High Heels nicht davonlaufen kann …

Gerade auch in homoerotischen Männerbeziehungen spielt der Stiefel eine große Rolle: „Vom Stiefel der Macht getreten werden – Sex mit echten Uniformträgern" als Kapitelüberschrift oder „Der Traum eines jeden ‚Rekruten': Unter den Stiefeln des ‚Offiziers' zu liegen und Befehle zu empfangen" als Bildunterschrift zeugen vom „untrüglichen Erkennungszeichen des echten Ledermannes".[10] Eros und Macht verquicken sich hier zu einer Einheit, die sich in den Zeichnungen und Grafiken von Touko Laaksonen (1920–1991) alias Tom of Finland wiederfindet, der mit seinen muskulösen, oft nur mit Stiefeln (sonst auch in enge, schwarzglänzende Uniformen) gekleideten Männern das Idealbild des „Gay Leatherman" schafft – der nie nackt ist: „I almost never draw a completely naked man. He has to have at least a pair of boots or something on."[11] Das Motiv des Stiefelleckers findet sich ebenso häufig in homosexueller Pornoliteratur und -kunst wie in der heterosexuellen oder auch lesbischen.

Darf es also verwundern, wenn sich Künstler des Themas Schuh bevorzugt annehmen? Tomi Ungerers Zeichnungen nagelbespickter Stöckelschuhe unter nackten Sitzflächen oder Helmut Newtons Fotos von auf schwindelerregend hohen Stilettos dennoch standfest posierenden, ansonsten aber nackten Frauen gehören zu den Klassikern, deren Aussage Newton in seinem selbstironischen Porträt in Walter Steigers *High Heel Sandalen*, das seine Frau Alice Springs von ihm schoss, fast schon parodiert.

Gaza Bowen persifliert die traditionelle Frauenrolle in ihren Schuhskulpturen aus Putzschwämmen und Topfkratzern, denen sie ein lieblich-dekoratives Design verpasst, als handele es sich um Pantöffelchen des Barock, und schafft in „Hommage to Antonio“ ein Analogon zu unserem Wiener Fetischschuh. Gisela Cardaun hat gar „Herr(n) und Dame – bananisiert“, und Monika Golla reiht Schuhe in einer kontinuierlichen Penetration als „Personalunion“ von Phallus-Absatz und Vulva-Einstieg auf. – So wird der Schuh zum Hermaphrodit.
„Mit den Worten der Psychoanalyse ausgedrückt, wird der zum Fetisch auserkorene Gegenstand sexualisiert, und zwar in einer solchen Weise, dass nach diesem Vorgang zwischen ihm und dem Fetischisten eine nahezu unverbrüchliche sexuelle Beziehung besteht.“[12] Danneckers Definition deckt somit nur einen Teilaspekt des vielschichtigen Phänomens ab. Der Schuh erfüllt seine Aufgabe als Fetisch und als Objekt der Begierde, als Accessoire des Liebesspiels, ob alleine, zu zweit oder in der Gruppe und natürlich als modisches *It-Objekt*.

gegenüberliegende Seite
Herrenstiefel „Knobelbecher“, 1939 – 1945
DLM Ledermuseum Offenbach

Monika Golla
Die Wandlung der Unschuld, 1998, 60 x 220 cm
DLM Ledermuseum Offenbach

Epilog

Erinnern Sie sich an den Auftritt der Sängerin Sandy Shaw beim Grand Prix de la Chanson 1967 in Wien? Eine hagere Frau im duftigen Hängerkleidchen singt vor imposanten Spiegelwänden „A puppet on a string"... Für die Presse war vor allem das eine Schlagzeile wert, was heute auf wikipedia als erste Information nach den Lebensdaten der Sängerin vermerkt wird: „Zu ihren Markenzeichen zählte, dass sie stets barfuß auftrat." Fazit: Der nackte Fuß in der Öffentlichkeit gilt als indezent, der Schuh sollte demnach ein Zeichen von Anständigkeit sein.

Anmerkungen

[1] Rossi, William: The Sex Life of the Foot and Shoe. London 1977, S. 47 und S. 56ff.

[2] Ebd.

[3] Freud, Sigmund: Fetischismus. Gesammelte Werke, Bd. XIV, 1927, S. 308–317.

[4] Dannecker, Martin: Leder als Fetisch. In: Macht Leder Lust – Ausstellungskatalog DLM Ledermuseum Offenbach 2008, S. 78.

[5] Siehe Handwörterbuch der Sexualwissenschaft, hrsg. von Max Marcuse (Nachdruck Berlin New York 2001), S. 683: „Der richtige Schuhfetischist trachtet jedoch, den Schuh zu besitzen, ihn zu streicheln und zu liebkosen, ja sogar in ihn zu ejakulieren, ihn also so zu behandeln, als hätte er die Trägerin des Objektes vor sich."

[6] Wie etwa in Eva Heldmanns Film „Tausend Küsse an Wanda" von 1994, dessen „Bilder versuchen, eine weibliche, pornographische Welt entstehen zu lassen", wie es auf der Website der Filmemacherin heißt – www.heldmannfilm.de.

[7] Magnus Hirschfeld beschreibt im dritten Teil seiner Sexualpathologie, Störungen im Sexualstoffwechsel. Bonn 1920, unterschiedliche Fälle von Schuhfetischisten und kommt bei einigen zu dem Schluss: „Der hochhackige Lederstiefel auf einem weiblichen Fuß verband sich in ihrem Gehirn mit der Vorstellung eines recht energischen, entschiedenen ‚Auftretens'. Er wurde allmählich [...] für ihre sexuelle Erregung auf optischem oder akustischem Wege eine conditio sine qua non..." (S. 18).

[8] Marcuse, a.a.O., S. 683.

[9] Ebd., S. 389.

[10] Armin, Thomas P.: Kerle in Ketten. Deutschlands schwule Leder- und S/M-Szene. Darmstadt 1992, S. 65–69 und S. 108.

[11] Siehe www.tomoffinlandfoundation.org/foundation/durks.html.

[12] A.a.O., S. 76.

Die Tarnung – Ein Schuh-Krimi

Renate Niemann

Der Nebel hielt sich lange. Die Stadt war wie in Watte gehüllt, die Luft zum Schneiden dick. An den Zweigen der Bäume hingen blanke Tropfen. Hier und dort leuchteten gedämpft die Lichter der Ampeln, wie mit Weichzeichner gezeichnet, einsame Signale in einer konturlosen Welt. Ein paar Jungen trödelten am Stadtpark entlang, ohne jede Eile, die Schule zu erreichen, dünnes Gelächter, nachlässige Schritte im feuchten Laub. Den roten Schuh sahen sie erst, als sie beinahe darüber stolperten. Ein Frauenschuh. Dünne, hohe Absätze. Schlammspritzer hafteten auf dem glatten Leder, das vor Feuchtigkeit glänzte. Der erste Instinkt war, gegen das Ding zu treten und es in die Büsche zu kicken. Dann bemerkten sie, keine zwei Meter neben dem Schuh, den blassen Fuß, zu dem er gehört hatte.

Eine Viertelstunde später begann der Nebel sich zu lichten. Die Sonne war dünn und fahl. In den bräunlichen Sträuchern huschten kleine Vögel. Die Welt erwachte. Nur der schlaffe, durchnässte Körper dort auf dem Boden würde sich nicht wieder erheben. Schweigend beugte der Kommissar sich über die Leiche. Es war die Dritte in diesem Herbst. Das Gesicht der Frau war weiß, die offenen Augen starrten mit einem Ausdruck des Erstaunens zu den blattlosen Baumkronen empor. Sie war noch jung gewesen, nicht älter als fünfundzwanzig, mit glatten, fülligen Wangen. Doch das zählte nicht mehr. Feuchte Locken ringelten sich wie Schlangen um ihren Hals. Der rote Schuh wirkte unangemessen lebendig neben seiner toten Besitzerin, leuchtend wie eine Klatschmohnblüte im Rinnstein.
„Habt Ihr den anderen Schuh noch nicht gefunden?"
In den grauen Augen des Kommissars lag eine Spur von Resignation, denn er kannte die Antwort bereits, noch ehe die Frage ausgesprochen war.
Der Leiter der Spurensicherung, der mit seinen Männern das Gebüsch und einen nahen Graben durchkämmte, hob die Schultern. „Es ist das Gleiche wie bei den anderen Fällen. Und jedes Mal ist es der Linke, der fehlt. Hoffnung ist in Ihrem Beruf die letzte Schwäche, die Sie sich leisten sollten, Herr Kommissar …"
Der Kommissar antwortete nicht. Stumm betrachtete er das nackte Bein der Toten, ihren gepflegten Fuß. Die Zehennägel waren sorgfältig bemalt, der Farbton passend zum Schuh. Sie hatte sich fein gemacht. Vielleicht war sie Tanzen gegangen. Die letzte Nacht war nicht sehr kalt gewesen, beinahe lau, darum hatte sie auch im Spätherbst noch keine Strümpfe getragen. Sie hatte den nächtlichen Fußmarsch sicher nicht geplant. Mit diesen Schuhen ganz bestimmt nicht. Das waren keine Schuhe für lange Wege. Das war reinste Dekoration.

Als der Gerichtsmediziner eintraf, grüßte er den Kommissar mit einem Nicken. Sie kannten sich zu lange, um noch viele Worte zu verlieren. Neben der Toten ging er in die Knie und ächzte leise. Die Todesursache war so deutlich sichtbar, dass sein medizinisches Urteil eine reine Formsache war: Die Frau war erdrosselt worden. Auf der bläulichweißen Haut des Halses zeichnete sich das Muster einer geflochtenen Kordel deutlich ab.
„Genau wie die anderen", murmelte er.
„Ich weiß", brummte der Kommissar zurück.
„Und ihre Schuhe?"
„Der Linke ist verschwunden. Wie immer. Wir haben es mit einem Sammler zu tun, der es auf eine ganz bestimmte Art von Souvenir abgesehen hat."
„Was denken Sie, was er mit den Schuhen macht? Stellt er sie bei sich zu Hause in die Vitrine wie einen gewonnenen Pokal? Oder hängt er sie gerahmt an die Wand über seinen Kamin wie eine Jagdtrophäe?"
„Darüber möchte ich nicht einmal nachdenken, wenn ich ehrlich bin", knurrte der Kommissar, dem das weite Feld der menschlichen Irrungen und Wirrungen nur allzu gut bekannt war.

Am Nachmittag saß der Kommissar im Büro. Mit düsterer Miene goss er sich den Rest Kaffee aus der Thermoskanne ein. Es war nicht besonders schwierig, die Identität der Toten festzustellen. Sie trug ihren Ausweis in der Jackentasche. In ihrem Portemonnaie fand sich neben einem Schlüsselanhänger und ein bisschen Kleingeld auch die Eintrittskarte einer Diskothek in Bahnhofsnähe. Kurz vor zwei Uhr nachts war sie dort zuletzt gesehen worden. Ein Zeuge erinnerte sich, dass sie der letzten Straßenbahn hinterherlief. Vergeblich. Und für ein Taxi hatte das Geld in ihren Taschen nicht mehr gereicht. Das hatte ihr Schicksal besiegelt. Sie war zu Fuß losgegangen. Alleine durch den Nebel, den stillen Weg am Park entlang, auf hohen Stöckelschuhen, die sie unbeholfen machten wie ein lahmes Reh *... klick ... klick ... klick ...* ihrem Unglück entgegen. In solchen Schuhen entkam man nicht. Nicht einmal flüchten konnte man damit. Schuhe für ein Opfer, ihr Stakkato auf dem Straßenpflaster weithin hörbar *... klick ... klick ... klick ...* Ein unverkennbares Signal auch in tiefster Nacht, ein lockender Ruf für den Jäger, der ihm den Weg wies. Er folgte seinen Ohren. Unbemerkt schlich er sich an, den Nebel nutzend, unsichtbar. Und sie hatte nicht einmal rennen können.
Nachdenklich rührte der Kommissar in seiner Tasse. Der Kaffee war nur noch lau und fade, aber irgendwie auch tröstlich. Die Sitzung der Sonderkommission war lang und unergiebig gewesen, obwohl sich der Polizeiapparat nach Kräften bemühte. Sogar eine Psychologin war eingeschaltet worden, die ein Profil des Täters erstellen sollte. Im Grunde aber waren die Ermittlungen festgefahren, das erkannte auch ein Blinder. Da gab es nichts zu beschönigen. Die Zeitungen sprachen schon von einem Phantom. Niemand hatte den Mann gesehen, niemand konnte ihn beschreiben. Und er hinterließ keine brauchbaren Spuren.
Der Kommissar blickte zur Wanduhr, deren dünner Zeiger mit leisem Ticken weiterrückte. Er fluchte leise. Am liebsten hätte er den Zeiger angehalten. Am liebsten hätte er die Zeit zurückgedreht, zurück in den unbeschwerten, hellen Sommer. Die dunkle Jahreszeit war wie eine Brutmaschine für Obsessionen.
Er dachte an die Worte der Psychologin. Sie hatte es Paraphilie genannt, krankhaften Fetischismus. Und das Bild, das sie von dem Täter zeichnete, gab Anlass zu höchster Besorgnis. Ein Mann, der

Schuhe liebte. Seine Phantasien dabei hatten den gesunden Menschenverstand jedoch längst überholt. Er liebte Schuhe. Er begehrte sie so, wie andere Menschen ihresgleichen begehren. Auffällige Schuhe vor allem. Damenschuhe mit dünnen Absätzen. Ihre Trägerinnen waren wie taumelnde Schmetterlinge im Wind. Kunstvoll, zerbrechlich tänzelten sie dahin. Zierliche Schühchen, die durch die Nacht klickerten. Der Reiz bestand darin, sie in Bewegung zu sehen, sie an dem fremden Körper zu sehen, der sich bewegte. Nur dann entfalteten sie ihren vollen Zauber. So waren die Trägerinnen der Schuhe im Grunde lediglich eine Art Anhängsel. Ein notwendiges Übel waren sie, ein Vehikel der Lust, das es zu beseitigen galt, um sich im Höhepunkt des Begehrens der Trophäe zu bemächtigen.
Der Kommissar seufzte mit düsterer Miene. Aus persönlichen Motiven tötete ein Täter einmal. Aus Motiven der Triebbefriedigung konnte er ungezählte Male töten. Hass starb mit dem Tod des Opfers. Triebe waren zäh ebiger. Sie starben erst mit dem Tod des Täters. Diese Geschichte war noch lange nicht zu Ende. Sie mussten sich sehr beeilen, wenn sie nicht bald ein weiteres, barfüßiges Mädchen finden wollten.

Die Schuhe warteten geduldig. Ihr Leder war weich und nachgiebig, anschmiegsam wie eine zarte Hand, die den Fuß streichelte und liebkoste und ihn endlich mit sanftem Druck umschloss. Handgenäht, sorgfältigste Verarbeitung. Ein Kunstwerk gefälliger Eleganz. Die Absätze waren dünn, halbhoch und metallbeschlagen, kräftig, aber doch fein. Das Leder roch noch völlig ungebraucht, mit einer Nuance von Herbstlaub. Mit ein wenig farbloser Creme war es auf Hochglanz poliert. Die Sohlen hatten das raue Straßenpflaster erst wenige Male berührt. Sie warteten geduldig, wieder ausgehen zu dürfen.

Der November verging. Tagsüber hatte die Sonne noch eine erstaunliche Kraft. Nachts aber war es empfindlich kühl. Über dem Park und in der Nähe des Flusses hing der Nebel dann besonders dicht. Wie eine dicke, graue Decke absorbierte er die Geräusche der Stadt und die Lichter der Straßenbeleuchtung.

Kurz nach fünf Uhr morgens war die Stille am größten. Eine fahl erleuchtete Tür öffnete sich, eine junge Frau trat auf die Straße. Ihre Bewegungen waren müde. Die Schicht in dem Nachtlokal war hektisch gewesen, und sie war froh, endlich abschließen zu können. Ihre Füße schmerzten vom Hin- und Herrennen hinter der Theke und zwischen den Tischen. Sie hatte alleine arbeiten müssen. Ihre Züge waren erschöpft, die Ringe unter ihren Augen schimmerten violett. Die frische Luft reichte nicht aus, um sie wieder frisch zu machen.

Sie drehte den Schlüssel im Schloss. Mit einem Summen senkte sich ein Gitter vor der Tür des Cafés. Die Frau wartete, bis es einrastete. Dann ging sie eilig los. Die Luft war mit Feuchtigkeit gesättigt. Ungezählte, winzige Tröpfchen verliehen ihrem blonden Haar einen silbrigen Schimmer. Die Stille war sehr groß. Nur ihren eigenen Atem hörte sie und das rasche Geklicker ihrer Absätze auf dem Pflaster.

Die Schicht war anstrengend gewesen. Normalerweise arbeitete sie mit einer Kollegin. Das war angenehmer, besonders nachts. Dann war sie nicht so alleine mit den späten Trunkenbolden. Und nach Feierabend konnten sie ein gutes Stück zusammen gehen. Dann lachten sie sich müde den Ärger von der Seele. Heute aber hatte die Kollegin sie im Stich gelassen. Wegen einer läppischen Erkältung, die ihre Ursache wahrscheinlich in einer Portion Unlust hatte. Nun gut, manchmal kam das vor.

Die junge Frau zog den Mantel vor sich zusammen und ging schneller. Sie wünschte sich nichts sehnlicher, als sich auf ihr Sofa fallen zu lassen und die drückenden Schuhe loszuwerden. Es lag noch ein gutes Stück Weg vor ihr. Ausgerechnet heute hatte sie einen unangenehmen Gast gehabt. Natürlich befanden sich unter den Nachtschwärmern, die den Laden besuchten, regelmäßig seltsame Gestalten. Späte Discogänger. Übriggebliebene, die keinen Anschluss gefunden hatten. Einsame Seelen, denen allein zu Hause die Decke auf den Kopf fiel. Aber auch frühe Zecher, die bereits vor der Morgenschicht ein Bier und einen Schnaps benötigten. Die meisten von ihnen waren freundlich, und sogar die Unfreundlichen waren meist harmlos.

Dieser Gast aber war unheimlich gewesen. Nicht, dass er sie belästigt hätte. Dann hätte sie die Polizei rufen können. Das wäre einfach gewesen. Aber er hatte gar nichts getan. Er hatte kaum gesprochen. Er hatte einfach nur in einer Ecke gesessen und sie angestarrt. Nicht offen. Nicht aufdringlich und schamlos, sondern heimlich und verstohlen. Immer wieder hatte er den Blick durch den Raum schweifen lassen, unstet, ziellos, um sich dann immer wieder an ihr festzusaugen, wenn er glaubte, sie merke es nicht. Er hatte ihr nicht ins Gesicht geschaut. Er hatte nicht versucht, sie

anzuzwinkern oder mit ihr zu flirten, wie es die meisten dieser Typen taten, wenn sie voll genug waren. Er hatte seinen Blick nur oberflächlich über sie hingleiten lassen. Ihre Wangen und ihr hübsches Lächeln schienen ihn gar nicht zu interessieren. Ihrem Blick wich er aus. An ihren Beinen blieben seine Augen hängen, an ihren Knöcheln und an ihren Füßen, die in schwarzen Lackschuhen steckten. Er starrte auf die silbernen Schnallen, die die Form von Schleifen hatten, auf die kleinen Dreckspritzer, die sie sich am Nachmittag geholt hatte, und auf die halbhohen Absätze, die den ganzen Abend rasch und unermüdlich über den glatt gefliesten Boden klapperten.
Die junge Frau fröstelte und ging noch schneller. Die Erinnerung ließ sie frösteln. Unangenehm waren diese Blicke gewesen. Aber sie hatte nichts dagegen tun können, denn ansonsten war der Mann ganz ruhig gewesen. Er hatte auch keinen Alkohol getrunken. Abwechselnd bestellte er Wasser, Limonade und Kaffee. Wenn sie die gewünschten Dinge brachte, schaute er zu Boden, mit einer seltsamen Art von Verlegenheit, als könne er ihr nicht ins Gesicht blicken. In Wirklichkeit aber hatte er jedes Mal auf ihre Füße gestarrt. Das war abstoßend gewesen. Dann war der Trubel größer geworden, und sie hatte ihn vergessen. Erst kurz vor Feierabend bemerkte sie, dass er immer noch dort saß, in die hinterste Ecke gedrückt, seit Stunden die geleerte Kaffeetasse vor sich, völlig reglos, als wäre er nur der Schatten eines Menschen. Allein seine Augen bewegten sich. Sie folgten noch immer ihren Schuhen, während sie von Tisch zu Tisch eilte, leere Gläser einsammelte und aufzuräumen begann. Dann plötzlich, als sie einen Moment nicht hinschaute, hatte er leise seinen Platz verlassen, einen Geldschein auf dem Tresen hinterlegt und war davongehuscht, ohne auf das Wechselgeld zu warten. Erleichtert atmete sie auf, als sie seine Blicke nicht mehr spürte.
An der nächsten Ecke mündete die schmale Straße in die Hauptstraße, die ebenso still und verlassen dalag. Normalerweise begann sich um diese Zeit der erste Berufsverkehr zu regen. Doch es war Sonntag. Ein sehr stiller Sonntagmorgen, der letzte Tag des Monats.
Die Hauptstraße führte direkt auf die Brücke zu. Je näher sie dem Wasser kam, umso dichter wurde der Nebel. Die Hausreihen der Uferpromenade schienen nicht mehr zu existieren. Der Fluss war ein weißes Nichts. Die Brücke führte direkt in die Leere. Die junge Frau zögerte einen Moment. Aber ihr blieb nichts übrig. Sie konnte sich schließlich nicht in irgendeinen Hauseingang verkriechen und warten, dass es Tag wurde und der Nebel sich verzog. Sie zog den Mantel noch fester um sich, als könne sie sich dadurch schützen, und lief hastig weiter. Sie musste die Brücke hinter sich bringen. Die Brücke, das war das schlimmste Stück. Danach kamen nur noch zwei Straßenecken, und sie könnte sich in ihre kleine Wohnung flüchten, die gemütlich warm war und wo der graue Kater sicher schon lange auf sie wartete.
Als sie sich der Mitte der Brücke näherte, hörte sie ein fernes Geräusch. Sie blieb stehen. Das war nicht das Rauschen des Wassers, das durch den Nebel zu ihr heraufdrang. Es war auch keine huschende Ratte. Schritte waren es. Sie kamen ihr entgegen. Ihr Puls schnellte in die Höhe. Was sollte sie tun? Zurücklaufen? Weitergehen?
Die Schritte wurden lauter. Der Nebel war so dicht, dass sie kaum die Hand vor Augen sah. Ihr Puls raste wie wild, fast wurde ihr übel. Sie hielt den Atem an und lauschte … und … und … Ein Stein fiel ihr vom Herzen: Es war eine Frau, die da näher kam. Dem Himmel sei Dank, eine Frau!
Die Blonde stieß einen erleichterten Seufzer aus, ihr Gesicht verzog sich zu einem gequälten Lächeln. Dann ging sie weiter, auf die Brückenmitte zu, hinein in den undurchdringlichen Nebel, aus dem die Schritte sich rasch näherten.

Die Schnur um ihren Hals war wie eine hartgliedrige Schlange. Der Schmerz am Kehlkopf wurde unerträglich. Ihr Kopf schien kalt zu explodieren. Es war unmöglich, dagegen anzukämpfen. Sie bekam keine Luft mehr. Die Welt verschwamm. Sie fühlte ihre Beine einknicken und sah sich selber fallen. Sie lag auf der nassen Straße. Hinter ihren Lidern blitzte es, dann wurde es dunkel vor ihren Augen. Das Letzte, was sie wahrnahm, war das Geräusch eines knatternden Mofas, das rasch lauter wurde ...
In diesem Moment ließ der Druck an ihrem Hals nach. Sie röchelte schmerzhaft. Der erste Atemzug tat unendlich weh. Doch ihre Lungen füllten sich wieder. Wie durch Watte hörte sie die Schritte, die nun eilig davonliefen. Der Nebel verschluckte sie. Dann wurde das Dröhnen des Mofas unerträglich laut und etwas Schweres schlug hart gegen ihr Bein. Ein stechender Schmerz durchfuhr sie und sie wurde ohnmächtig.

Der Kommissar war gesprächiger als in den letzten Wochen. Der Bann, der auf ihm lastete und ihn gut und gerne seine Laufbahn hätte kosten können, schien gebrochen. In der Nacht hatte es wieder einen Überfall gegeben – und das Opfer hatte überlebt. Die junge Frau, Bedienung in einer Nachtgaststätte, lag im Krankenhaus. Sie war noch nicht ansprechbar, aber das würde sich ändern. Sie würde sich erholen. Sie würde ihren Schock überwinden, und mit etwas Glück würde sie eine Täterbeschreibung liefern können. Sie hatte Abschürfungen und blaue Flecken erlitten. Ihr rechtes Bein wies einen komplizierten Trümmerbruch auf, dort wo das Mofa sie gerammt hatte. Der jugendliche Fahrer beteuerte immer wieder, sie nicht gesehen zu haben. Der Nebel sei dick gewesen und sie habe in der Mitte der Brücke direkt auf der Straße gelegen. Man erklärte ihm, dass sein Auftauchen ihr wahrscheinlich das Leben gerettet hatte. Die Spuren der Kordel um ihren Hals sprachen eine deutliche Sprache. Sie hatte großes Glück gehabt. Sie hatte ihre beiden Schuhe behalten.

Bereits am Nachmittag erhielt der Kommissar die Erlaubnis, einige Minuten mit der Frau zu sprechen. Sie saß aufrecht in die Kissen gelehnt, ein gutes Zeichen. Ihr blondes Haar war zerzaust, aber ihre blassen Wangen zeigten schon wieder einen Hauch Farbe. Um den Hals trug sie ein dünnes Seidentuch. Am Fußende des Krankenhausbettes standen ihre Schuhe. Lackschuhe mit silbernen Schnallen. Die gleichen, die sie in der Nacht getragen hatte, der Lack nun etwas angekratzt. Bald würden sie wieder munter durch die Straßen klappern.
„Woran können Sie sich erinnern?", fragte der Kommissar.
„Nicht an viel." Sie wischte sich über die Augen. Ihre Hand zitterte.
„Jede Kleinigkeit könnte uns weiterhelfen. Können Sie den Mann beschreiben?"
Sie schüttelte den Kopf. „Es ging alles viel zu schnell. Als ich erkannte, dass es ein Mann war, hatte ich schon diese Schnur um den Hals, und dann ..."
Sie schluchzte und schlug sich die Hände vors Gesicht.
„Was soll das bedeuten: Als ich erkannte, dass es ein Mann war ...", hakte der Kommissar nach.
„Weil ich doch zunächst sicher war, dass es eine Frau war, die mir entgegenkam. Ich hatte es doch deutlich gehört!"
„Woran haben Sie das gehört? Hat sie ihnen zugerufen? War es die Stimme einer Frau?"
„Nein. Ich habe es an ihren Schuhen gehört. Schuhe mit hohen Absätzen. Die Frau stöckelte hastig.

So als ob sie Angst hätte. Genau wie ich. Das Klappern ihrer Absätze wurde schneller, während sie sich näherte."
„Hatten Sie denn keine Angst?"
„Aber warum hätte ich vor einer Frau Angst haben sollen?"
Die junge Frau schaute so entgeistert, als habe sie den Glauben an die Welt verloren. „Ich wäre doch niemals auf die Idee gekommen, dass es *keine* Frau sein könnte. Ich konnte sie ja nicht sehen. Ich hörte sie nur. Der Nebel war sehr dicht. Ich sah sie erst im allerletzten Moment. Einen Schemen zunächst, keine fünf Meter von mir entfernt. Hastig kam sie näher, ein Stück größer als ich. Ein langer Mantel, die Kapuze weit ins Gesicht gezogen wegen der Feuchtigkeit. Und die Absätze klapperten noch immer. Ich blieb stehen. Ich dachte, sie hätte auch Angst, so alleine im Nebel. Wir hätten uns zulächeln können im Vorbeigehen, um uns gegenseitig Mut zu machen. Wie man es eben macht, wenn man nachts unterwegs ist…"

Der Kommissar schwieg. Er lehnte sich zurück und starrte eine Weile an die weiße Wand. So einfach war das also. Der Jäger hatte ein probates Mittel gefunden, um seine Opfer in völliger Sicherheit zu wiegen. Bis zum letzten Moment misstrauten sie ihm nicht.
Schleichende Schritte in schmiegsamen Sportschuhen machten Angst. Das Dröhnen metallbeschlagener Cowboystiefel auf dem Asphalt ließ den Adrenalinspiegel unwillkürlich ansteigen. Die Frauen wären gerannt, so schnell sie konnten. Auch der Versuch der Lautlosigkeit war ein Glücksspiel. Ein Zweig konnte knacken, ein Steinchen konnte vor die Füße geraten. Aber hastiges Getrippel auf Stöckelschuhen? Das harmloseste Geräusch der Welt. Ein Rhythmus, der entwaffnete. Warum sollte eine Frau diesem Geräusch misstrauen? Eine andere Frau näherte sich, ängstlich offenbar. Man hörte es an der Art, wie sie lief, das hastige Klicken der hohen Absätze war beredt. Die Schuhe waren es. Sie waren das Schafsfell für den Wolf, die perfekte Tarnkappe für den Jäger. Sie verwandelten ihn. Mit ihnen streifte er sich eine weibliche Haut über, mit der er sich den vermeintlichen Artgenossinnen nähern konnte, ohne ihren Argwohn zu erwecken. Eine Metamorphose, die funktionierte, solange das Opfer ihn nicht sah. Die Nebelnächte im Herbst waren sein Zuhause.

Als es ihr besser ging, erinnerte die blonde Frau sich an den Mann, der sie im Café beobachtet hatte. Aber ihre Beschreibung blieb verwaschen, ungenau. Er war ein unscheinbarer Typ gewesen, konturlos, ohne prägnante Merkmale, und sie tat sich schwer damit, ihm ein Gesicht zu geben.

Der November verging. Statt des Nebels kam Frost. Schneeflocken wirbelten. Wie eine Schicht aus weißem Samt bedeckten sie die Stadt. Es schneite mehrere Tage. Selbst die Discogängerinnen ließen nun ihre Stöckelschuhe zu Hause. Winterstiefel ersetzten die Pfennigabsätze, und der Schnee verschluckte die Schritte. Müdes Knirschen unter dicken Sohlen ersetzte das eilige Getrippel. Die Jagdsaison war beendet.
Der Kommissar seufzte. In den nächsten Monaten würden sie ihn nicht zu fassen kriegen. Der Winter war nicht seine Zeit. Die Kälte machte ihn träge. Auf den Frühling mussten sie warten. Dann würde er wieder durch die Dunkelheit streifen, angelockt von dem raschen *... klick ... klick ... klick ...* dünner Absätze auf dem Straßenpflaster.

Auf freiem Fuß – Männersandalen

Nike Breyer

Ob es am Klimawandel liegt? Schon seit einigen Jahren lässt sich eine Umverteilung der Textilien am Körper des männlichen Mitteleuropäers beobachten: Der Gebrauch von Kopfbedeckungen nimmt während der sogenannten warmen Jahreszeit zu, parallel dazu ist das Verhüllen von Bein und Fuß stark rückläufig. Dabei galt bis vor kurzem das Tragen von Sandalen noch als irgendwie anstößig, wenn nicht gar als Ausdruck von Verwahrlosung. Wie konnte es zu dieser neuen Lässigkeit kommen? Ein Blick auf die Geschichte dieser nur vordergründig schlichten Schuhgattung, die sogar einem Filmgenre seinen Namen gab, beleuchtet das komplexe Verhältnis von Mensch und Fußbe-/Kleidung, das alles andere als oberflächlich ist.

Schwang im Jahr 2000 in „Gladiator" Darsteller Russell Crowe Schwert und Schild noch in geschlossenen Fantasy-Kampfstiefeln, scheinen mit Wolfgang Petersens „Troja" und Mel Gibsons „Passion", beide 2004 erschienen, die Sandalen in den Sandalenfilm zurückgekehrt zu sein. 2006 hat Zack Snyder sich in diesem Filmgenre erneut künstlerische Freiheiten genommen: In „300", seiner digital reanimierten Schlacht bei den Thermopylen, feierte nicht nur comicgreller Manichäismus fröhliche Urständ. Auch Ausstattungsattribute wie Ringe, Ketten, Helme, Speere, Panzer, Blut, aber auch Bauchmuskeln und andere Biomasse erschienen zu bombastischer Präsenz gesteigert. Sein Held Leonidas, Häuptling der Spartaner, und dessen Gegenspieler Xerxes, der Perserkönig, verblassen dahinter fast zu Trägermaterial. Bemerkenswerterweise blieben in den Szenenfotos die unteren Extremitäten der antiken Akteure unsichtbar. Was um so erstaunlicher ist, als Fußbekleidung in diesem Reigen der inszenierten Statussymbole eigentlich nicht hätte fehlen dürfen. Hat am Ende Brad Pitt Snyder traumatisiert? Pitt sei, so heißt es, in seiner „Troja"-Rolle als Achill von Zweifeln an der Makellosigkeit seiner Anatomie geplagt worden, weshalb Hollywoods Frauenschwarm auf einem Bodydouble für ... seine Füße bestanden habe. Eine männliche Problemzone? Die Sandale jedenfalls scheint ein nicht unbedenkliches Schuhwerk zu sein. Oberflächlich betrachtet, kommt einem das abwegig vor. Denn als Gebrauchsgegenstand ist die Sandale uralt. Andererseits wurde sie immer wieder auch symbolisch aufgeladen und damit zum vielsagenden Zeichen.

Figürliches Salbgefäß
mit Darstellung eines Fußes
in Sandale,
Rhodos, 1. Hälfte 6. Jh. v. Chr.

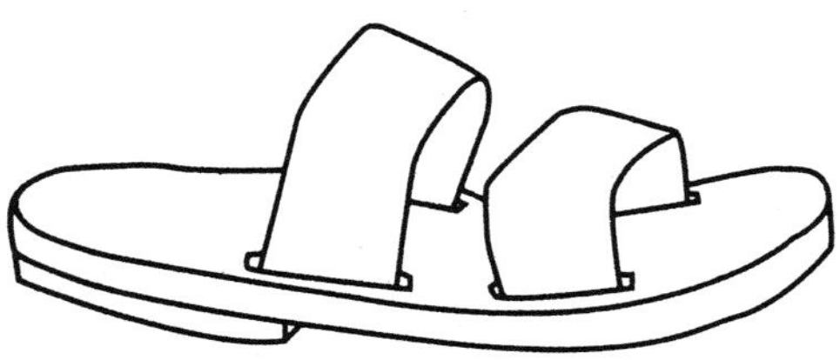

Sandale im franziskanischen Stil

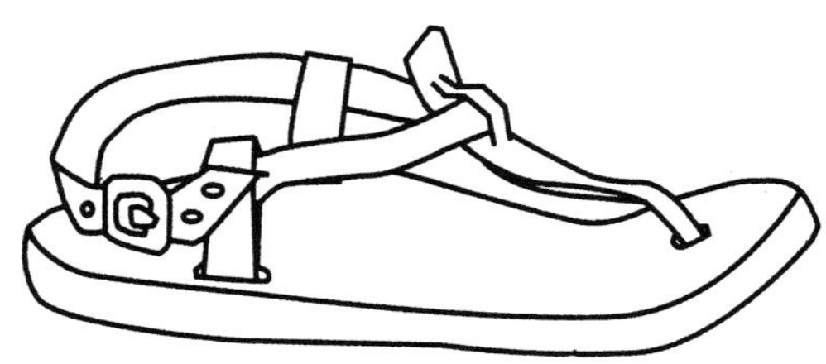

Sandale im byzantinischen Stil

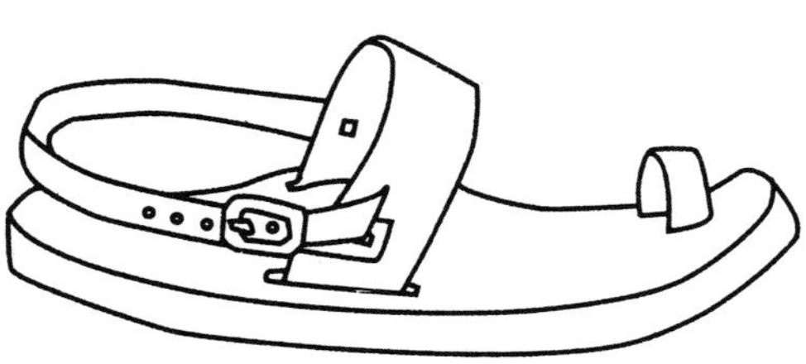

Zehensandale mit Fersenriemchen

Halb Urschuh, halb Zeichen

Neben Bundschuhen im Stil der orientalischen Opanke oder des indianischen Mokassins stellen Sandalen eine Art Urschuh dar, den sich schon vor tausenden von Jahren Jäger und Sammler zum Schutz gegen Verletzungen unter die Füße banden – anfangs aus nicht mehr als einem Stück ungegerbter Tierhaut, Rinde, Stroh oder Binsen bestehend. Sandalen finden sich daher in den allermeisten frühen Kulturen. Eine Mischform aus Socke und Sandale trug auch der 1991 aufgefundene Gletschermensch „Ötzi". In Japan sind traditionelle Holzstegsandalen *(geta)* und flache Strohsandalen *(zori)* neben modernem, europäischem Schuhwerk bis heute in Gebrauch. Ihre kulturelle Hochzeit erlebten Sandalen ohne Frage in der griechisch-römischen Antike. Auch im Alten Ägypten waren sie gängige Fußbekleidung. Filigrane Modelle aus Schilf und Bast sind uns durch Steinreliefs und Wandmalereien bis aus der Zeit um 2600 Jahre vor Christus überliefert. Die Griechen hingegen trugen Ledersandalen, was auch wegen des raueren Klimas Griechenlands plausibel erscheint. Hier waren sie die standesgemäße Bekleidung der freien Polis-Bürger. Sklaven, Bauern und Metöken – Demokratie war eine elitäre Angelegenheit – liefen auf Stroh- und Holzsohlen, wenn nicht barfuß. Als Griechenland um 300 v. Chr. seine politische Vorherrschaft im Mittelmeerraum an Rom verlor, verfiel auch das Prestige seiner Kleidung. Im aufsteigenden Römischen Reich waren Sandalen, entgegen landläufiger Meinung, keineswegs das übliche Schuhwerk. Sie galten vielmehr als kultureller Fremdeinfluss und waren nur im Privatbereich im Haus erlaubt. In der Öffentlichkeit zeigten sich Senatoren und Patrizier in *calcei*, knöchelhohen Fersenschuhen. Auch hier trug das Volk Holzsohlenschuhwerk. Als es sich bei Roms edler Jugend doch einbürgerte, in Ledersandalen auf die Straße zu gehen, empörten sich die sittenstrengen Politiker Cato (234 – 149 v. Chr.) und hundert Jahre später Cicero (106 – 43 v. Chr.) über diese Mode: Sie sei Ausdruck eines schädlichen Individualismus nach griechischem Vorbild und unterminiere die militärischen Tugenden der Römer. Nur für das militärische Fußvolk galten besondere Regeln. Hier gehörten *caligae*, knöchelbis wadenhohe Sandalenstiefel, zur Ausrüstung der Legionäre. Sie wurden aus einem Stück Leder geschnitten, das kunstvoll geschlitzt, an einer Stelle zusammengenäht und mit einem Riemen in Fußform gezogen wurde. Die schwere Sohle bestand aus mehreren Schichten Leder und war stollenähnlich mit Eisennägeln *(clavigae)* beschlagen. Je dicker die Sohle, desto niedriger der Rang. Vermutlich schützten sich gewöhnliche Legionäre damit vor durchgelaufenen Sohlen. Höhere militärische Ränge trugen wie die Patrizier geschlossene *calcei*.

Mönche und Legionäre

Ein römischer Sandalenträger brachte es zu zweifelhafter Berühmtheit: Gaius Caesar Augustus Germanicus, besser bekannt als Caligula (12 –41 n. Chr.), der Diminutiv von *caliga* (lat. Soldatenstiefel). Das Bild dieses autokratischen Kaisers mit Inzestneigungen und Zügen von Verfolgungswahn wurde schon früh durch Legenden und populäre Darstellungen überwuchert. So wird ihm nachgesagt, dass er nicht nur *kothurne*, also Plateauschuhe für das Theater, liebte. Der Bruder dreier Schwestern probierte auch Frauenkleidung, Schmuck und Schminke und stand, so heißt es, auf Sandalen. Das war in gewisser Weise folgerichtig. Denn Caligula orientierte sich antirömisch am pompösen Personalstil orientalischer Herrscher. Überliefert ist seine Verfolgung der Christen, die er wohl auch, anders als Gladiatoren, unbewaffnet im Kolosseum gegen Raubtiere in die Arena schickte. Mit dem Niedergang des Römischen Reiches 400 n. Chr. wurde auch die Sandale als Kleidung marginalisiert. Zwar trugen während des Mittelalters Pilger, Reisende und Bettelmönche minimalistische Modelle, wie man auf einem Gemälde von Massaccio sehen kann. Doch waren sie ähnlich wie das „härene Hemd" weniger Kleidung als Symbol und Accessoire der Armut, Demut und Selbstkasteiung. Innerhalb weniger Jahrhunderte hatte die Sandale eine kulturelle Umschreibung erfahren und sich von einem Bestandteil soldatischer Rüstung zum Zeichen asketischer Weltabgewandtheit gewandelt.

Zwei Fußbekleidungen versuchten dabei schon zur Zeit der Antike das funktionelle Defizit der Legionärssandalen bei römischen Einsätzen im kühleren Mitteleuropa zu kompensieren: die sockenartigen Schlupfschuhe *tibialia* und der ähnlich geformte *soccus*, sprachgeschichtlicher Vorläufer der modernen Socke. Beides waren einfache Fußfutterale aus Wolle, Filz, Fell oder Leder, die allein oder mit Sandalen getragen wurden. Einheimische bevorzugten nördlich der Alpen generell geschlossenes Schuhwerk. Der dortige Gebrauch von Stiefel, Bundschuh und später

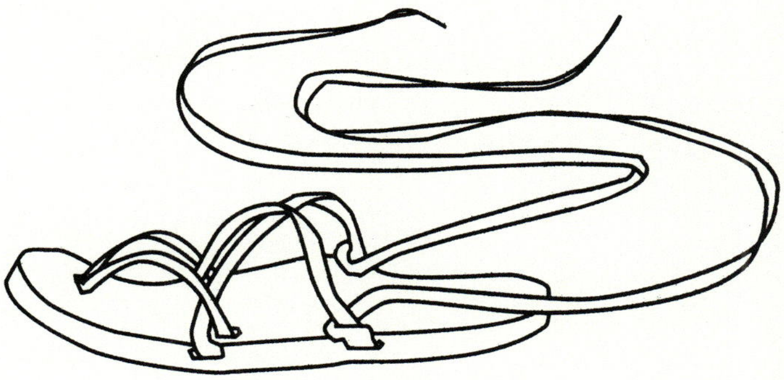

Sandale im griechischen Stil

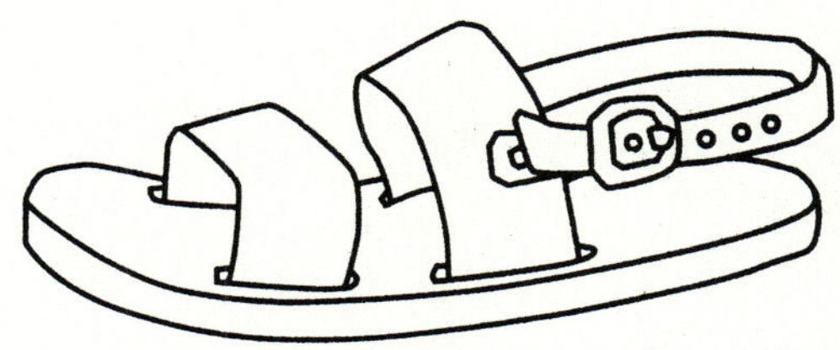

Sandale im franziskanischen Stil mit Fersenriemchen

Sandale im römischen Stil

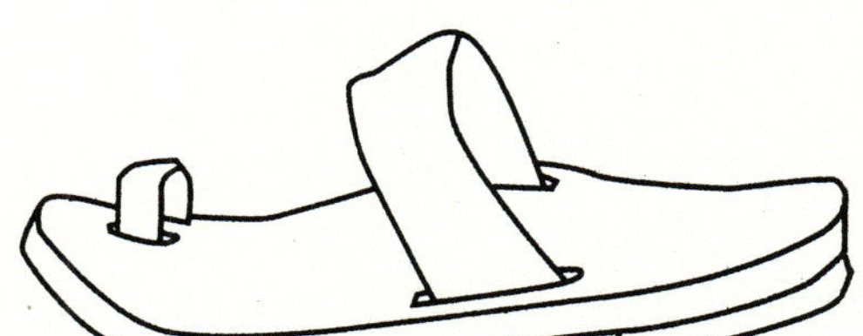

Zehensandale

Schnabelschuh deutet einmal mehr auf einen noch immer nicht restlos erforschten Epochenbruch und spricht dafür, in der mittelalterlichen Sandale keine direkte Weiterentwicklung des griechisch-römischen Modells zu sehen.

Pathos der Askese

Ihren bildmächtigen Niederschlag findet die christliche Sandale auch in der Kunst. Vor allem Maler der Romantik wie etwa Simone Cantarini lassen auf ihren Leinwänden Mönche bevorzugt in düster wallender Kutte auftreten, unter der ein nackter Knöchel in Sandalen hervorblitzt – Pathos der Askese und zugleich einer subtilen Erotik. Wie 2004 die Mel-Gibson-Produktion „Jesus – die Passion" ins Gedächtnis rief, trugen um diese Zeit nicht nur die römischen Soldaten Sandalen, sondern als Angehörige der von Rom beherrschten Völker des Mittelmeerraums auch Jesus und seine Jünger. Möglicherweise leitet sich damit die christlich konnotierte Mönchssandale über die Verehrung der frühen Märtyrer genealogisch von dieser Herkunft ab – wofür auch ihre unrömische formal reduzierte Gestaltung spricht. Erst Jahrhunderte später kam im Zuge einer gewaltsamen Umgestaltung von Gesellschaftsordnung und Kleidermode durch die Französische Revolution die Römersandale wieder zu kurzen Ehren und befreite die Sandale modisch aus ihrer Büßerecke. Die eleganten Stöckelschuhe der Höflinge und Hofdamen waren nun verpönt, und auf der Suche nach republikanischen Vorbildern besannen sich die Revolutionäre auf die Römer und ihr militärisches Schuhwerk. Während der Epoche von Directoire und Empire (um 1796–1820) waren darum für die Bürgerinnen zarte Freistil-Römersandaletten neben *Ballerinas de rigueur* in Mode, mit denen sie ihre republikanische Gesinnung bezeugten. Männliche Postrevolutionäre bevorzugten Holzschuhe oder Stiefel nach dem Vorbild des Dritten Stands.

Licht und Luft für die Füße

In Deutschland sah man noch in der ersten Hälfte des 19. Jahrhunderts wenig Fuß. Nur zu Hause trug man behagliche Pantoffeln. Für Leibesübungen etwa empfahl der deutschnationale Vorturner Friedrich Ludwig Jahn (1778–1852) Halbstiefel, die „eben über den Knöchel hinausreichen", keinesfalls jedoch Zugstiefel, denn „diese gehören mit den Schnürbrüsten zu dem Foltergeräth, was die Putzwuth für Zierlinge erteufelt hat." Die von Jahn ins Visier genommene Kultur des Hochgeschlossenen und Hermetischen wurde schon bald durch einen neuen Umgang mit dem Körper gelockert, wie er zum einen durch die Erkenntnisse moderner Mikrobiologie und Hygiene gefordert und befördert wurde, die Sauberkeit und Bewegung auf die Tagesordnung setzten. Zum anderen betrieb eine junge „Bewegung", die sich der Reform des Lebens im Zeichen von Respekt vor der Natur widmete, den Ausstieg aus einengenden Verhältnissen. Darunter verstand man „grauer Städte Mauern" ebenso wie textile „Leibpresskörbe". Stattdessen propagierte man Licht und Luft als Lebenselixier für einen natürlicheren und gesünderen Umgang mit dem Körper. Nicht nur der Allgäuer Pastor Sebastian Kneipp (1821–1897) brachte bei seinen Anhängern Rohkost, Kaltwassergüsse und Kursandalen in Mode und berichtete 1894 stolz: „Seit drei Jahren ist bei den

Wasserkuren in Wörishofen das Sandalentragen eingeführt worden. Deshalb ist auch in Wörishofen ein Sandalenverkauf, wie wohl in der ganzen Welt keiner existiert". Auch allopathische Ärzte dachten aus hygienischen Gründen ernsthaft über Sandalen nach. Dr. Biedermann Günther sinnierte schon 1863, dass Sandalen zum Schutz der Füße völlig reichen müssten, nimmt dann aber aus ästhetischen Gründen Abstand, denn: „Die Füße der meisten sogenannten Culturvölker würden sich darin aber sehr schlecht ausnehmen, weil sie mit wenigen Ausnahmen verkrüppelt sind." Wem eine moderate Lebensreform nach Wasserdoktor Kneipp oder dem ebenfalls naturheilkundlichen Sonnendoktor Arnold Rikli zu wenig war, der zog sich in Künstlerkolonien und Landkommunen zurück, wie die berühmte Idylle am Monte Veritá im Tessin, wo die zumeist dem Bürgertum entstammenden Zivilisationsflüchtlinge bei fleischloser Kost, in Lichtarchitektur und Sandalen ihr Heil zu finden hofften. Auch Künstler wie Karl Wilhelm Diefenbach und sein Schüler Hugo Höppener, mit Künstlernamen *Fidus*, waren erklärte Sandalenträger, ebenso die berühmten Sonderlinge und „Naturmenschen" Gusto Gräser und Gustav Nagel. Auch mancher Wandervogel war den Luftschuhen nicht abgeneigt und wechselte nach rabiaten „Klotzmärschen" allzugern vom derben Stiefel zu Sandalen.

Der Naturmensch
„An mir findet Sydow nichts zu besteuern!"

„Der Naturmensch", Zeichnung von Karl Arnold, 1908

Tieffußbett und Jesuslatschen

Seit diesen Zeiten hat ein gewisses Reformhaus-Aroma an den Sandalen Spuren hinterlassen. Die bis vor kurzem gängige Gleichsetzung mit „schlechtem Geschmack" galt darum auch weniger dem informellen Charakter der Sandale (den hat sie mit dem Turnschuh gemeinsam) als der Assoziation mit Sektierer- und Aussteigertum und einer als spießig empfundenen Gesundheitsfürsorge. Auf ehrgeizige Jungmänner, die gesellschaftlich Fuß fassen und auf- statt aussteigen wollen, wirkte sie in den achtziger Jahren des letzten Jahrhunderts geradezu wie ein rotes Tuch. Dabei verdient gerade das damals bestgehasste Modell besondere Beachtung: Jeder kennt sie, viele tragen sie, kaum einer redet darüber – die Tieffußbettsandale aus dem Hause Birkenstock. Entwickelt wurde sie vor 45 Jahren. Eigentlich hatte Karl Birkenstock, der einer alten hessischen Schuhmacherdynastie enstammt, Anfang der sechziger Jahre nur eine fußfreundliche „Schuheinlage ohne Schuh" entwerfen wollen, nachdem der neue Stöckelschuh mit Bleistiftabsatz gerade unzählige Frauenfüße ruiniert hatte. Doch Birkenstocks Entwurf, bei dem sich Fußtrainingseffekte (Zehen müssen greifen, um im Schuh zu bleiben) mit Tragekomfort (leichte, biegsame Korkfußbettsohle) verbinden, kam überraschend auch als Berufs- und Freizeitschuh an. Heute gehört die gleichnamige Sandale zu den meistkopierten Schuhmodellen der Welt, auch wenn ihr Aussehen, das schockierte Einkäufer der ersten Stunde an „ausgehöhlte Baumstämme" erinnerte, den Einstieg in die Welt der Mode nicht unbedingt ebnete. Mit unverändertem Design versteht sie es seither, sich an jede Mode anzuschmiegen und, was noch erstaunlicher ist, ganz verschiedenen Trägern zu gefallen.

Im Osten Deutschlands ereignete sich etwas später ein ähnliches Schauspiel. Eine minimalistische Sandale wurde überraschend populär. Optisch erinnerte sie stark an die alte Eden-Sandale, so wie sie in den zwanziger Jahren in der gleichnamigen Obstbaukolonie in Oranienburg von Schuhmacher Karl Thomys hergestellt und gern getragen wurde. Das neue DDR-Modell kam vor allem bei den jungen Leuten an, die ihm bald den Spitznamen Römersandale – ohne im geringsten römisch zu wirken – und Jesuslatschen verliehen.

Nach der weitgehend sandalenlosen Zeit der achtziger Jahre, in der die Freiluftschuhe auf die Biotope von Grünen, Ökos und „Müslis" beschränkt blieben, brachten die neunziger Jahre einen neuerlichen Popularitätsschub: Die Musikformationen Nirvana, Pearl Jam und Sound Garden kreierten um 1992 einen neuartigen Düstersound, der zum Soundtrack für den jähen Absturz eines glänzenden Lifestyles wurde, der schon durch den New Yorker Börsencrash von 1989 schlagartig an Strahlkraft verloren hatte. Ein „No-Logo"-Look, wie ihn Jahre später die Anti-Globalisierungs-aktivistin Naomi Klein propagieren sollte, kam in Mode, dem bösartige Beobachter den Namen „Grunge" (Müll) verliehen. Er mischte anonyme Arbeits- und informelle Freizeitkleidung, ergänzt durch Arbeitsschuhwerk und Sandalen.

Birkenstocksandale

Bewegungskultur

Eine letzte Schönheitsoperation beschleunigte die endgültige stilistische Rehabilitierung der Männersandale: ihre Interpretation als Kunststoffprodukt in Form der Trekkingsandale. Soweit bekannt, war es der Outdoor-Ausrüster *Teva*, der Anfang der achtziger Jahre eine PU-Kunststoffsohle mit zwei Nylonriemen für Zehen und Ferse versah und auf den Markt warf – eine für deutsche Vorstellungen kaum fassbare Vernachlässigung von Halt und Fußführung. Doch ihre Leichtigkeit und Vielseitigkeit waren ihr Trumpf. In den neunziger Jahren wurde das Konzept x-fach variiert und weiterentwickelt. Der Trekkingtreter war darüber hinaus die Basis für eine ganz neue Generation von Hybridmodellen, die halb Schuh, halb Sandale, zu trendiger Sportswear kombiniert, bald zum sommerlichen Straßenbild gehörten. Mit dem Einstieg ins neue Jahrtausend dann die Neuorientierung: Der eben noch erfolgreiche Techno-Look war mit einem Schlag von gestern und wurde abgelöst von einem neohedonistischen Glamour, irgendwo zwischen italienischer Dekadenz und russisch-neureichem Overstatement. Sandalen für Männer blieben davon gänzlich unberührt. Alle „Plaste und Elaste"-Versionen wanderten jedoch zurück in die Sportsortimente. Seither ist wieder Leder mit etwas Textil der richtige Stoff. Zehenstegmodelle sind inzwischen neue Klassiker, orientalische Pantoletten mit Abu-Dhabi-Touch schon wieder out. Kein wirklicher Verlust. Nicht jeder Mitteleuropäer war spontan in der Lage, darin auf Anhieb männlich aufzutreten. Schuhwerk ist eben immer schon mit einer kulturell vermittelten Bewegungskultur verbunden. Diese Tatsache inspirierte vor einigen Jahren die Fernostkorrespondentin eines rheinischen Handelsblatts zu der interessanten Frage: „Wie lange dauert es, bis sich ein Volk auf eine andere Schuhtradition umgestellt hat? Die Japaner haben den Prozess von der japanischen Sandale auf den westlichen Schuh zumindest noch nicht gänzlich verdaut. Hier wird geschlurft und gestöckelt, was das Zeug hält." Die Folge: „Gehberater geben im Fernsehen Tipps, wie man richtig läuft." Kulturtransfer hat eben seine Tücken. Erneut kann Japan dies bestätigen: Als sich vor 130 Jahren die japanische Armee anschickte, neben westlichen Uniformen

Herrensandale von Testoni, 2002

Trekkingsandale von Ecco, 2003

auch westliche Militärstiefel zu adaptieren, soll eine ganze Armee zunächst ins Straucheln gekommen sein. Da waren die Schweizer gewitzter. Wie man einem Bericht an das Militär-Departement, veröffentlicht in „Schweizerisches Militärverordnungsblatt" vom 31. Mai 1881, entnehmen kann, machte sich seinerzeit gleich eine ganze Kommission Gedanken über das passende Zweitschuhwerk des eidgenössischen Wehrmannes, nachdem die Behörden wenige Jahre vorher – nach umfänglichen Tragetests – erfolgreich auf „rationelle Stiefel" nach Hermann von Meyer umgestellt hatten. Man befürwortete am Ende ein zweites leichtes Stiefelpaar, nicht ohne bedauernd anzumerken: *„Hätten wir ein milderes Klima und würde uns die kurze Dienstdauer die nöthige Abhärtung der Füße gestatten, so könnten wir uns mit Sandalen begnügen, wie sie in der spanischen Armee allgemein getragen werden und sich im Carlistenkrieg bei Offizieren und Soldaten trefflich bewährten."* Auch das ist Geschichte. Ohne Kampfstiefel geht es heute auch in Afghanistan und im Irak nicht mehr.

Literatur

Frecot, Janos: Die Lebensreformbewegung. In: Vondung, Klaus (Hg.): Das Wilhelminische Bildungsbürgertum. Zur Sozialgeschichte einer Idee. Göttingen 1976. S. 138–152.

Gall, Günther; Wente-Lukas, Renate (Hg.): Deutsches Ledermuseum, Deutsches Schuhmuseum Katalog Heft 6. (Hg.) Offenbach 1. Aufl. 1974.

Günther, Gustav Biedermann: Ueber den Bau des menschlichen Fusses und dessen zweckmässige Bekleidung. Leipzig und Heidelberg 1863.

Linse, Ulrich: Procrustes ante Portas! Oder: Wo dem Bürgertum der Schuh drückt. In: Andritzky, Michael (Hg.): Z. B. Schuhe. Vom bloßen Fuß zum Stöckelschuh. Eine Kulturgeschichte der Fußbekleidung. Frankfurt am Main 1998 (4. Auflage). S. 72–80.

Mogge, Winfried: Von Trittlingen und Wandervogelsandalen. Anmerkungen zur deutschen Jugendbewegung: Die neue Zeit kam zu Fuß. In: Andritzky, Michael (Hg.): Z. B. Schuhe. Vom bloßen Fuß zum Stöckelschuh. Eine Kulturgeschichte der Fußbekleidung. Frankfurt am Main 1998 (4. Auflage). S. 81–89.

Thomann, Klaus-Dieter: Die Grenzen medizinischer Volksbelehrung: Gesundheitsaufklärung und Schuhmode von Pieter Camper bis in das 20. Jahrhundert. In: Würzburger medizinhistorische Mitteilungen. Bd. 10. Würzburg 1992. S. 257–291.

Sneakers in der Musik- und Jugendkultur

Patrick Angelstein

„Ich sage dies über die 80er… sie haben angefangen Schuhe zu machen, die die Grenzen überschritten haben… Basketball- und Skateschuhe, die man auf der Straße tragen konnte und wir würden alle rausgehen und sie anprobieren und alles nachmachen, was wir in Videos sahen, die Kleidung, die Schuhe, die Art, in der sich die Künstler selbst gaben… wie Werbung, diese Musikvideos hatten einen großen Einfluss."
Boma, Skateboarder, London, März 1997

Doch ist der *Sneaker* einfach nur ein Turnschuh oder eine eigene Schuhform? Im englischen Sprachgebrauch wird der Ausdruck *Sneaker* als Bezeichnung für Sportschuhe aller Art benutzt. Hierbei muss man jedoch sagen, dass der Begriff *Sneaker* eine Erfindung des 20. Jahrhunderts ist und vom Werbefachmann Henry Nelson McKinney wegen der lautlosen Fortbewegung in Turnschuhen geprägt wurde. Im Deutschen bezeichnet dieser Ausdruck allerdings eher Sportschuhe, die nicht mehr für den Sport, sondern allein für die Freizeit gedacht sind.

Wie der Sport zu seinem eigenen Schuh kam und wer ihn produzierte

Auch wenn erst seit den 1980er Jahren Sneakers sehr stark das Straßenbild prägen, so begannen sie doch ihren Siegeszug schon vor 120 Jahren. Alles fing um 1860 mit einem weißen Krocket-Schuh aus Segeltuch mit einer Gummisohle an, der in England unter dem Namen *Plimsoll* erschien und in ähnlicher Form noch immer von aktuellen Marken wie *Fred Perry* hergestellt wird. Recht bald folgten auf den *Plimsoll* in den USA Sportschuhe der 1892 gegründeten *U.S. Rubber Shoe Company*. Hier wurde ab 1917 mit dem *Keds* der erste seriengefertigte Tennisschuh für Kinder produziert. Aus ihm entstanden Dank der gewaltigen Nachfrage bei den erwachsenen Sportbegeisterten die ersten in Massen produzierten und dem *Plimsoll* recht ähnlichen Sportschuhe mit Gummisohle für Erwachsene. Doch waren es nicht die Schuhe der *U.S. Rubber Shoe Company*, die später Geschichte schreiben sollten, sondern die der Firma *Converse*, die diesen Trend im Jahr 1917 ebenfalls erkannte und ihn sich mit ihrem Sportschuh namens *All Star* zu Nutzen machte. Seine Geschichte begann in der 1908 von Marquis M. Converse in Malden (Massachusetts, USA) gegründeten *Converse Rubbershoe Company*. Hier wurde 1909 schon der erste *Converse*-Schuh aus einer Gummisohle und einem Leinwandstoff als Obermaterial unter dem Namen *Big Nine* hergestellt, der allerdings noch ein winterfester Alltagsschuh mit einem kleinen Absatz war. Er war dem später bekannten *All Star* schon sehr ähnlich. Dieser ließ jedoch bis 1917 auf sich warten. In diesem Jahr erschien der erste *All Star* im klassischen Schwarz. Ihren weitläufig bekannten Namen *Chucks* erhielten die

Schuhe dann im Jahr 1921 durch den bekannten amerikanischen Basketballspieler Charles „Chuck" Taylor, der ab dieser Zeit *All Stars* trug. Durch seine innovativen Ideen war der Schuh verbessert worden und „Chuck" Taylor wurde das Zugpferd der Produktwerbung der Marke *Converse*. Seine Unterschrift ziert noch immer das Abzeichen an der Schaftinnenseite jedes Schuhes dieser Modellreihe. Er sollte durch diesen Akt für seinen Innovationsgeist im Basketballsport über seinen Tod hinaus geehrt werden. War dieser Schuh anfangs wegen seiner technischen Entwicklung, einer dämpfenden Innensohle und seines erhöhten Schaftes einfach nur ein für seine Zeit hervorragender Basketballschuh, so wurde er im Laufe der Zeit immer mehr Ausdruck einer oder besser gesagt vieler rebellischer Generationen und Jugendkulturen.

Auf dem europäischen Festland verlief seit den 1920er Jahren eine eigene Entwicklung auf dem Sektor der Turnschuhe. Rudolf und Adolf Dassler begannen um diese Zeit ohne jeglichen Strom in der Waschküche ihrer Mutter Turnschuhe herzustellen. Aufgrund starker Differenzen zwischen Rudolf, dem Geschäftsmann, und Adolf, dem begabten Schuhmacher, trennten sich die beiden 1948. Rudolf Dassler gründete die Firma *Puma*. Adolf Dassler rief daraufhin am 18. August 1949 die heutige *Adidas AG* ins Leben. Beide Firmen dominierten gemeinsam den Sportschuhmarkt in Europa und weiten Teilen der Welt über einen langen Zeitraum. Zu dieser Zeit wurden immer mehr der heutigen großen Sportschuhfirmen ins Leben gerufen. So wurde schon 1895 die Firma *Reebok* unter dem Namen *J.W. Foster and Sons* in England gegründet. 1958 machten daraus zwei Enkel des Gründers die Marke *Reebok*, die 2005 von *Adidas* gekauft wurde. Der aktuelle Marktführer, die US-Firma *Nike*, wurde erst 1964 von dem Sporttrainer Bill Bowerman gegründet. 2003 kaufte *Nike* die Sneakerpioniere *Converse* mit der gesamten Produktpalette auf.

Der *Edelsneaker* „Trainer" der Wiener Schuhmanufaktur Ludwig Reiter

Die 1885 in Wien gegründete Ludwig Reiter Schuhmanufaktur hatte eigentlich nichts mit der Entwicklung der Sportschuhe zu tun, ist jedoch besonders als Vorreiter der rein freizeitorientierte *Sneaker* zu nennen. Hier wurde nämlich in den 1970er Jahren der erste *Edelsneaker*, ein Sportschuh, der durch seine ausgesuchten Materialien und seinen gehobenen Preis sogar zum Anzug in der Oper getragen werden konnte, auf den Markt gebracht. Er wird in ähnlicher Form noch heute in ihrem Sortiment geführt. Mittlerweile sind allerdings die *Sneakers* vieler Produzenten keine wirklichen

Sportschuhe mehr. So bemerkte Nikos Nicholaou, Designer des Schuhlabels *Acupunkture*, folgerichtig über die Entwürfe seiner Marke: *„Unsere Sneakers haben nichts mit Sport zu tun, sondern einzig und allein mit Eitelkeit und Mode."* [1]

Welche Beliebtheit jedoch *Sneakers* überall auf der Welt haben, erkennt man an den Prognosen von *Converse*, man erwartet für das Jahr 2008, dass die Grenze der ersten Milliarde verkaufter *Chucks* überschritten wird. [2]

Die US-Punkrocker „The Ramones" mit einem der wichtigsten Punkrockaccessoires, den *Chucks*

Sneakers als Ausdruck einer kulturellen (Un)Ordnung

Trotz seiner offensichtlichen Beliebtheit war der *Sneaker* nicht zu allen Zeiten und in jeder Form gesellschaftlich anerkannt und vor allem nicht in jeder Form in allen Gesellschaftsschichten so gern gesehen, wie es etwa beim *Edelsneaker* ab den 1970er Jahren der Fall war. In den davorliegenden Jahrzehnten, aber zum Teil auch danach noch, erschien der Turnschuh eher als ein Zeichen der Rebellion gegen die Gesellschaft und das Establishment. Der „rebellischste" und am stärksten mit Musik- und Jugendkultur in Verbindung gebrachte Sportschuh ist bis heute noch der *Chuck* von *Converse*. So trugen zum Beispiel einige Idole der 1950er Jahre zu einem beträchtlichen Teil recht werbewirksam den *Converse All Star* und wurden mehrfach mit diesem Schuh abgelichtet, zum Beispiel James Dean oder Elvis Presley. Der Schuh galt als das Symbol für künstlerisches Freidenken und Understatement.

Doch der Siegeszug des *Chuck* als Schuh der Jugendkultur machte nicht in den 1960er oder 1970er Jahren halt, er schritt immer weiter fort. Als Mick Jagger 1971 seine Ehefrau Bianca in St. Tropez heiratete, trug er Turnschuhe, aber nicht irgendwelche, sondern *Chucks*. Die 1974 im New Yorker Vorort Queens gegründete Punkrockband *The Ramones* war nahezu ausschließlich in Jeanshosen, Lederjacken und selbstverständlich *Chucks* zu sehen. Die Liste der Stars, die beim Tragen von *Chucks* „erwischt" wurden, ist nahezu unerschöpflich. Als ein letzter hier zu nennender, für die Musikkultur unerlässlicher *All Stars*-Träger ist sicherlich Kurt Cobain zu erwähnen. Er war der Sänger der 1987 gegründeten Band *Nirvana* und somit einer der Begründer der Grungebewegung in Seattle.

Der *Chuck* fand seine Verbreitung allerdings bei den Vertretern nahezu aller Musikgenres, vorzugsweise bei Richtungen, die mit der Rockmusik verwandt sind, als eines der wichtigsten und immer wieder auftretenden Kleidungsstücke. Aber auch im frühen deutschsprachigen Hip-Hop, etwa bei den *Fantastischen Vier*, war und ist der *All Star* ein wichtiges Accessoire. Er bleibt auch heute noch, wie *Converse* es selbst noch in der aktuellen Werbekampagne *Connectivity Campaign* mit Stars wie James Dean, Nina Hagen, Sid Vicious und vielen anderen zeigt, sicherlich der einzige *Sneaker*, der Generationen und Musikkulturen verbindet.

„Connectivity Campaign", *Converse* Werbekampagne 2008

gegenüberliegende Seite
Die US-Rapper „Run-D.M.C." bei einem Fotoshooting, natürlich mit *Adidas*schuhen

Die musikalische Innovation findet auch am Fuß statt

Der Turnschuh war generell in den populären Musikrichtungen fast immer Teil der jeweiligen „Uniform". Neben dem *Chuck* erlangten auch *Sneakers* anderer Marken „unsterblichen" Ruhm. Seit der Entstehung der Rap- und Hip-Hop-Musik waren auch die *Sneakers* vieler anderer Hersteller zu sehen.

In Deutschland entstand die *Sneakerwelle* durch zwei Schuhtypen der Firma *Adidas*: zum einen den 1969 auf den Markt gebrachten Schuh *Adidas Superstar* und zum anderen den *Adidas Campus* der 1970er Jahre. Als Stil prägende Förderer sind hier auf jeden Fall die US-Rapper der 1982 in Queens gegründeten Band *Run-D.M.C.* anzusehen, die den Sportschuh *Adidas Superstar* bis heute in der Hip-Hop-Community aktuell gehalten haben. Sie riefen auch den Trend, keine Schnürsenkel in seinen *Superstars* zu tragen, ins Leben. Und weil *Run-D.M.C. Adidas* zu ihrem Markenzeichen machten und „ihren" Schuh sogar 1986 durch *My Adidas* mit einem Song ehrten, bekam die Band von *Adidas* ein eigenes Schuhmodel. Somit wurde *Run-D.M.C.* zu einer Werbe-Ikone für *Adidas*. *Run-D.M.C.* leistete zwar Pionierdienste im Bereich der *Sneakers* im Rap, stellte aber keineswegs das Ende der Entwicklung dar. Die Rapper der *Beastie Boys* machten einen zweiten *Adidas*-Schuh geradezu unsterblich, den *Adidas Campus*, der durch die 1979 in Brooklyn gegründete Band berühmt und durch das Cover ihre Albums *Check your Head* aus dem Jahr 1992 unvergesslich werden sollte. Ebenfalls in den 1980er Jahren begeisterte der *Nike Air* die Anhänger von Hip-Hop und Rap. Er war der Basketballschuh seiner Zeit und Basketball wurde zur typischen Sportart der Rapgeneration. In den späten 1990er Jahren und besonders in jüngerer Zeit wandelte sich besonders in den USA das Selbstbild der Rap- und Hip-Hop-Generation erheblich. Sie sah sich immer weniger nur als eine

Randgruppe, die den Lebensstil der Straße zeigen wollte, sondern ihre Stars trugen zunehmend und in immer ausgeprägterer Form ihre finanzielle Potenz zur Schau. Nicht mehr der Basketball spielende Underdog-Rapper von der Straße war das alleinige Vorbild, das in Musikvideos inszeniert wurde, sondern immer häufiger der *Pimp*. *Pimp* ist wörtlich übersetzt und auch im geistigen Sinne des Rap die englische Bezeichnung für einen Zuhälter. Dieser drängt sich durch seinen verschwenderisch dargestellten Reichtum in den Mittelpunkt der Öffentlichkeit und will für sein Geld beneidet werden. Als ein eigentlich schon in den 1960ern erstmals aufgekommenes Phänomen der afroamerikanischen Kultur, faszinierte der *Pimp-Typ* in Gestalt von Rapgrößen wie *Snoop Doggy Dogg* oder *50 Cent*, der dem *Pimp* sogar 2007 mit *P.I.M.P.* seine eigene Hymne widmete, immer mehr die Jugend. Dieser Wandel spiegelte sich auch in der Schuhmode wider. Aus den vor allem sporttauglichen Sneakers der 1970er und 1980er Jahre entwickelten sich die Schuhe nunmehr in mehrere verschiedene Richtungen. Neben den wieder neu aufgelegten Oldies, wie dem *Adidas Superstar* und dem *Campus*, die nach wie vor Turnschuhe im ursprünglichen Sinne waren, gab es weiterhin die Schuhe der bekannten Marken wie *Nike*, *Converse* oder *Reebok*, die zwar von der Form noch Sportschuhe waren, die aber durch Materialien wie Lackleder und verschiedene andere glänzende oder einfach nur auffällige Stoffe ausschließlich optischen Reizen zu genügen hatten. Jedoch schossen auf einmal überall neue Schuhproduzenten aus dem Boden, die nunmehr den Markt der schon genannten *Edelsneakers* für den Rap-Fan schaffen und bedienen wollten. Firmen wie *Dada*, *Karl Kani*, *Phat Farm* oder *Fubu* spezialisierten sich fast vollkommen darauf, die gesamten Kleidungsbedürfnisse der Rap und Hip-Hop hörenden Jugend zu befriedigen und warben mit diversen bekannten Rapgrößen. Es wandelten sich in dieser Zeit nicht nur die Markenvielfalt, sondern auch die Art und Weise, die zum Teil sündhaft teuren *Sneakers* besonders zur Geltung kommen zu lassen. So traten die bei vielen Rap-Fans übergroßen Baggypants langsam in den Hintergrund und viele Anhänger dieser Bewegung begannen, ihre Socken über den Hosensaum zu ziehen, damit jeder die neue Schuhmode ohne Einschränkung bewundern konnte.

Vom Rap-Idol zum Mode-Mogul

Aber nicht nur beim Tragen der Kleidung trat ein Wandel ein, sondern auch die Einstellung der Musiker veränderte sich sichtbar. War es in den 1980er Jahren für die Rap-Stars noch üblich, sich von einer Sportschuhmarke sponsern zu lassen, wenn man im Gegenzug für sie warb, gründeten nun immer mehr Rap- und Hip-Hop-Musiker eigene Bekleidungsmarken. Viele Rapper trennen sich immer offensichtlicher von ihrer Musik bzw. nutzen diese nur noch als Werbe-Plattform für

D-Town – Hip Hop Sports Shop, Dortmund

die eigenen Labels. Eines der wohl prominentesten Beispiele dafür ist Russell Simmons, der seine Karriere als *Run* der Rapband *Run-D.M.C.* begann. Als Gründer des Musiklabels *Def Jam Records* zog er sich mehr und mehr aus dem aktiven Musikbusiness zurück, um nun neben dem Besitz einer eigenen Plattenfirma vor allem mit seinem Mode-Label *Phat Farm* als der wahrscheinlich größte schwarze Modeproduzent aufzutreten. Simmons spielte bei dieser neuen Entwicklung eine

Art Vorreiterrolle. Dabei konnte er anfangs sicherlich nicht mit dem Erfolg rechnen, den die neue Rapmode später erlangt hat. So erzählte er der Süddeutschen Zeitung: *„Als ich die erste Phat Farm Boutique in SoHo, Manhattan eröffnete, weigerten sich viele Passanten meine Mode zu akzeptieren. Wie konnte jemand, der aus dem Ghetto kam, ansagen, was stilbewusste Amerikaner zu tragen hatten?"*[3] Während man bei Simmons von einer zweiten Karriere im spätjugendlichen Alter reden kann, so schuf die Rapgröße Sean John Combs, besser bekannt unter dem Namen *Puff Daddy* oder später *P. Diddy*, schon zu seiner Zeit als aktiver Musiker sein Label *Sean John*. Seine Produktpalette hat jedoch nicht den Rapper von der Straße oder den *Pimp* als Zielgruppe, sondern fokussiert auf Geschäftsleute und andere Teile der gehobenen Gesellschaft. Er lässt daher auch *Edelsneakers* produzieren, die problemlos jeden Ausgehschuh ersetzen können. Rap- und Hip-Hop-Mode kommt somit immer mehr weg von der Straße und gelangt in die modische Welt des Alltags und der Geschäftsleute.

Sneakers als gezieltes Musik-Marketing

In den USA sind weite Teile des Musikgeschäfts, besonders im Bereich des Rap und Hip-Hop, als eine Art Ethno-Marketing anzusehen, d. h. also auf eine spezielle ethnische Gruppe zugeschnitten. So zielt ein großer Teil der amerikanischen Rap-Musik auf die schwarze Bevölkerung, obwohl diese einen immer geringeren Teil der amerikanischen Gesellschaft ausmacht. Eine Studie aus dem Jahr 2002 zeigte jedoch, dass die Afroamerikaner einen überdurchschnittlichen Medienkonsum aufweisen. Sie verbringen etwa ein Viertel mehr Zeit vor dem Fernseher und vor dem Radio, als der Bevölkerungsdurchschnitt. Das Medium Musik ist für diese unteren Gesellschaftsgruppen gerade wegen des von Stars wie *50 Cent* u. a. vorgelebten Aufstieges vom Tellerwäscher zum Millionär oder besser vom Ghetto-Kid zum Rap-Star ein bevorzugtes Mittel, mit dem man zum Nacheifern der Stars und somit zum besonderen Konsum, also vor allem zum Kauf von Kleidung und Sneakers, animieren kann. Infolge der überdurchschnittlichen Nutzung von Fernsehen und Radio wird diesem Vorhaben in Form von Musikvideos und anderen Medienauftritten eine breite mediale Plattform geliefert.

In Deutschland gibt es kein entsprechendes Ethno-Marketing, das erfolgreich für den Verkauf von Schuhmode eingesetzt werden könnte. Ganz allgemein werben Prominente aus Film, Fernsehen und Musik für spezielle Produkte. Die Jugendszene wird vor allem durch Musikvideos angesprochen, die natürlich auch das Ziel haben, dass möglichst viele Zuschauer ihren Idolen in Kleidung, Styling und Accessoires nacheifern sollen. In den 1980er und 1990er Jahren wurden Hip-Hop und Rap in Deutschland eher durch die zum Teil belustigenden Texte von Bands wie *Die Fantastischen Vier* und *Fettes Brot* bestimmt. Zurzeit dominieren mehr die neuen deutschen Gangster-Rapper wie *Sido* und *Bushido* die Szene, die einer deutschsprachigen Version des modernen amerikanischen Gangster-Raps entsprechen. Ähnlich ihren amerikanischen Vorbildern beginnen mittlerweile auch die deutschen Rapper, eigene Kleidung zu vermarkten. So hat zum Beispiel der deutsch-kurdische Rapper *Azad* eine eigene *Sneakerserie* herausgebracht. Eine Art von Ethno-Marketing scheint in Deutschland besonders bei türkischstämmigen Rappern langsam aufzukommen, steckt allerdings, gemessen am amerikanischen Vorbild, noch in den Kinderschuhen.

Musik – der Knigge der Jugendkultur oder einfach eine gute Marketingstrategie?

Doch von wem, warum oder wie die *Sneakers* auch immer vermarktet werden, man kann davon reden, dass jeder Bereich der Musik- und Jugendkultur eigene Kleidervorschriften hatte und haben wird. So lassen sich besonders in den neueren Produktionen endlose Beispiele an Songs nennen, die in ihren Texten mehr oder weniger direkt darauf ansprechen, welche Schuhe man zu tragen hat und welche nicht. Zu denken ist in der Rapmusik an Songs wie *Put ya Filas on (Zieh deine Filas an)* von *Schooly D* oder *My Adidas (Meine Adidas)* von *Run-D.M.C.* Das gilt aber auch für die Hardcore Punk-Bands *The Suicide Machines* mit ihrem *Vans Song* und *The Teen Idles* mit dem recht markenneutral gehaltenen Song *Sneakers*.

Man muss diese oder jene Schuhe tragen, um Teil einer bestimmten Gruppe zu sein, die besonders durch die Medien definiert wird. Die eine Gruppe sieht es ernster, die andere liberaler, aber es war und ist immer gern gesehen und erwünscht, dass man der Kleideretikette entspricht. Was der schwarze Herrenlederschuh für die gehobene Gesellschaft darstellt, ist in ähnlicher Form der *Sneaker* bzw. Turnschuh in seinen verschiedenen Ausführungen für die unterschiedlichen Richtungen der Musik- und Jugendkultur, die sich einer Musikrichtung verbunden fühlen.

Heute wie auch schon in den 1950er Jahren identifiziert sich ein Teil der Jugend derart intensiv mit ihren Idolen, dass sie deren Lebenswandel und besonders deren Kleidungsstil kopieren möchte. Doch erst in den vergangenen Jahren wurde von der Bekleidungsindustrie erkannt, dass ein Rap- oder Punkstar mehr wert ist als die Einspielergebnisse seiner Songs. Jeder Star wird zunehmend als Marke entwickelt, bewertet und vermarktet, die auch im Zielgruppen-Wettbewerb der Schuhanbieter genutzt werden kann.

Anmerkungen I Literatur

[1] Kaloff, Susanne: 100 Jahre Chucks. Zur Schau getragenes Understatement, in: Stern.de, 22.5.2008.

[2] Fischer, Jonathan: Hip-Hop-Mode. Nicht ohne meine Sneakers, in: sueddeutsche.de, 24.10.2006.

[3] Jackson, Jennifer: Sneaker Chic, in: Harper's Bazaar, April 1998, S. 218.

Farrelly, Liz (Hg.): Sneakers. Size isn't everything, London 1998.

Glarner, Karin: Sneakers, Zürich 2003.

Keßler, Norma / Himmelberg, Wolfgang (Hg.): Sneakers – Das Ultimative Handbuch, München / Berlin / London / New York 2005.

Pattinson, Angela / Cawthorne, Nigel: Schuhe. Moden & Designs im 20. Jahrhundert, Niedernhausen 1998.

Steele, Valerie: Schuhe, Köln 1999.

Weiche Füße oder harte Sohlen? Fußbekleidung, Fußschmuck und barfuß laufen in Äthiopien

Susanne Epple

Äthiopien ist ein multikulturelles Land. Es leben hier mehr als 120 verschiedene ethnische Gruppen mit teilweise sehr unterschiedlichen Kulturen. Einige von ihnen leben im Hochland auf bis zu 3000 Metern Höhe, andere mehr am Rand des Landes im tropischen oder trockenen Tiefland. So unterschiedlich wie das Klima sind daher nicht nur die Lebensweisen der verschiedenen Völker, sondern auch die Bekleidung der Menschen. Während es im Hochland oft kühl und während der Regenzeit auch sehr nass werden kann, so ist es im Tiefland, je nach Region, heiß, trocken oder auch tropisch feucht. Von den knapp 80 Millionen Einwohnern Äthiopiens leben immer noch rund 80 % der Bevölkerung von der Landwirtschaft. Sie produzieren hauptsächlich verschiedene Getreidearten (z. B. Hirse, Sorghum, T'ef, Mais), Kaffee und verschiedene Gemüse und Hülsenfrüchte für den eigenen Verbrauch, versorgen aber teilweise auch die Bevölkerung in den Städten mit. In vielen Regionen wird Vieh gehalten, vor allem Rinder Schafe und Ziegen, in einigen Regionen auch Kamele. Grundsätzlich gilt: Wer auf dem Land arbeitet, muss gut zu Fuß sein. Dies gilt vor allem in den Regionen, wo Viehhaltung eine zentrale Rolle spielt und Hirten oft weite Strecken mit ihrem Vieh zurücklegen, um ausreichend Weide und Wasser zu finden. Wer hingegen in der Stadt lebt, besonders in der Hauptstadt Addis Abeba, wird vermeiden zu Fuß zu gehen . Mit dem Auto zu fahren und die Füße zu schonen erhöht hier das Ansehen – wenn man es sich denn leisten kann. Aber auch wer wenig Geld hat wird versuchen, gepflegte Füße und Schuhe zur Schau zu stellen.

In der Hauptstadt: Addis Abeba

Mit der Öffnung des Landes nach 1992 durch den Sturz des sozialistischen Regimes und dem Einzug der Marktwirtschaft sind neue Einflüsse und Moden hinzugekommen. So gibt es neben modernen Schuhen aus dem Ausland nun auch neue Stilrichtungen in der traditionellen Schuhmode. In Shiromeda, einem Stadtteil im Norden der Hauptstadt werden traditionelle Kleidungen aus handgewebten Stoffen und auch Schuhe aus Leder, Stoff und Kunststoff angeboten. Nicht nur Einheimische, auch Touristen kommen hierher, um sich an den Ständen und kleinen Geschäften einzukleiden. Seit wenigen Jahren findet man nun immer mehr Varianten von Kleidern und Schuhen und auch Materialien, was teilweise auf den wachsenden Tourismus zurückzuführen ist. Grundsätzlich legen die meisten Äthiopier sehr viel Wert auf ihre äußere Erscheinung. Das drückt sich nicht nur in Kleidung und Haartracht aus, sondern in den Städten besonders auch über die Schuhe und Füße. Gepflegte Schuhe und Füße sind Zeichen von Sauberkeit aber auch Wohlstand. Und wer wenig hat, tut doch so, als habe er mehr ...

„Wenn du Geld in der Tasche hast, so solltest du auch saubere Schuhe haben!"
(Kunde bei Schuhputzer)
Die vielen Schuhputzerjungen an zahlreichen Ecken von Addis Abeba haben stets großen Kundenandrang. *Listros* nennt man sie, ein Begriff der an die wenigen Jahre italienischer Besetzung Äthiopiens erinnert (*lustro* ist italienisch und bedeutet „Glanz", *lustrascarpe* bedeutet „Schuhputzer"). Selbst in Zeiten von Inflation und wachsender Armut haben die *Listros* gleichen Kundenandrang. „Einige meiner Kunden kommen jeden Tag, egal ob ihre Schuhe schmutzig oder sauber sind", berichtet ein Schuhputzer. „Sie kommen von überall. Ich habe ältere und junge Kunden, einige sind reich und fahren mit Autos, andere sind arm. Die meisten sind männlich." Schuhputzerjungen bedienen durchschnittlich 10–20 Kunden pro Tag. Für jeden Auftrag bekommen sie einen äthiopischen Birr (ca. 7 Eurocents). Das reicht gerade, um die nötigsten Ausgaben zu decken, manchmal noch nicht einmal hierfür. Warum lassen viele Äthiopier ihre Schuhe auf der Straße putzen, selbst wenn sie wenig Geld verdienen? Die Erklärungen einiger *Listro*-Kunden zeigen, dass Schuhe Status-Symbole sind: „Meiner Meinung nach ist es sehr wichtig, saubere Schuhe zu haben – je nachdem, wo man den Tag verbringt. Wenn man schöne Schuhe hat, fühlt man sich gleichwertig mit anderen, auch wenn man weniger Geld hat" erklärt ein junger Mann, der regelmäßig zu den *Listros* geht. Eine Kundin erklärt: „Ich fühle mich selbstbewusster, wenn meine Schuhe sauber sind. Saubere Schuhe sind ein Zeichen dafür, dass jemand Wert auf persönliche Hygiene legt. Besonders wenn ich mich mit Freunden treffe oder ins College gehe, ist es wichtig für mich, sehr gepflegte und saubere Schuhe zu haben." Die meisten Kunden berichten, dass sie ein gutes Verhältnis zu den *Listros* haben, und viele haben ihre Stamm-Putzer, die sie regelmäßig besuchen und mit denen sie manchmal sogar ein freundschaftliches Verhältnis aufbauen. „Manchmal gehe ich dreimal am Tag zum Schuhe putzen! Ich liebe es einfach, meine Schuhe sauber zu sehen! Und wenn ich eine Verabredung mit meiner Freundin habe und zu früh dran bin, dann bleibe ich oft noch bei den *Listros* sitzen und unterhalte mich mit ihnen, um die Zeit zu überbrücken." Die Vorstellung, die Schuhe selbst zu putzen, kam allen Kunden abwegig vor. Nicht nur ist der Service der *Listros* relativ preisgünstig, man vertraut auch auf ihr Können und darauf, dass gepflegte Schuhe länger halten. Männer gehen regelmäßiger zu den *Listros*, wohl auch, weil sie eher geschlossene Schuhe tragen. Frauen hingegen tragen gerne Sandalen, bei denen es weniger zu reinigen gibt. Viele Frauen investieren ihr Geld jedoch zusätzlich in die Pflege und Verschönerung ihrer Füße.

„Wenn meine Nägel lackiert sind und ich Sandalen trage, dann sehen meine Füße wunderschön aus und ich fühle mich glücklich!"
(Besucherin eines Beauty-Salons)

Pediküre gibt es in Äthiopien seit ca. 20 Jahren, aber das kunstvolle Bemalen von Hand- und vor allem von Fußnägeln mit verschiedenen Farben und Mustern ist eine neue Mode. Besonders jüngere Frauen kommen regelmäßig einmal die Woche in die vielen Beauty-Salons. Aber auch ältere Damen kommen zu besonderen Gelegenheiten, zum Beispiel wenn sie auf eine Hochzeit eingeladen sind. In den Beauty-Salons lassen sie sich die Haare machen, Hände und Füße behandeln und ihre Nägel kunstvoll gestalten. „Die meisten Kunden wünschen heute *design*, das heißt sie möchten die Fußnägel mit mehreren Farben lackiert bekommen," erklärt eine Angestellte eines Beauty-Salons. „Manche lassen sich auch künstliche Nägel ankleben, sowohl an Händen als auch an Füßen, um die Nägel zu verlängern. Trotz steigender Lebenshaltungskosten und erhöhter Preise bei uns haben wir immer mehr Kundinnen." Ein Besuch im Beauty-Salon kostet immerhin 10 bis 20 Birr, nur für die Pediküre. Das ist für eine Normalverdienerin, z. B. für eine Sekretärin, die durchschnittlich 800 Birr verdient, nicht wenig. Die Gestaltung der Nägel ist individuell: „Die Farben für den Lack suche ich selber aus. Sie sollen zu meinen Sandalen passen", erklärt eine junge Kundin. „Ich fühle mich einfach wohl mit lackierten Finger- und Fußnägeln. Zudem: Wer heute als modisch gelten will, sollte lackierte Fußnägel haben." Eine zweite Kundin ergänzt: „Besonders im Sommer, wenn ich Sandalen trage, lege ich Wert auf lackierte Nägel. Wenn man gepflegte Füße hat, wird man von Kollegen und Mitarbeitern respektvoller behandelt." Während Füße in der Hauptstadt bei denen, die es sich leisten können, eher zum Herzeigen dienen, so müssen sie auf dem Land doch eher zum Laufen herhalten. Weite Strecken zurücklegen zu können, starke Füße und Beine zu haben und vor allem auch unempfindliche Fußsohlen, sind hier nicht nur notwendig, sondern auch kulturelles Ideal.

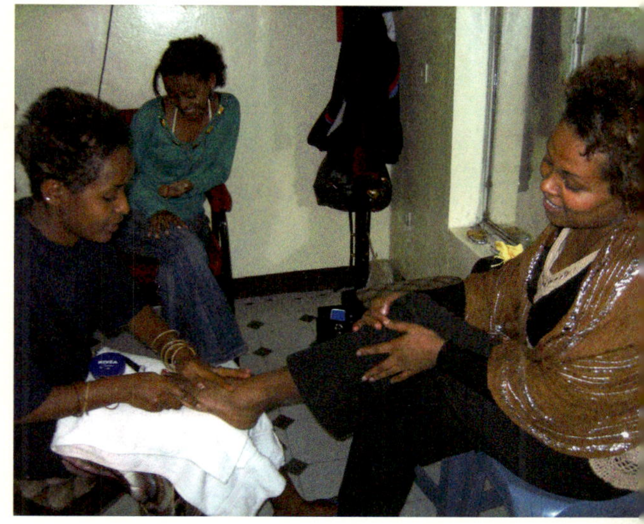

Das Leben der Hirten im Süden: die Hamar und Bashada

Die Hamar und Bashada leben ganz im Süden Äthiopiens in der Region Süd Omo. Sie sind, wie die meisten ihrer ethnischen Nachbarn, Agropastoralisten, das heißt sie leben von Ackerbau und Viehzucht. In der Trockenzeit gehen die Hirten mit ihren Rinderherden in Regionen, wo noch Gras und Wasser zu finden sind.

„Unsere Männer laufen viel. Sie gehen auf die Jagd, sie ziehen in den Krieg, sie hüten und tränken das Vieh, sie holen Honig im Busch..."
(Choke Bajje aus Hamar)
Es sind vor allem die jungen Männer, die mit dem Vieh unterwegs sind, aber auch Mädchen und Frauen laufen oft weit. In trockenen Jahren beispielsweise sind die Felder oft weiter entfernt vom Dorf als in regenreichen, sodass Familien eine bis zwei Stunden Fußmarsch zurücklegen müssen, um dorthin zu gelangen. So lernen schon Kinder früh weite Strecken zurückzulegen und haben Hornhaut

unter den Füßen. „Ausländer und Hochlandäthiopier haben weiche Füße, weil sie die Füße immer waschen und dann Schuhe anziehen", erklärt Choke aus Hamar, „unsere Füße werden nicht weich." Frauen und Kinder laufen oft barfuß. Seit wenigen Jahren tragen auch sie immer häufiger die Gummisandalen, die aus Autoreifen gemacht werden und für wenig Geld auf dem Markt zu kaufen sind. Bevor es Gummisandalen gab, sind die Hamar und Bashada entweder barfuß gelaufen oder sie trugen Ledersandalen, die sie selber herstellten.

Das Herstellen der Sandalen

Sandalen können aus Büffel-, Elefanten- oder Giraffenleder hergestellt werden, sowie aus dem Leder der *Oryx*-Antilope und der Wamme eines Stieres. Wenn ein Mann einen Büffel erlegt, so schneidet er die Haut gemeinsam mit seinem Jagdgefährten in Streifen. Während das Fleisch des Tieres an Verwandte und Nachbarn aufgeteilt wird, so muss er die Haut an bestimmte Leute aufteilen: an seine Mutter, den Bruder seiner Mutter, seinen älteren Bruder und seine Altersgenossen. Einige Stücke verschiedener Organe und auch der Haut werden an die Männer der Dorfgemeinschaft gegeben und zum Dorfplatz gebracht. Dort wird ein Jagdritual abgehalten und werden die Jäger gesegnet, sodass sie auch bei zukünftigen Unternehmungen erfolgreich jagen werden.

Das Büffelleder wird zum Herstellen von Sandalen, aber auch Frauengürteln und Lederpeitschen verwendet. Choke erklärt, wie das Leder bearbeitet werden muss: „Das sehr harte Leder wird zunächst eingegraben. Nach einiger Zeit wird es wieder aus dem Boden geholt und mit einem Stock so lange geschlagen, bis es elastisch wird. Dann wird es mit Butter und zerstampften *mokala*-Beeren eingerieben, um es noch weicher zu machen[1]. Anschließend wird es zum Trocknen in die Sonne gelegt und am nächsten Tag wieder geschlagen. Wenn es elastisch genug ist, gibt man das Leder einem Spezialisten, der die Sohlen genau auf den Fuß des zukünftigen Trägers zuschneidet und die Riemen anbringt. Wenn die Sandalen fertig sind, müssen sie eingelaufen werden, bis das Leder noch weicher geworden ist. Auch die Riemen werden noch einige Male mit Butter und *mokala* eingerieben, bis sie nicht mehr in die Füße schneiden. Neue Sandalen machen quietschende Geräusche, sodass man den Träger schon von Weitem her kommen hört. Wenn jemand hingegen Autoreifensandalen trägt, so hört man nichts." Am häufigsten wird zum Herstellen von Sandalen Büffelleder verwendet, besonders heute, wo Wildtiere immer seltener sind und das Jagen offiziell verboten ist. Die haltbarsten Sandalen sind jedoch die aus Giraffenleder; sie können bis zu vier Jahre getragen werden.

Prinzipiell darf jeder die Ledersandalen anziehen, Männer, Frauen und Kinder. Tatsächlich sieht man sie allerdings hauptsächlich bei älteren Männern. Junge Männer bevorzugen Autoreifensandalen, denn das Herstellen von Ledersandalen ist zeit- und arbeitsaufwendig, und Autoreifensandalen können für wenig Geld, ca. 7–10 Birr, auf dem Markt gekauft werden. Obwohl es bei den Hamar und Bashada keine strengen Beschränkungen gibt, wer Sandalen anziehen darf und wer nicht, dennoch kann man an den Schuhen eine gewisse soziale Ordnung erkennen: Es tragen eher Männer Schuhe als Frauen und eher ältere als jüngere. Kleinere Kinder haben meistens noch keine Sandalen, sie laufen barfuß. Jungen fangen mit ca. 7 Jahren an, Ziegen und Rinder in der Nähe der Gehöfte zu

vorhergehende Seiten
linke Seite
Schuhstand in Shiromeda

Schuhputzer Aratkilo

rechte Seite
Beauty-Salon, Pediküre

Choke mit Büffelleder-sandalen

hüten. Nun bekommen sie ihre ersten Sandalen, oft zunächst die alten Schuhe ihrer Väter oder älteren Brüder, die auf ihre Größe zurechtgeschnitten werden. Seit es die relativ preiswerten Sandalen aus Autoreifen gibt, kaufen Väter ihren Söhnen immer früher Sandalen, um sie vor den Dornen im Busch zu schützen. Die Mädchen und Jungen, die die Schule besuchen, bekommen ebenfalls früh eigene Sandalen. Da die Kinder im Gehöft jedoch meistens barfuß laufen, haben sie auch heutzutage immer noch Hornhaut unter den Fußsohlen.

Fußschmuck der Frauen

Abgesehen von eingeritzten Mustern in den Schuhsohlen der Autoreifensandalen gibt es keine Moden bei der Fußbekleidung. Dennoch ziehen auch im Süden Äthiopiens die Mädchen und Frauen die Blicke auf ihre Füße, indem sie sie mit schweren Eisenringen schmücken.[2] Die sogenannten *zau* werden speziell von Schmieden angefertigt und oberhalb der Fußknöchel und auch an den Unterarmen getragen. Väter oder ältere Brüder kaufen die Ringe für ihre Töchter und Schwestern. Traditionell wurden die Schmiede mit Rindern oder Ziegen bezahlt, heute auch oft mit Bargeld. Mit einem Rind konnte ein Vater genügend Ringe für beide Beine seiner Tochter erstehen. Um zu starke Reibung der Knöchel durch die Ringe zu verhindern, binden sich die Frauen und Mädchen Bänder aus Büffelleder unter die *zau*. Dennoch ist ein Mädchen, das neue Ringe um die Beine hat, zunächst beim Gehen behindert und kann in den ersten Monaten nicht weit gehen. Doch selbst wenn die Leute sagen „Nimm sie doch ab!", behält ein Mädchen die Ringe an und trägt sie, bis sie sich an sie gewöhnt hat. Später, wenn sie heiratet und Kinder bekommt, hat sie sich längst an die Ringe gewöhnt. Sie sind Teil ihres Körpers geworden, sagt man. Nun geht sie weite Strecken mit ihnen. Choke aus Hamar erklärt: „Ob sie *zau* trägt oder nicht – das merkt ein Mädchen gar nicht mehr. Sie nimmt sie niemals ab. Erst später, wenn der Sohn desjenigen, der ihr die Ringe gegeben hat, initiiert wird, wird sie einen Ring abnehmen für ihn. Bevor sie nicht einen Ring für diesen Jungen abgenommen hat, darf sie für niemand anderen einen abnehmen. Das ist verboten."[3] Heutzutage sieht man immer weniger Mädchen und Frauen mit *zau* an den Beinen. Immer seltener bringen die Schmiede sie nach Hamar. Stattdessen tragen viele heute schmalere und leichtere Ringe aus Messing oder Eisen um die Unterarme, aus Messing oder Aluminium um die Oberarme und meistens gar keine Ringe um die Beine.

Füße mit Eisenringen

Bashadafrauen

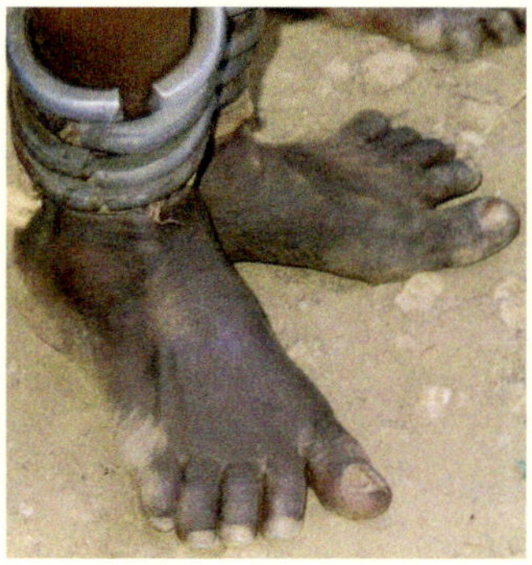

Rituelle und magische Bedeutung von Sandalen und Fußabdrücken

Wie oben erwähnt, dürfen in Hamar und Bashada prinzipiell sowohl Männer als auch Frauen und Kinder Sandalen tragen. Es darf jedoch nicht jeder die Schuhe von jedem anziehen. So dürfen beispielsweise die ältesten Söhne nicht die Sandalen ihrer Väter anziehen. Vor allem aber soll eine Frau nicht die Schuhe ihres Sohnes anziehen. Sie kann dies allerdings tun, wenn ihr ältester Sohn erwachsen ist und heiratet, um hiermit zu verhindern, dass ihre Schwiegertochter und sie selbst gleichzeitig schwanger werden. Das rituelle Anziehen der rechten Sandale ihres Sohnes wirkt hier wie eine Art magische Empfängnisverhütung. Wenn der älteste Sohn seine Braut zu sich holt, so nimmt seine Mutter zunächst ihr *binyere*, ihren Halsschmuck, ab. Man sagt, sie tut das für ihre Schwiegertochter, die nun ein *binyere* trägt und Kinder gebären soll, denn wenn Schwiegermutter und Schwiegertochter gleichzeitig Kinder bekämen, so würde dies Unglück bringen. Um dies zu verhindern, ziehen manche Frauen für einen kurzen Moment den rechten Schuh ihres Sohnes an. Hiernach wird sie nicht mehr schwanger werden. Einige Frauen fordern ihre Männer zusätzlich auf, eine Zweitfrau zu heiraten, die ihr, der Älteren, im Haushalt helfen soll, wenn ihre eigenen Kinder aus dem Haus sind. Um die Kinder der Zweitfrau wird die Ältere sich mit kümmern. Viele ältere Frauen nehmen auch einige Kinder ihrer Töchter zu sich, um sie großzuziehen und von ihnen im Alltag unterstützt zu werden.

Sandalenorakel

Sandalen werden jedoch nicht nur am Fuß getragen, sie werden auch zur Divination (Wahrsagen) benutzt. Es gibt verschiedene Arten der Divination in Hamar und Bashada. Hierzu gehören das Lesen in den Eingeweiden einer Ziege, das Beobachten der Sterne und das sogenannte „Schlagen der Sandalen". Ein Experte, *moara* genannt, schlägt hierfür ein paar Sandalen aufeinander und wirft sie vor sich auf den Boden. An der Lage der Sandalen, in der sie aufkommen, liest er dann die Antwort auf eine gestellte Frage ab. Jeder *moara* hat seine eigenen Sandalen, die er in seinem Haus aufbewahrt. Die meisten *moara* verwenden kleine Lederstücke, die die Form von Sohlen haben und Sandalen symbolisieren sollen. Es gibt jedoch auch *moara,* die echte Sandalen benutzen. Das Material spielt hierbei keine Rolle, es können Sandalen aus Büffel- Rinds- oder Giraffenleder sein. Es gibt heutzutage sogar einen jungen *moara,* der Gummisandalen aus Autoreifen benutzt. Ein *moara* wird zu verschiedenen Fragen konsultiert. Sehr häufig sind Fragen zu der Ursache und auch Behandlung von Krankheit oder Unglück. Aber auch Fragen, die die Gemeinschaft betreffen, werden gestellt, zum Beispiel wenn der Regen ausbleibt oder die Ernte ausfällt, aber auch vor Raubzügen oder Jagden werden die *moara* konsultiert, um Unglücke zu vermeiden.[4] Nicht nur Schuhe, auch Fußabdrücke können verschiedene Bedeutungen haben. Früher, als die meisten Hamar noch barfuß liefen, hat man die Leute an ihren Fußspuren erkannt und wusste so, wer welchen Weg entlang gegangen war. Heutzutage identifiziert man jemanden an den Abdrücken seiner Autoreifensandalen. Zwar sehen alle Sandalen, abgesehen von der Größe, gleich aus, aber die jungen Leute schnitzen sich verschiedene Muster in ihre Schuhsohlen, sodass jede Sandale individuell erkennbar ist. Fußabdrücke dienen jedoch nicht nur als Erkennungszeichen, sie haben auch eine rituelle und magische Bedeutung. Jungen in Hamar und Bashada werden ungefähr im Alter von 8–10 Jahren beschnitten.

Bis ihre Wunden verheilt sind, leben diese Jungen etwas abseits der Gesellschaft und verbringen ihre Tage in kleinen Gruppen im Busch, wo sie Vögel und andere kleine Tiere jagen. Vor allem der Kontakt mit Schwangeren und jungen Frauen ist gefährlich für sie, denn wenn diese ihre Wunde sähen, so würde sich diese entzünden, sagt man. Aber auch ihre Fußspuren im Sand gefährden sie: Nyeboko aus Bashada erklärt, dass Erwachsene, beschnittene Jungen und verlobte Mädchen die frisch Beschnittenen beleidigen dürfen, indem sie so tun, als würden diese stinken: „Wenn sie dich sehen, sagen sie: ‚*Eeeh*, die beschnittenen Jungen! *Eeouph*, ist hier ein wildes Tier vorbeigekommen? Was stinkt hier so fürchterlich?', und halten sich die Nasen zu. Wir antworten dann schnell ‚*Woi, woi, woi!*', als hätten sie uns beim Namen gerufen. Würden wir das nicht tun, so würden sie uns unsere Pfeile und Bögen wegnehmen und unsere Fußspuren aufsammeln. Dann würden unsere Wunden anschwellen und sich infizieren. Sie heilen schwer, deshalb antworten wir so schnell!" Um ihre Söhne zu schützen, fegen daher die Mütter der Beschnittenen den Boden vor ihren Häusern, wenn die Jungen morgens gemeinsam aufbrechen, um den Tag im Busch zu verbringen.

Fußabdrücke können auch für positive Magie verwendet werden, nämlich um sicherzustellen, dass ein Reisender heil nach Hause zurückkehrt. Hierfür wird sein Fußabdruck zusammengefegt und der Sand in einem Tüchlein ins Haus gehängt. Anschließend wird er gesegnet. All dies stellt sicher, dass er gesund nach Hause zurückkehren wird. Bevor Jammo, ein junger Mann aus Bashada, als Soldat für die äthiopische Armee in den Krieg ging, hatte sein Vater Nakwa seine Fußabdrücke zusammengefegt und den Sand in sein Haus gehängt. Dann segnete er ihn. Und tatsächlich ist Jammo einer von nur drei Männern aus Bashada, die nach vielen Jahren lebend zurückkamen.

Schluss

In Äthiopien als Vielvölkerstaat finden sich viele verschiedene Kulturen und Lebensweisen, die sich auch in Kleidung und Schmuck ausdrücken. So unterschiedlich jedoch die Kulturen sind, besonders heutzutage der Gegensatz von Stadt und Land, so gibt es doch auch viele Gemeinsamkeiten, wenn sie auch auf den ersten Blick nicht sichtbar werden. Zwar legt man in Addis Abeba offensichtlich besonders viel Wert auf eine vornehme und gepflegte Erscheinung von Schuhen und Füßen, während auf dem Land das Gehen im Vordergrund steht, so wird doch auch in den abgelegensten Gegenden durch besonderen Schmuck der Blick auf die Füße gelenkt. Eine weitere überraschende Gemeinsamkeit ist, dass in religiösen Kontexten Schuhe abgelegt werden müssen. Eine orthodoxe Kirche darf man nur ohne Schuhe betreten und äthiopische Mönche oder Nonnen gehen grundsätzlich barfuß. So sieht man auch in der Hauptstadt immer wieder Menschen, die aus kulturellen oder religiösen Gründen ohne Schuhe gehen. Und auch in Hamar und Bashada, wo das Tragen von Sandalen immer häufiger und selbstverständlicher wird, müssen Schuhe abgelegt werden, wenn gewisse Rituale ausgeführt werden, zum Beispiel wenn ein Schaf für die verstorbenen Ahnen geschlachtet wird. So muss denn ein Artikel über Schuhe oder Fußbekleidung in Äthiopien, der die kulturellen Besonderheiten der verschiedenen dort lebenden Menschen mit einbeziehen soll, auf jeden Fall die Füße, und vor allem auch das barfuß Laufen mit einbeziehen.[5]

Anmerkungen I Literatur

[1] *Mokala*-Beeren werden zerstampft und Tierhäute mit dem Brei eingerieben, um sie zu gerben.

[2] Männer und Frauen, aber besonders Frauen und Mädchen bei den Hamar und Bashada schmücken sich auf vielerlei Art und Weise. So verzieren sie beispielsweise ihre Lederröcke und Schürzen mit Metallperlen, die sie selbst aus Nägeln herstellen, und besticken sie mit bunten Perlen und Kaurischnecken, die auf den lokalen Märkten erstanden werden können. Auch um den Hals werden Ketten getragen, und während die Frisuren verheirateter Frauen stets gleich aussehen, unterliegt der Haarschmuck der Mädchen ebenfalls wechselnden Moden: Sie können auf verschiedene Art geflochten werden. Zusätzlich tragen Mädchen und Frauen Metallringe um den Hals, *issante* genannt, sowie um Oberarme, Unterarme und Fußknöchel.

[3] Ein Initiant in Hamar und Bashada hat mehrere rituelle Assistenten und Assistentinnen. Eine ist eine klassifikatorische ältere Schwester, die er um einen der Eisenringe bittet, die sie um Arme oder Beine trägt. Durch diese Gabe wird sie seine rituelle Schwester; der Ring erlaubt ihm, Milch von allen Kühen zu trinken. Zuvor war die Milch einiger Kühe tabu für ihn (Epple 2007: 182).

[4] Siehe mehr zur Divination in Hamar in Strecker 1976 und Strecker 1979.

[5] Ich danke Frau Hanna Getachew aus Addis Abeba und Herrn Choke Bajje aus Hamar für ihre Mitwirkung an diesem Artikel. Außerdem danke ich dem DAAD und dem SFB 295 der Universität, die meine Forschung bei den Bashada unterstützt und lange Jahre finanziert haben. Ich danke ebenfalls meinem Doktorvater Prof. Ivo Strecker und Frau Jean Lydall, die mich all die Jahre unterstützt haben und von denen ich sehr viel gelernt habe. Abschließend danke ich den Bashada, die mich seit 1995 immer wieder willkommen heißen und mich an ihrem Leben teilhaben ließen.

Epple, Susanne: The Bashada of Southern Ethiopia. A Study of Age, Gender and Social Discourse. Köln, im Druck.

Epple, Susanne; Brüderlin, Tina (eds.): Convergence and Divergence – The Diversity of Material Culture in South Omo, Working papers of the SORC, Nr. 2, 2003, (Online publication at http://ietpd1.sowi.uni-mainz.de/SORC/content/view/58/41).

Epple, Susanne; Brüderlin, Tina: The Pride and Social Worthiness of Women in South Omo, Working papers of the SORC, Nr. 3, 2004, (Online publication at http://ietpd1.sowi.uni-mainz.de/SORC/content/view/58/41).

Lydall, Jean; Strecker, Ivo: The Hamar of Southern Ethiopia Vol. I – Work Journal, Hohenschäftlarn, 1979 a.

Lydall, Jean: The Hamar of Southern Ethiopia Vol. II – Baldambe explains, Hohenschäftlarn, 1979 b.

Strecker, Ivo: Traditional Life and Prospect for Socio-Economic Development in the Hamar Administrative District of Southern Gamo Gofa. A Report to the Relief and Rehabilitation Commission of the Provisional Military Government of Ethiopia, [unpublished manuscript], 1976a, (Online: www.uni-mainz.de/Organisationen/SORC/content view/58/41).

Strecker, Ivo: Hamar Speech Situations. In: Bender, M. L. (ed.): The Non-Semitic Languages of Ethiopia. East Lansing: African Studies Center, 1976 b, pp. 583–96.

Strecker, Ivo: The Hamar of Southern Ethiopia. Vol. III. Conversations in Dambaiti. Arbeiten aus dem Institut für Völkerkunde der Universität zu Göttingen. Hohenschäftlarn, 1979.

Maßschuhe – Wie eine zweite Haut

Gudrun Eiden

Auch nach einem Vierteljahrhundert hat die Schuhmacherin Lampenfieber, wenn sie – wie eigentlich schon so oft in ihrem Leben – ein Paar maßgefertigte Schuhe ausliefert. Cäcilie Becker ist Schuhmacherin aus Leidenschaft und aus diesem Grunde nicht vor Nervosität gefeit, wenn ihr Kunde zum ersten Mal die fertigen Maßschuhe anprobiert. Es kommt sogar vor, dass die ausgeputzten Schuhe noch für eine kurze Zeit im Regal landen, bis die selbstständige Schuhmacherin bereit ist, das Paar auszuhändigen. Es ist nicht so, dass sie sich nicht von ihrem Produkt lösen könnte. Es ist vielmehr die Reaktion des Kunden, die diese Situation für Frau Becker so spannend macht. Tausend Fragen gehen ihr durch den Kopf: Ist der Schuh so geworden, wie der Kunde ihn sich vorgestellt hat? Finden Fuß und Schuh zu einer Einheit? Ist der Schuh so, wie der Kunde es liebt, ihn zu tragen? Wenn dann eine überraschte Kundin sagt: *„Ich spüre den Schuh ja gar nicht"*, weiß Frau Becker, dass sie ihre Arbeit sehr gut gemacht hat.

Der Faktor Mensch

In der Werkstatt von Frau Becker wird mit Hilfe eines Scanners Maß genommen. Die Füße der Kunden werden von unten gescannt. Die Schuhmacherin nimmt ohne Belastung des Fußes Maß. Einige Schuhmacher nehmen unter Belastung Maß, das ist ganz von den Erfahrungen des jeweiligen Handwerkers abhängig, wie er den Fuß am besten beurteilen kann. Anhand der Abbildung kann die Fachkundige feststellen, ob es sich um einen Hohl- oder Plattfuß handelt, ob es Fußfehlstellungen gibt oder ob der Fuß abknickt. Der gescannte Fußabdruck stellt die erste Dimension des Maßnehmens dar. Die zweite Dimension beinhaltet das Abmessen von Umfang, Spann, Fersenbreite und Knöchelhöhe. Diese Daten werden mit einem einfachen Maßband und einem Tastzirkel genommen. Die dritte Dimension ist eigentlich nicht messbar und somit am schwierigsten festzustellen – der Faktor Mensch. Hier sind besondere Menschenkenntnis unc Einfühlungsvermögen gefragt. Was möchte der Kunde? Wie liebt er es, seine Schuhe zu tragen? Wie sindsein Auftreten, sein Verhalten und sein Ausdruck? Gibt es Empfindlichkeiten an den Füßen oder gesundheitliche Probleme wie Kreislaufstörungen, rheumatische Beschwerden oder Zuckerkrankheit? Welche Motivation steckt hinter dem Wunsch, Maßschuhe fertigen zu lassen? Diese und weiterführende Fragen ergeben die dritte Dimension des Maßnehmens. Die Schuhmacherin achtet beim Gespräch auf jede Information, die für die handwerkliche Arbeit entscheidend ist und letztendlich dem Schuh seine Form gibt.

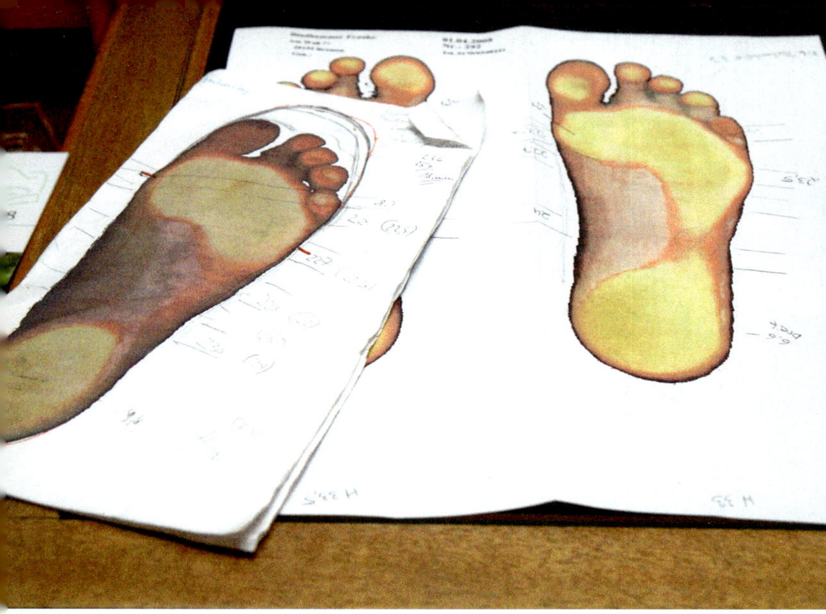

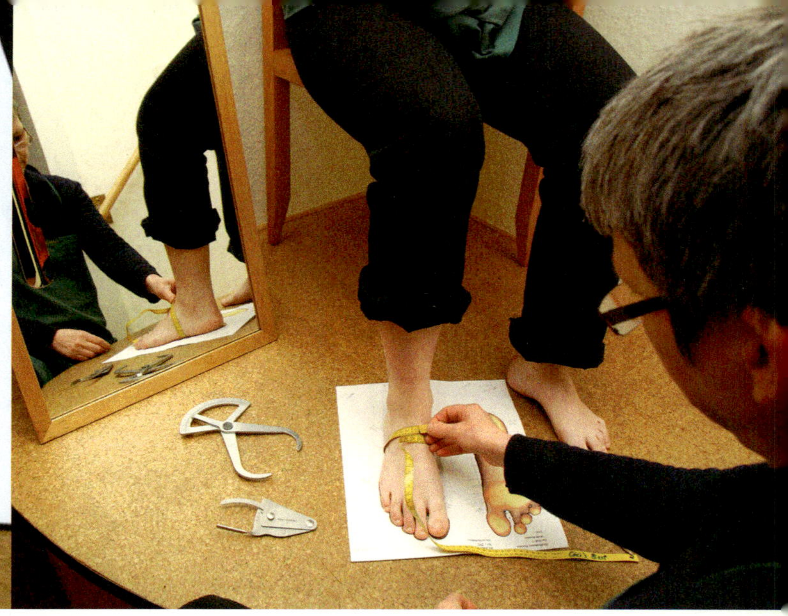

Das passende Material zum passenden Modell

Leder ist nach wie vor das geeigneteste Material für Schuhe. Es schützt den Fuß bei jedem Wetter; es ist luftdurchlässig und gut zu verarbeiten. Die Auswahl an Ledersorten ist groß: Rind-, Pferde-, Ziegen- oder Hirschleder gehören eher zu den klassischen Sorten. Manche Kunden lieben exotische Ledersorten wie von Elefant, Krokodil, Eidechse oder Haifisch sowie von Straußen- oder Gänsebein. Der Kunde hat die Qual der Wahl. Dennoch ist darauf zu achten, dass Schuhmodell und Lederwahl zu einer Einheit werden. Rindboxleder ist nicht das zweckmäßige Material für einen feinen Damenschuh. Für festeres Schuhwerk dagegen ist es bestens geeignet, da das robuste Leder aus sehr festen Fasern besteht und in der Regel bis zu 20000 Beugungen aushält, bevor es reißt. Es gibt diverse Schuhmodelle, die der Kunde/die Kundin wählen kann. Bei den Herren ist es unter anderem der *Budapester*. Ein klassischer Herrenschuh, der eine kräftige Sohle hat und sich in schwarzem Leder elegant, in braunem Leder rustikal gibt. Der *Derby* ist ein schmuckloser, schlichter Schuh, der durch sein hervorragendes Leder wirkt. Der *Monk* hat keine Schnürung; stattdessen verläuft über den Spann ein Riemen mit seitlich angebrachter Schnalle. Für den *Full Brogue* ist das aufwendige Lochmuster charakterisierend. Ebenfalls sehr elegant ist der *Oxforder*, der durch seine Schlichtheit besticht. Die klassischen Damenschuhe sind die *Ballerinas* mit niedrigem und die *Pumps* mit hohem Absatz, die beide sehr tief ausgeschnitten sind. Charakterisierend für die Sandale ist der Fersenriemen, ganz gleich, ob viel oder wenig Leder den Fuß umhüllt. Der klassisch-elegante Trotteur mit halbhohem Absatz passt gut zu Hosen, ist aber für die elegante Abendrobe ungünstig. Die Stiefelette ist knöchel- oder wadenhoch. Es gibt sie mit Schnürung, Reißverschluss oder zum Hineinschlüpfen. Ebenso wie Schuhmodell und Leder zusammenpassen sollten, müssen auch Fuß und Schuhmodell zueinander finden. Becker muss in manchen Fällen Kunden zurückweisen, da deren Wünsche nicht mit den jeweiligen Füßen in Einklang zu bringen sind. Kann eine Kundin ihre Füße nicht zu einer Linie mit ihrem Bein strecken, dann sind geschlossene Stiefeletten für sie untauglich. Ein in sich gewrungener Fuß wird nie in einem Slipper ausreichend Halt finden. Das Schuhpaar und die Füße des Kunden ergeben keine Einheit, und die Schuhe werden letztendlich nicht getragen. *„Gehen ist ein biomechanischer Vorgang und mit einem Paar gutsitzender Schuhe funktioniert dieser Vorgang besser“*, sagt Becker. Aus diesem Grund ist es bei der Wahl des Schuhmodells wichtig,

dass der Mensch auch in seinen Schuhen im Lot bleibt. Das Lot des Menschen befindet sich in der Mitte der Ferse. Der Absatz eines Schuhs sollte nicht außerhalb des Lots liegen, da sonst der natürliche Gang behindert wird. *„Der aufrechte Gang ist mit dem falschen Schuhwerk gar nicht so einfach"*, stellt die Fachfrau immer wieder fest.

Der Leisten – die perfekte Kopie des Fußes

Sind alle Daten rund um den Fuß zusammengetragen worden, Lederart und Schuhmodell festgelegt, modelliert die Schuhmacherin an maschinell vorgefertigten Leisten die perfekte Nachbildung der Füße des Kunden. Die Funktion des Leisten besteht darin, bei der Fertigung des Schuhs eine Arbeitsfläche – anstatt des Fußes – zu bieten. Da die Füße eines Menschen nie komplett identisch sind, werden asymmetrische Leisten gefertigt: einer für den rechten und einer für den linken Fuß. Asymmetrische Leisten wurden bereits in der griechischen und römischen Antike zur Schuhherstellung benutzt. Im damaligen Griechenland wurde über den Leisten das Riemenwerk für die Sandalen geschnürt, im antiken Rom wurden bereits geschlossene Schuhe über asymmetrische Leisten genäht. Auf dem Weg ins Mittelalter verlor sich die Anwendung des ungleichseitigen Leistenbaus. Es wird vermutet, dass in diesem Zeitraum Schuhe ohne Leisten zusammengenäht wurden. Erst ab dem 16. Jahrhundert finden sich Quellen, die bezeugen, welche Werkzeuge zum Schuhbau verwendet wurden, unter anderem auch asymmetrische Leisten. Die damals beliebten und vom einfachen Volk getragenen groben Kuhmaulschuhe wurden über symmetrische Leisten, die feinen Schnabelschuhe, die vornehmlich der Adel trug, über asymmetrische Leisten gearbeitet. Im Zuge der Aufklärung, als sich die Gesellschaft zunehmend an der natürlichen Freiheit des Menschen orientierte, wurde ab dem beginnenden 19. Jahrhundert der asymmetrische Leisten zum Standard in der Schuhproduktion.[1] In der Regel wird der passgenaue Leisten für mehrere Schuhfertigungen benutzt. In Beckers Werkstatt ist so über die Jahre ein hölzernes Archiv entstanden, wo jeder Leisten einem Kunden zuzuordnen ist. Erneuert werden muss er, wenn das Holz zu sehr vom Zwicken durchlöchert ist beziehungsweise sich der Fuß oder die Fußstellung des Kunden geändert haben.

Buche ist ideal für die Herstellung von Leisten, da diese Holzart unempfindlich gegenüber Schwankungen von Luftfeuchtigkeit und Temperatur ist. Zudem ist Buche sehr druckbeständig und hält den Hammerschlägen der folgenden Arbeitsschritte stand. Es gibt zwei Methoden, den Leisten so zu perfektionieren, dass er hundertprozentig dem Fuß entspricht: Bei der Aufsatz-Methode werden an den entsprechenden Stellen Lederstücke verschiedener Stärken aufgeklebt, um die korrekte Fußform nachzubilden. Bei der Abnahme-Methode erhält der Leisten seine endgültige Form, indem die Schuhmacherin überschüssiges Material mit feinen Raspeln abnimmt.[2] Von diesem Leisten wird ein Probeschuh angefertigt. Dafür wird durchsichtige formstabile Plastikfolie mit Hilfe von Hitze um den Leisten geformt. Anhand dieses Probeschuhs kann die Schuhmacherin feststellen, ob die Form des Leisten dem Fuß korrekt entspricht und für die folgenden Produktionsschritte als Arbeitsfläche dienen kann.

Schaftbau – ein Stück Leder wird in Form gebracht

Für den Schaftbau muss die dreidimensionale Form des Leisten zurück in die Eindimensionalität einer Schablone. Der Leisten wird jeweils auf die Seite gelegt, um den Umriss auf Papier oder Plastikfolie zu übertragen. Mit Hilfe dieser Modellschablone entstehen weitere Schablonen, die alle Einzelheiten der Schaft- und Futterteile dokumentieren. Je nach Schuhmodell können bis zu sieben Schablonen notwendig sein. Anhand dieser Matrizen wird das ausgesuchte Leder zugeschnitten. Die Motivation, einen Maßschuh fertigen zu lassen, ist von Kunde zu Kunde ganz unterschiedlich. Viele Kunden kommen aus beruflichen Gründen in die Schuhmacherwerkstatt, da ein Maßschuh eine bestimmte Position im Berufsleben unterstreichen kann. *„Schuhe sind nur ein kleines Detail, aber mit ihnen steht und fällt die Wirkung eines Anzugs oder eines Kostüms"*, sagt Becker. Demzufolge kommen viele Geschäftsleute zu ihr, wobei die Zahl der männlichen Kunden – insbesondere der unter 40-Jährigen – in den letzten Jahren stetig zugenommen hat. Besondere Ereignisse, wie eine Hochzeit oder ein öffentlicher Auftritt werden gerne zum Anlass genommen, Maßschuhe in Auftrag zu geben. Ein weiterer Beweggrund ist für einige Kunden profan der, dass jeder bisher gekaufte Schuh einen Kompromiss darstellte. Aus diesem Grund hat Frau Becker erwachsene Kunden jeden Alters, und diejenigen, die eine ganz besondere Wertschätzung sich selbst und dem Produkt gegenüber haben, sind ihre liebsten Kunden. Einige Kunden – vorwiegend männliche – stilisieren den Maßschuh in höhere Sphären, indem sie meinen, ihre Schuhe zum Beispiel mit Champagner putzen zu müssen. Becker mag diese Mythenbildung um das Handwerk nicht: *„Meine Arbeit ist als Statussymbol völlig ungeeignet, dafür ist sie zu bodenständig."* Insgesamt ist in den letzten Jahren zu bemerken, dass Schuhe immer mehr ins Bewusstsein der Leute gelangen und sich der Prozentsatz der männlichen und weiblichen Kunden die Waage hält. Die Jahresproduktion lag vor zehn Jahren bei etwa fünfzig Schuhpaaren, gegenwärtig sind es um die achtzig.

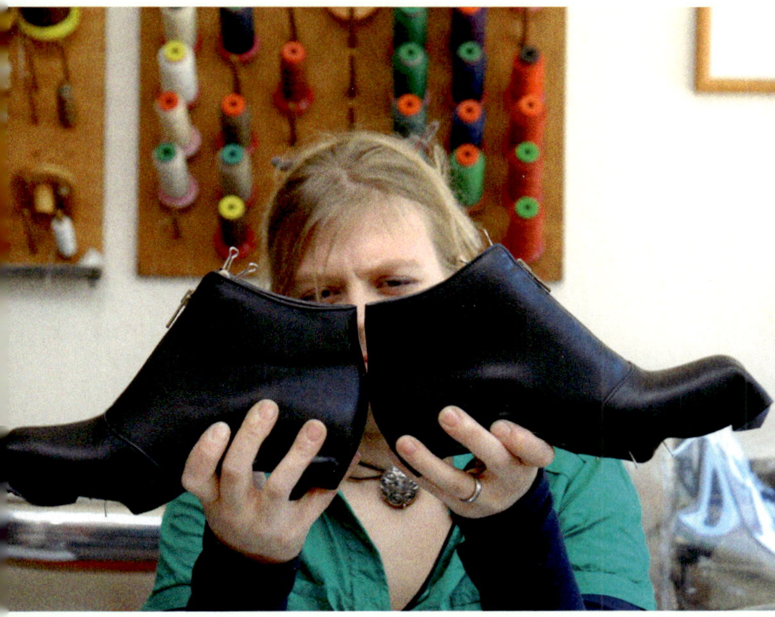

Um den Schaft aufbauen zu können, müssen die zugeschnittenen Lederteile noch vorbereitet werden. Die Kanten der Lederstücke werden dazu ausgeschärft. Das heißt, die Ränder werden mit einem Skalpell verjüngt, um zu vermeiden, dass beim Zusammenfügen der Lederstücke dicke Nähte entstehen. Bei sichtbaren Kanten wird das Leder zusätzlich mit einem Schusterhammer weichgeklopft und eingeschnitten, um die Kanten sauber umklappen zu können. Das Innenleder, auch Futterleder genannt, wird in dieser Arbeitsphase ebenfalls nach dieser Methode gefertigt. Immer wieder wird das Leder um den Leisten gelegt, so kann die Meisterin kontrollieren, ob alles passend ist. Jeder Schuh des Paares wird synchron gefertigt, das heißt, jeder Arbeitsschritt wird doppelt ausgeführt, um im Resultat zwei identisch gearbeitete Schuhe zu bekommen.

„In unserer Gesellschaft ist es üblich, für Autos oder Fernsehapparate viel Geld auszugeben, aber es ist absolut unüblich, dasselbe für Schuhe zu tun." Für manche Leute ist es eine Medaille mit

zwei Seiten – zum einen möchten sie ein Paar Maßschuhe besitzen und zum anderen finden sie es dekadent, viel Geld für Schuhwerk auszugeben. Das Minimum für ein Paar Maßschuhe liegt zwischen 1000 und 1200 Euro. So kommt es vor, dass die Schuhmacherin recht geheimnisvolle Wege gehen muss, um Kontakt mit dem Kunden aufzunehmen. Manche Kunden darf sie nur auf ihrem Mobiltelefon, andere nur an ihrem Arbeitsplatz, wieder andere gar nicht anrufen. Männer verheimlichen es ihren Frauen und umgekehrt. Für die Schuhmacherin ist es unerklärlich, dass es in unserer Konsumgesellschaft immer noch außergewöhnlich ist, Maßschuhe fertigen zu lassen.

Die Brandsohle – das Fundament des Schuhs

Bevor der Schaft auf den Leisten gezwickt wird, muss zuerst die Brandsohle mit Schusternägeln daran fixiert werden. Die Brandsohle ist das eigentliche Fundament des Schuhs, da an ihr der Schaft sowie die Laufsohle befestigt werden. Es handelt sich hierbei um pflanzlich gegerbtes Leder von einer Stärke bis zu vier Millimetern. Zum Gerben wird ein Stoff benötigt, der sich mit den auf der Tierhaut befindlichen Proteinen verbindet. So wird die Haut zu einem wasserunlöslichen, nicht quellenden und strapazierfähigen Leder. Pflanzliche Gerbstoffe werden unter anderem aus der Baumrinde von Kastanien oder Eichen extrahiert. Das Leder wird dem Leisten entsprechend zugeschnitten. Die oberste Schicht der Innenseite wird abgeschabt, um zu vermeiden, dass die Sohle durch Fußschweiß, Reibung und Körperwärme brüchig wird. Die Sohle wird gewässert, um sie zum einen formbarer zu machen, zum anderen, um die letzten vorhandenen Gerbstoffe auszuwaschen.[3] Reste von Gerbstoffen oder brüchige Sohlen können ein Gefühl des Brennens an den Füßen auslösen. Ob sich der Begriff Brandsohle davon herleiten lässt oder daher, dass das für die Brandsohle verwendete Leder aus dem Teil stammt, wo das Brandzeichen sitzt, ist nicht eindeutig belegt.
Für manche Kunden haben Schuhe weit mehr Bedeutung als nur das Produkt an sich. Sie erzählen Geschichten des Lebens. Eine Kundin von Frau Becker hat ihren sechzigsten Geburtstag zum Anlass genommen, sich ein Paar Maßschuhe fertigen zu lassen. Ihr Vater verstarb im Alter von sechzig Jahren und sie suchte nach einer passenden Möglichkeit, mit der analogen Alterssituation umgehen zu können. Der Vater war orthopädischer Schuhmacher und Schuhe waren im Leben der Frau immer positiv besetzt. Aus dieser Überlegung heraus ist für sie das Tragen von Maßschuhen die

geeignete Art und Weise ihre neue Lebensdekade zu beginnen. Da die Kundin das älteste von fünf Kindern ist und früh für ihre Geschwister Verantwortung übernehmen musste, haben sich diese zusammengeschlossen und die Schuhe zu einem Familiengeschenk gemacht. Das Paar Schuhe ist Symbol für eine ganz besondere Verbindung zwischen Tochter und Vater und zwischen den Geschwistern untereinander. Es sind diese persönlichen Aspekte, die den Beruf des Schuhmachers zu einem ganz besonderen machen, bei dem ein Produkt zu etwas Bedeutendem wird.

Das Zwicken des Schafts

Bevor der Schaft über den Leisten gezogen wird, müssen für die Stabilisierung der Ferse und der Seiten zugeschnittene Stücke festeren Leders zwischen Außen- und Innenschicht geklebt werden. Dieses Stück ist aus einem anderem Leder gefertigt und wird *Bodenleder* genannt. Mit einer speziellen Falzzange wird das Leder nun Stück für Stück über den Leisten hinaus gezogen, fachsprachlich *ausgereckt*. So nimmt der Schaft die Form des Leisten an. Die Kunst ist es, ein Gefühl für das jeweilige Leder zu entwickeln. Wie belastbar ist es, wie stark kann es gedehnt werden, ohne es zu überdehnen? Ein Wissen, das nur durch jahrelange Erfahrung gesammelt werden kann. Wenn das Leder faltenfrei und stramm auf dem Leisten sitzt, wird der Schaft gezwickt. Das heißt, mit vielen Schusternägeln, die dicht an dicht in die Brandsohle gehauen werden, wird das Schuhoberteil fixiert. Im folgenden Arbeitsschritt wird der Schaft mit der runden Seite des Schusterhammers geklopft, um die plastische Form des Leisten vollkommen nachzuformen. Dabei verdichten sich die Fasern des Leders; es wird formstabil und widerstandsfähiger. Um den Schaft endgültig mit der Brandsohle zu verbinden, gibt es mehrere Möglichkeiten. Der Kunde hat sich bei seiner Bestellung zwischen rahmengenähten oder geklebten Schuhen entschieden. Die klassischen Herrenschuhe sind oft rahmengenäht, feine Damenschuhe oft geklebt. Für die Rahmennähung wird ein Lederstreifen, der Rahmen, der um den kompletten Schuh herum verläuft, speziell vorbereitet und mit einem Einstechdamm versehen. Die Rahmennaht muss Brandsohle, Oberleder und Rahmen zusammenhalten. Die Naht muss so genäht werden, dass sie die einzelnen Teile untrennbar verbindet und die sichtbare Oberseite gleichmäßig gearbeitet ist. Genäht wird mit einem Pechdraht, ein mit Pech getränkter Leinen- oder Hanffaden. Das Pech wird aus Harz, Paraffin oder Bienenwachs hergestellt. Bei

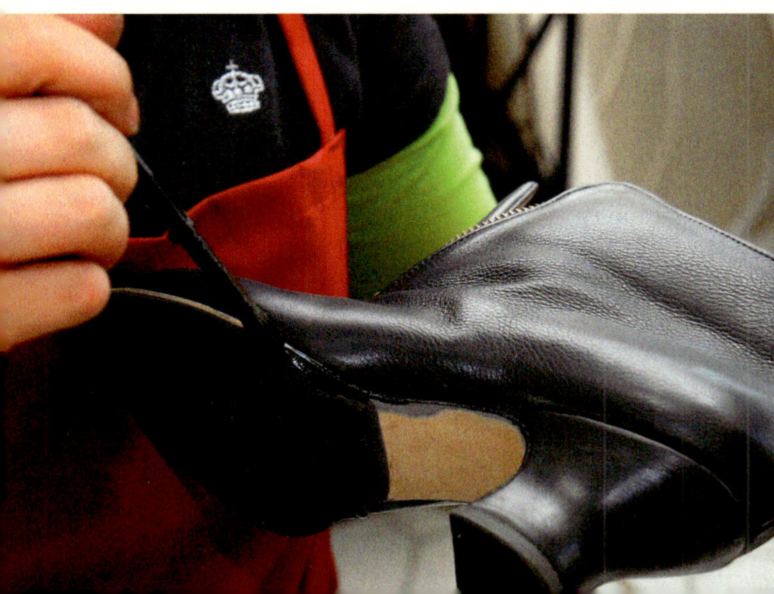

geklebten Schuhen wird ein spezieller Kleber benutzt, der Schaft und Brandsohle zusammenhält, diese Komponenten aber noch biegsam lässt.[4]

Der Schuh darf nur im vorderen Drittel beweglich sein, da wo der Fuß beim Gehen abrollt. Die zur Ferse hingehenden zwei Drittel müssen den Fuß stabilisieren und die Schritte abfedern. Dafür befestigt man in dem Bereich eine Gelenkfeder an der Brandsohle. Der Hohlraum, der an der Nahtstelle des überlappenden Rahmens des Oberteils und der Brandsohle entstanden ist, lässt sich mit Kork oder speziellem Flies ausfüttern. Diese Schicht isoliert gegen Kälte und Feuchtigkeit und schafft ein bequemes Fußbett. Bei qualitativ hochwertigen Schuhen bringt man eine Zwischensohle aus Leder an der Brandsohle an, bevor die Laufsohle auf den Schuh kommt. Sie macht den Schuh langlebiger und hat ebenfalls dämpfende Eigenschaften. An dieser so vorbereiteten Unterseite des Schuhs kann im Folgenden die Laufsohle befestigt werden. Diese kann aus Leder oder Gummi sein und ist entweder angenäht oder festgeklebt. Wird eine Sohle genäht, ist sie mit einem Einstechdamm versehen, in dem die Naht unsichtbar verschwindet. Den Absatz – aus Holz gefertigt oder aus verschiedenen Lederschichten und Kedern aufgebaut – fixiert man mittels Druck und speziellem Kleber an seinem Platz. Die Funktion des Absatzes ist es, das Gehen zu unterstützen und die Schritte abzufedern. Absatzflecke aus Gummi werden aus Gründen der Haltbarkeit und der Dämpfung anschließend angebracht.

Der Ausputz bringt Schuhe auf Hochglanz

Das Finish der Schuhe nennt sich in der Fachsprache *Ausputz* und beinhaltet die Feinarbeit an der Sohle und das Polieren des Leders. Mit Schmirgelpapier wird der Rand der Sohle und des Absatzes geformt und glatt geschliffen. Eine spezielle Lederfarbe, passend zur Farbe des Schafts, wird aufgetragen. Abschließend wird das Leder eingecremt und poliert. Als letzter Arbeitsschritt wird der Schuh ausgeleistet und steht nun für den Kunden bereit. Nach etwa vierzig Arbeitsstunden und über hundert Arbeitsschritten ist Handwerkskunst in Perfektion entstanden. Und wieder einmal in ihrem Leben hat Schuhmacherin Becker ein wenig Lampenfieber, wenn der Kunde seine Maßschuhe zum ersten Mal anprobiert und erstaunt feststellt: *„Sie sind wie eine zweite Haut, ich spüre sie ja gar nicht."*

Anmerkungen

[1] Vgl. Vass, László; Molnár, Magda (1999): Herrenschuhe handgearbeitet. Köln. S. 32–35.

[2] Vgl. ebd., S. 46.

[3] Vgl. ebd., S. 134.

[4] Vgl. ebd., S. 144 ff.

Mit Lloyd Shoes in die weite Welt – Geschichte einer deutschen Schuhfabrik

Hartmut Roder

H. F. Meyer – mechanische Schuhfabrik mit Dampfbetrieb

Das Jahr 1888 stellte einen tiefen Einschnitt in der jüngeren Geschichte Bremens dar. In diesem Epochenjahr holte die Hansestadt an der Weser alles das nach, was sie in den Jahrzehnten zuvor versäumt hatte. Allein zwischen 1870 und 1890 stieg die Einwohnerzahl von ca. 80 000 auf ca. 125 000 Einwohner an. Industrieorte im Umland schossen aus dem Boden. Die Aufbruchstimmung hatte auch den Schuster Hermann Friedrich Meyer erfasst. Er stammte aus einer Schuhmacherfamilie aus Vilsen nahe Bremen. Nachdem sein Vater noch Schuhe für den Verkauf auf umliegenden Märkten angefertigt hatte, zog es den Sohn nach Bremen. Hier begann er mit dem Schuhhandel und eröffnete 1883 ein Ladengeschäft in der Faulenstrasse. Seine Schuhe verkauften sich gut, er kam zu Wohlstand, kaufte das Haus seines Ladengeschäftes (im späteren Bamberger Haus) und wurde als angesehener Handwerker in die Bürgerschaft, das Stadtparlament, gewählt. Beflügelt von den guten wirtschaftlichen Perspektiven, die sich ihm fortan nach der Öffnung Bremens ankündigten, schloss Hermann Friedrich Meyer sein Ladengeschäft und gründete am 13.2.1888 die Schuhfabrik H. F. Meyer. Schon sehr bald sah sich die Firma aufgefordert, ihre Schuhe einem größeren Publikum zu präsentieren. Noch nicht einmal zwei Jahre nach der Beseitigung der Zollschranken um Bremen öffnete am 15. Mai 1890 auf 37,5 ha im Bürgerpark die „Nordwestdeutsche Gewerbe- und Industrieausstellung" ihre Pforten. Um nationalweite Aufmerksamkeit zu erlangen, stellte sich diese Ausstellung unter den Anspruch, eine Art erste Weltausstellung auf deutschem Boden zu sein. Handei, Gewerbe und junger Industrie der Hansestadt gelang es tatsächlich, mit dieser Kraftanstrengung für Bremen zu werben und bis zu einer Million Besucher an die Weser zu ziehen. Auch die junge Schuhfabrik aus der Faulenstrasse nahm an der Ausstellung mit einem eigenen Stand teil, für den sie eine Bronzemedaille erhielt.

Die Jahrzehnte zwischen dem Zollanschluss und dem Ausbruch des Ersten Weltkrieges waren ein goldenes Zeitalter für Bremen, das seinen riesigen Nachholbedarf zu befriedigen suchte. Die Schuhherstellung in der Faulenstraße platzte bald aus allen Nähten, sodass Hermann Friedrich Meyer ein Grundstück im Doventorsteinweg kaufte und dort Mitte der 90er Jahre seine Schuhfabrik einrichtete. Schon um 1900 beschäftigte Meyer dort saisonal zwischen 120 und 150 Arbeiter, die ca. 180 Paar Schuhe pro Tag anfertigten. Unter beengten Verhältnissen wurden anfangs neben Schnürstiefeln und Damenknopfstiefeln sehr viel genagelte Schaftstiefel hergestellt. Erst nach der Jahrhundertwende begannen sich zunehmend Halbschuhe durchzusetzen. Bis 1890 waren durchweg nur Schuhe hergestellt worden, die über gerade Leisten gemacht wurden, bei denen also beide Schuhe genau gleich waren. Erst danach setzten sich „einbällige" Formen durch, bei denen

Links und Rechts entgegensetzt geformt waren. Auch hielten zunehmend Maschinen Einzug: zum Zwicken, Steppen, Nageln usw. Zuerst stellte die Schuhfabrik H. F. Meyer Schuhe fast ausschließlich auf Bestellung des Fachhandels her. Zunehmend wurde vor dem Ersten Weltkrieg auch auf Lager produziert. Fast täglich kamen die Fuhrleute und brachten große Ballen Futterleder, Kalbsleder, Chevreaux- (Ziegen-) oder Rossleder. Da auch in Bremen eine ansteigende Zahl von kleinen Schuhmachern versuchte, ihren sozialen Aufstieg durch die Eröffnung eines Ladengeschäftes zu erreichen, belieferte H. F. Meyer als Vollsortimenter auch diese neu eingerichteten Schuhgeschäfte. Daher bezog er auch von anderen Schuhfabriken Ware, für deren Anfertigung die eigene Fabrik nicht geeignet war, wie braune Rindleder-Schaftstiefel, Hausschuhe oder Kinderstiefel. Die Bremer Schuhfabrik musste nicht nur die Einrichtung dieser neuen Geschäfte vornehmen, sondern nicht selten auch im Konkursfalle die übriggebliebene Ware wieder abholen.

LLOYD

1888

Nachdem die Firma H. F. Meyer ihr Markenschutz-Symbol, den Roland, verloren hatte, ließ H. F. Meyer am 30.5.1905 die Marke „Lloyd" (Markennummer 81842) eintragen. Dass dieser Name in Bremen einen guten Klang genoss, war H. F. Meyer sicherlich nicht entgangen. Zur gleichen Zeit hatte nämlich die 1857 von Herman Henrich Meier in Bremen gegründete Reederei, der Norddeutsche Lloyd, gerade ihren Zenit als größte Schifffahrtslinie der Welt erreicht. Der Name „Lloyd", dem Londoner Kaffeehaus von Edward Lloyd (1688) und ersten Seeversicherungsunternehmen der Welt nachempfunden, stand nämlich für Erfolg, internationale Ausdehnung und Anerkennung. Die Ausbreitung der neuen „Lloyd-Schuhe" war keineswegs ein Selbstläufer. Zwar erstreckte sich der Absatz der *Lloyd*-Schuhe bereits über ganz Deutschland und auch auf die skandinavischen Länder, aber der Verkauf der Kollektionen über Reisende war überaus schleppend, da diese stets einen Musterkoffer von ca. 60 kg mit sich führen mussten. Die Exporte nach Übersee erfolgten in mit Zink ausgelegten verlöteten Kisten. Auch schlief die Konkurrenz nicht. Vor allem die Firma Sigle & Co mit der Marke „Salamander" setzte der „H. F. Meyer – Schuhfabrik O.H.G" (seit 1901) richtig zu. Mit dem Slogan „Nur ein Preis" gelang es Sigle häufig, Händler als Alleinverkäufer nur für seine Waren zu gewinnen.

Mit einem festen Stamm von Facharbeitern hatte sich das Bremer Familienunternehmen vor dem Ersten Weltkrieg einen festen Platz auf dem Schuhmarkt erobert. Immer wieder hatte die Ausdehnung der Produktion zu einer Verlängerung des Fabrikgebäudes oder einer Umorganisation und Mechanisierung der Fertigung geführt. Obwohl im August 1914 eine Beschlagnahme aller Ledervorräte verfügt worden war, stellte die H. F. Meyer Schuhfabrik ca. 250 000 Paar Militär-Schnürschuhe im Militärauftrag her und konnte somit seine eigenen Oberlederbestände bis 1919 weitestgehend schonen.

Lloyd-Schuhe aus der Lloyd-Schuhfabrik

Infolge der unruhigen Nachkriegsjahre der jungen Weimarer Republik kam die Schuhproduktion bei H. F. Meyer nur langsam in Gang. Auch die Schuhfabrik wurde von den Kirschenunruhen erfasst: Trupps junger Männer plünderten Geschäfte und Fabriken und verkauften die Waren zu Vorkriegspreisen auf den Wochenmärkten. Erst mit der Konsolidierung der gesellschaftlichen Verhältnisse ab 1924 konnte die Schuhfabrik am Doventorsteinweg an ihre Vorkriegsproduktion anschließen. Daher legte das Unternehmen 1925 großen Wert darauf, den Namen „Lloyd" als fest eingetragenes Wort-Bild-Zeichen abzusichern. Dass zwei Jahre später das gesamte Unternehmen den Namen seiner Marke erhielt, überraschte daher keineswegs. Gleichzeitig wurden in Berlin, Hamburg, Hannover und Bremen Einzelhandelsgeschäfte unter dem gleichen Namen eröffnet. Die „Lloyd Schuhfabrik GmbH" befand sich im Besitz der Familie Meyer, die auch als kaufmännische Leitung weiterhin die Geschicke des Unternehmens selbst in der Hand hielt. Jedoch war der Gründer der Schuhfabrik, Hermann F. Meyer, 1923 gestorben. Sein Sohn, Hermann Heinrich, trat in seine Fußstapfen, starb jedoch bereits 1933.

Während die Tagesproduktion Mitte der 20er Jahre ca. 300 Paare umfasste, erfuhr die Herstellung in den Jahren der Weltwirtschaftskrise einen Rückgang. Die langen Jahre der Kurzarbeit zwischen 1928 und 1932 überlebte die Firma jedoch im Kern unbeschadet. 1936 war die Tagesproduktion auf ca. 400 Paar angestiegen. Die *Lloyd*-Schuhgeschäfte in Berlin und einigen anderen Städten betrieb die *Lloyd* Schuhfabrik seit 1935 gemeinsam mit dem Schweizer Schuhhersteller C. F. Bally, mit dem nach Aufkauf des Schuhhauses „Arthur Jacoby GmbH" gemeinsam eine Ausweitung der Einzel-

1888 gegründete Schuhfabrik von H. F. Meyer in Bremen

handelskapazitäten stattfand. Nunmehr war *Lloyd* bemüht, seinen Absatz bei der modebewussten Kundschaft in den Großstädten zu vergrößern. Der Beginn des Zweiten Weltkrieges beendete auch diese Neuausrichtungs- und Erholungsphase des Bremer Unternehmens. Nicht nur hatte sich die Materialbeschaffung infolge der Autarkiepolitik des nationalsozialistischen Deutschlands für hochwertige Rohstoffe bereits in den 30er Jahren schwieriger gestaltet; nunmehr mussten nach Anweisung der Regierung 90 % der Kapazitäten durch Heeresaufträge ausgelastet werden. Ober- und Bodenleder sowie alle anderen Kleinmaterialien wurden zugeteilt. Nur 10 % der Kapazitäten durften für die zivile Produktion und auch zur Versorgung der eigenen Geschäfte eingesetzt werden. Mit Kriegsbeginn wurde ein Teil der männlichen Belegschaft eingezogen. Verlustmeldungen blieben in den kommenden Jahren nicht aus.

Auch wurde die Schuhherstellung in Bremen immer unsicherer, denn seit Mai 1940 suchten englische Bombergeschwader die Stadt regelmäßig heim. Als ab 1942 immer mehr Opfer zu beklagen waren und ganze Straßenzüge niederbrannten, wurde die Schuhfabrik in mehreren Etappen ab dem 15. November nach Sulingen, ca. 60 km von Bremen entfernt, evakuiert. Zuschneiderei und Stepperei zogen zuerst in die Baracken des früheren Reichsarbeitsdienstes in der Bogenstraße. Einen Monat später folgten die Abteilungen Zwickerei, Rahmensaal, Fertigmacherei und Versand. Nur die schweren Maschinen der Stanzerei mussten noch bis zum 23. Dezember 1943 in Bremen bleiben – bis einen Tag bevor die ehemaligen Fabrikgebäude einen schweren Bombentreffer erhielten. Auch die seit 1941 an die *Lloyd* Schuhfabrik zugewiesenen Fremdarbeiter aus Frankreich, Belgien, Holland, Tschechien usw. mussten nach Sulingen umziehen. Zusammen mit Familien von Betriebsangehörigen wohnten die ausländischen Zwangsarbeiter auf dem Firmengelände in eigenen Baracken.

Zum Kriegsende hin verlief die Produktion allein aufgrund der schwierigen Materialbeschaffung sehr schleppend. Teile der Schuhproduktion wurden bei Angestellten und Meistern untergebracht oder im Spritzenhaus in Vorwohlde sichergestellt. Nachdem die vorrückenden englischen Soldaten die tausende von Schuhen in Vorwohlde bemerkt hatten, deckten sich nicht nur ihre Panzerbesatzungen mit neuen Schuhen ein, sondern es setzte eine breite Plünderungswelle ein, die am 6. April 1945 in einer dreitägigen Plünderung der Schuhfabrik vor allem durch befreite Kriegsgefangene und Zwangsarbeiter sowie auch Einheimische selbst gipfelte. Alles Brennbare wurde angezündet und Maschinen demontiert. Die vollkommen stillstehende Schuhfabrik diente in den folgenden Wochen als Unterkunft für freigelassene Zwangsarbeiter oder KZ-Häftlinge. Erst im August 1945 hatte sich die Lage etwas normalisiert, sodass an die Beschaffung von Rohmaterialien gegangen werden konnte. Ein Restlager an Schuhen war trotz allem gerettet worden, da dieses einen schweizerischen Schutzbrief besaß und als Eigentum der Firma Bally ausgewiesen worden war. Die Herstellung von ca. 50 Paar Schuhen mit Holzsohle am Tag konnte im August 1945 wieder aufgenommen werden.

Die ersten Winterschuhe bestanden aus Tornisterfellen der Wehrmacht. In den Jahren vor der Währungsreform vom 20. Juni 1948 herrschten die Gesetze des Schwarzmarktes. Dabei gelang es recht erfolgreich, zumeist in Tauschgeschäften Leder, Nägel, Garne usw. zu organisieren, sodass sich die Herstellung langsam normalisieren konnte. 1947 stellte die Schuhfabrik in Sulingen bereits

12 000 Paar Schuhe im Monat her. Auch betrieb das Unternehmen eine Reparaturwerkstatt, um zurückgeschickte Schuhe wieder instand zu setzen. Erst als mit der D-Mark ein stabiler Geldwert eingeführt war, öffneten sich die Fabriklager wieder und füllten sich die Einzelhandelsgeschäfte. Die Läden der Arthur Jacoby GmbH waren zumeist im Krieg zerstört worden, sodass die Familie Meyer nunmehr erneut eine Reihe von Schuh-Einzelhandelsgeschäften in Bremen, Oldenburg und Berlin gründete. Die Jahre des sogenannten deutschen Wirtschaftswunders gingen auch an der *Lloyd* Schuhfabrik nicht vorüber. Der Nachholbedarf war groß und schon bald begann das Unternehmen, seine Produkte auch ins europäische Ausland zu exportieren. Mitte der 1950er Jahre beschäftigte *Lloyd* ca. 350 Personen und brachte jährlich über 200 000 Schuhe auf den Markt. Nunmehr stellte sich die Frage, ob der Sitz der Firma weiter in Sulingen bleiben sollte, das eine schlechte Infrastruktur besaß und verkehrsmäßig schlecht an das deutsche Straßen- und Schienennetz angebunden war. Jedoch aufgrund des großen Potenzials an Arbeitskräften in dieser ländlichen Region (ca. 60 % von ihnen Heimatvertriebene) blieb *Lloyd* trotz der Anwerbeversuche des Bremer Senats in der Wildeshauser Geest, baute langsam seine Barackenfabrik um und konzentrierte sich komplett auf die Schuhherstellung, indem der Schuheinzelhandel an den alten schweizerischen Partner *Bally* verkauft wurde.

In den 1960er Jahren setzte sich der steile Aufwärtstrend der „Lloyd Schuhfabrik Meyer & Co. GmbH" fort. Zweimal im Jahr musste eine Modellpalette von 150 bis 200 Schuhen präsentiert werden. Bis 1969 lieferte *Lloyd* mit 650 Beschäftigten (davon ca. 60 % Frauen) ca. 400 000 Paar Schuhe im Jahr aus, hatte seine Produktionsanlagen erweitert und auf Nachbarorte ausgedehnt, musste aufgrund des Arbeitskräftemangels erste „Gastarbeiter" aus der Türkei einstellen und führte erste

Schuhherstellung bei Lloyd, 1962

Datenverarbeitungssysteme ein. Erstmals trug die deutsche Olympiamannschaft 1968 *Lloyd*schuhe. Gleichzeitig hatte das Unternehmen aber die Herstellung von Damenschuhen eingestellt, denn infolge des rasanten Modewechsels stand die hergestellte Paarzahl nicht im Verhältnis zum erheblichen Aufwand, der z. T. über 150 Arbeitsgänge ausmachte. Der Weg zur konsequenten Markenbildung wurde 1968 durch die Einführung des roten Streifens am Absatz eines jeden Schuhes vorangebracht, der genauso wie die Beseitigung der störenden inneren Ecke am Absatz zum eigenen Erkennungsmerkmal bei Herrenschuhen avancierte.

Lloyd Schuhe in der Globalisierung

Lloyd Schuhe war bereits Anfang der 70er Jahre des 20. Jahrhunderts zu einer international bekannten Marke geworden. Als Monoprodukt entwarf die Sulinger Firma in jedem Jahr Hunderte von Leder-Herrenschuhen gehobener Qualität und Preisklasse, fertigte diese in der eigenen Fabrik und vertrieb sie an den nationalen wie internationalen Fachhandel. Aufgrund der arbeits- und somit lohnintensiven Produktion begann auch *Lloyd*, zunehmend Eigenfertigungsanteile an Fremdfirmen abzugeben und eine Typenbeschränkung vorzunehmen. Begonnen wurde mit der Herstellung von Fertigsohlen in Südamerika und Italien. 1976 wurden die Stepparbeiten für die Herstellung der Schäfte auf die Mittelmeerinsel Malta umgesiedelt, wo eine eigene Fabrik errichtet wurde, die nach wenigen Jahren durch eine zweite Stepperei auf der Nachbarinsel Gozo ergänzt wurde.

Für Schuhe der Marke *Lloyd* und ihrer 1980 ins Leben gerufenen Zweitmarke „Lord Excellent" wurden Sohlen wie Schäfte zur Montage nach Sulingen transportiert. Während in anderen Zentren der deutschen Schuhproduktion viele Fabriken ihre Tore schließen mussten oder ihre Herstellung in Billiglohnländer verlagerten bzw. dort fertigen ließen, zog auch *Lloyd* sein Tempo der Expansion nach außen an und verstärkte seine Rationalisierung nach innen. *Lloyd* straffte zwar seine Produktionsabläufe, intensivierte seinen Markenauftritt in den Vereinigten Staaten und baute seine Präsenz Mitte der 90er Jahre in 57 Länder aus und machte Furore mit besonderen Serien in hohen Stückzahlen, kam jedoch auch nicht am Verlagern von ganzen Produktionsschritten ins Ausland herum. Der Schritt nach China, Vietnam oder Hongkong wurde jedoch 1994 verworfen, da Fabrikverhältnisse, Qualitäten oder Liefertreue bei Weitem nicht den Anforderungen genügten.

Noch bot das europäische Ausland genügend günstige und zuverlässige Produktionsstandorte, die – wie auf Malta – aus Sulingen direkt online verwaltet werden konnten. Während die in Sulingen ca. 80 % der Beschäftigten organisierende Gewerkschaft Leder öffentlich für weltweite Schutzabkommen zugunsten der verbliebenen heimischen Produktion eintrat, entschloss sich die Familie Meyer nach 111-jähriger persönlicher Eigentümerschaft, das Sulinger Unternehmen an einen kapitalstarken Partner zu verkaufen. Am 1. Juli 1998 erwarben die „ara Schuhfabriken AG" in Langenfeld die „Lloyd Schuhfabriken". Ende 2000 verließ Gerrit Meyer als letzter Geschäftsführer aus der Gründerfamilie das Unternehmen.

Ara als der größte europäische Damenschuhhersteller mit einem täglichen Ausstoß von 33000 Paar war *Lloyd* schon lange verbunden und bot keine Produktüberschneidungen. Nachdem das Sulinger Betriebsgelände erweitert worden war, konnte 1996 ein neues Logistikzentrum gebaut werden, dem bis zum Ende 2000 der Bau einer komplett neuen Fabrik folgte. Die als „Fabrik der Zukunft" bezeichnete Produktionsstätte sollte nicht nur unter Beweis stellen, dass Sulingen auch weiterhin als Firmensitz zu gelten hat, sondern dass auch die Zukunftsplanung von einer eigenen rentablen Herstellung im Hochlohnland Deutschland ausgeht. Mehr noch: Die lange Historie der handwerklichen Arbeit in Bremen und Sulingen, das „100 % Made in Germany" entwickelte sich zum Rückgrat des Qualitätsversprechens der Marke „Lloyd" und nunmehr zum verlässlichen Unterscheidungsmerkmal auf dem internationalen Schuhmarkt. Allein die neue Kollektion „Lloyd 1888" demonstrierte eindrucksvoll diese Produktphilosophie. So konnte es tatsächlich gelingen, die neuen Eigentümer zu gewinnen, nach dem Erwerb der Marke noch gleichzeitig das Kapital für die Errichtung einer ganz neuen Fabrik bereitzustellen. Nicht nur wurde die eigentliche Schuhherstellung auf eine Teamfertigung mit den Bereichen Montage und Finish umgestellt, die weitere Produktivitätsfortschritte brachte, sondern das Unternehmen kehrte ab 2001 (jetzt als „Lloyd Shoes GmbH & Co. KG") zu einer eigenen Damenkollektion zurück. Die Fertigungsanteile in Sulingen wurden jedoch immer geringer. Malta und Gozo gelten seit 2006 als nicht mehr wettbewerbsfähig, so dass die Produktionslinien dort geschlossen wurden. Erfolgt die Materialversorgung für Rumänien augenblicklich noch durchweg in Sulingen, so werden diese Werke in Zukunft selbstständiger disponieren. Verwunderlich ist es daher nicht, dass im Jahre 2007 *Lloyd Shoes* europaweit zwar 1236 Personen beschäftigte, von denen jedoch nur noch 398 in Deutschland arbeiteten (ca. 30 %).

Lloyd international – im Sprung zu neuen Märkten ?

Den Weltmarkt fest im Auge trat *Lloyd* erstmals 2004 mit einer eigenen *Lloyd-Accessoire-Kollektion* auf den Markt, die im Lederwarenfachhandel und in eigenen Concept Stores weltweit angeboten wird. Der Produktionsmix mit Vorfertigung im Ausland und einer integrierten Fertigungskette, die Dachmarkenstrategie mit eigener Accessoire-Linie – all dies lässt das Management von *Lloyd Shoes* davon ausgehen, dass man auch über das Jahr 2010 hinaus als Marktführer mit hoher Qualität in einer zunehmenden Zahl von Ländern erfolgreich sein wird. Um sein Potenzial auf neuen Märkten stärker zur Geltung bringen zu können, ist *Lloyd* dabei, seine Concept Stores (als franchise oder selbstständig) auszubauen, um somit die volle Bandbreite der Markenkollektion präsentieren zu können: jährlich 80 Basis- und 120 Saisonmodelle bei den Männer- und 60 Basis- und 80 Saisonmodelle bei den Frauenschuhen. Um in die expansiven Märkte Chinas oder Indiens überhaupt eindringen zu können, wird es nur noch eine Frage der Zeit sein, bis *Lloyd* dort für den heimischen Markt in Einstiegspreislagen selbst produzieren und die „nationalen" Kollektionen durch Schuhe „100 % Made in Germany" ergänzen wird.

International steht *Lloyd* noch am Anfang seiner Entwicklung, die die Vereinigten Staaten genauso im Auge hat wie die arabischen Ölländer. Dabei sorgte 2007 die noch aus überwiegend deutschen Stammkunden bestehende Käuferschaft für einen Konzernumsatz von ca. 91 Mio €, von dem 37 % im Ausland erwirtschaftet wurden. Im deutschen wie auch europäischen Markt setzt *Lloyd* auf ein qualitatives Wachstum, das neben neuen Distributionsformen in Concept Stores oder mit Hilfe von Shop-in-Shop-Verkaufsflächen bestrebt sein wird, die gesamte Kollektion mit eigenem Reparaturservice stets anbieten zu können. Auch hier setzt die Marke stärker auf „moderne", leichte, einsohlige Modelle und nicht auf die klassisch „teutonischen" Doppelrahmen-Schuhe. Auf einem internationalen Markt mit hoher Verdrängungskraft und ständigen Trendwechseln sind die *Lloyd*-Tugenden von Qualität und Funktionalität gewiss eine günstige, jedoch kaum mehr hinreichende Überlebensbedingung. Ob *Lloyd* sich in Zukunft zu einem Lifestyle-Konzern ausweiten wird, kann gewiss nicht ausgeschlossen werden. In den Jahren seit 1888 hat das Unternehmen eine Reihe tiefer existenzieller Einschnitte überstanden. Die folgenden 120 Jahren dürften für die zu Beginn des 21. Jahrhunderts wirtschaftlich stabil dastehende Marke, die über ein hochqualifiziertes Arbeitskräftepotenzial mit hohem handwerklichen Know-how verfügt, von völlig anderen Voraussetzungen bestimmt werden. Jedenfalls bewies *Lloyd Shoes* inmitten der Wildeshauser Geest bislang erfolgreich, dass der Standort Deutschland für qualitativ hochwertige Produkte weiterhin weltweit wettbewerbsfähig ist.

LLOYD
GERMANY

Dank an

F. E. Graue und dessen Rückblick zum Firmenjubiläum der Lloyd Schuhfabrik Meyer & Co. GmbH, Sulingen 1963.

Rudolf Kürzel und dessen Darstellung zur Lloyd-Geschichte, Sulingen 2005.

Salvatore Ferragamo – Schuhmacher der Träume

Stefania Ricci

Eine Legende entsteht

Es gibt Menschen, deren außergewöhnliche Begabungen ihr Leben zu einer Legende werden ließ und deren berufliche und private Lebensgeschichte erzählenswert ist – einfach um aufzuzeigen, was alles möglich sein kann. Salvatore Ferragamo ist einer von ihnen. Salvatore wurde 1898 in Bonito in der Provinz Avellino, einer kleinen Stadt in Süditalien, geboren. Von klein auf schien er zum Schuhmacher berufen zu sein, denn seine Karriere nahm früh einen zügigen Verlauf. Im Alter von neun Jahren fertigte er sein erstes Paar Schuhe zur Heiligen Kommunion seiner Schwester und begann eine Lehre beim Schuster im Ort. Mit elf besaß er bereits eine eigene kleine Werkstatt und kreierte feine Modelle für die wohlhabenden Damen der Stadt. Aber anstatt sich auf dem schon Erreichten auszuruhen, beschloss er, seiner Berufsausbildung in Neapel den letzten Schliff zu geben, denn dort hatte die italienische Handwerkskunst der Schuhmacherei ein besonders hohes Niveau erlangt. Bis zum Alter von 16 Jahren hatte Salvatore alles gelernt, was in Italien über die Kunst der Schuhmacherei zu lernen war. Folglich entschied er sich, seinen Brüdern in die Vereinigten Staaten zu folgen, denn dort hatte nur wenige Jahre zuvor eine industriegleiche Fertigung begonnen, die amerikanische Schuhproduktion zu dominieren.

Amerikanische Lehrjahre

Von seinem Ankunftshafen New York zog er sogleich weiter nach Boston, wo er Arbeit in einer Schuhfabrik fand. Doch diese Erfahrung erwies sich als enttäuschend. Zwar beeindruckte Salvatore die Effizienz der amerikanischen Industrie, doch nicht das, was dabei herauskam. Wohl fand er die Qualität der massenproduzierten Schuhe ziemlich gut gegenüber der amerikanischen Durchschnittsware, aber diese waren schwer und klobig in Stil und Konstruktion, verglichen mit Schuhen, wie sie jeder beliebige gute Schuhmacher daheim in Italien anfertigen konnte. Also überredete er seine Brüder, an die amerikanische Westküste nach Santa Barbara umzuziehen. Dort war die Filmindustrie im Entstehen begriffen und Salvatore sah gute Absatzchancen für luxuriöse – komplett von Hand gefertigte – Schuhe, die eigentlich nur talentierte italienische Schuster anfertigen konnten. Er eröffnete eine kleine Werkstatt zur Reparatur und Herstellung von Maßschuhen. Abends besuchte er Kurse über die Anatomie des Fußes an der dortigen Universität, denn er wollte Schuhe entwerfen, die nicht nur schön sein sollten, sondern auch bequem und tragbar. Dieses Ziel war ihm von Beginn an oberstes Gebot.

Die Jahre in Santa Barbara erwiesen sich als elementar für seine Weiterentwicklung und ebenso als grundlegend für die Erschaffung einer besonderen Passform für die *Ferragamo* Schuhe, der der Name *Ferragamo* einen großen Teil seines Ruhmes verdankt. Nach Salvatores Tod 1960 wurde diese Passform auf massenproduzierte Schuhe übertragen und entwickelte sich zum Markenzeichen des Unternehmens.

Der Schuhmacher der Hollywood-Stars

Die ersehnte Gelegenheit für Salvatore, sich bekannt zu machen, kam mit dem ersten Auftrag einer amerikanischen Filmgesellschaft, die Cowboy-Stiefel bei ihm bestellte. Von diesem Augenblick an wuchs Salvatores Reputation unter den Regisseuren und Stummfilm-Stars. Regelmäßige Kunden wurden Pola Negri, Pickford und ihre Schwester Lottie, Gloria Swanson und Mae West. Sie alle trugen bald *Ferragamo* Schuhe auch außerhalb der Dreharbeiten. Ferragamo spezialisierte sich vor allem auf Damenschuhe, stellte aber auch Herrenmodelle für verschiedene Filme und für besondere Freunde, wie Rodolfo Valentino, her. Als die Filmindustrie 1923 nach Hollywood umzog, ging Salvatore mit und eröffnete einen neuen Laden, geräumig und elegant, den *Hollywood Boot Store*, am Hollywood Boulevard, einer der Hauptstraßen von Beverly Hills, gelegen, an der Ecke neben dem Restaurant *Las Palmas*. Regisseure wie Cecil de Mille, James Cruze, David Wark Griffith und Raoul Walsh bestellten nun die Fußbekleidungen für ihre historischen Filme bei ihm und Schauspielerinnen rissen sich um seine exzentrischen Modelle. Dank der starken Nachfrage nach Damenschuhen konnte der junge Salvatore bei deren Design seiner kreativen Fantasie und seiner Leidenschaft für das Experimentieren mit neuen Techniken und Materialien freien Lauf lassen. Daher mussten jedoch andere Aufträge, die durch die Zusammenarbeit mit den ersten amerikanischen Kaufhäusern, *Saks* in New York und *I. Magnin* in San Francisco, in Gang gekommen waren, nicht selten unvollendet liegen bleiben. Denn in den Vereinigten Staaten war es sehr schwierig, geschickte Schuster zu finden, die in der Lage waren, Schuhe von Hand herzustellen.

Rückkehr nach Florenz

1927, immer noch auf der Suche nach qualifizierten Handwerkern, beschloss Salvatore Ferragamo, nach Italien zurückzukehren. Als Ausgangspunkt und Standort für sein Geschäft wählte er Florenz, eine Stadt und Region, die in der ganzen Welt wegen der Schönheit ihrer Kunst und wegen ihres vollendeten Kunsthandwerks geschätzt wurde. In Florenz fand er recht schnell das ideale Terrain, um seine erfinderische Fantasie zur Entfaltung kommen zu lassen. Hier konnte er auch auf einen zeitgenössischen Mythos aufbauen, den Mythos einer Renaissance-Werkstatt, in der Künstler ausgebildet, Ideen geboren und Meisterwerke geschaffen wurden. Er war sich der Macht seiner Botschaft bewusst, die ein handgefertigtes Produkt von hoher Qualität mit dem Bild eines solch einzigartigen Ortes paarte. Sie nährte in den Köpfen seiner zumeist recht wohlhabenden Kunden die Illusion, einen *Ferragamo* Schuh zu besitzen wäre gleichsam so, als gehöre ihnen ein Stück von Florenz selbst, ein Stück seiner Kunst und seiner kulturellen Tradition. In Florenz baute Salvatore seine erste richtige Firma auf, die seinen Namen *Salvatore Ferragamo* trug, und hier sollte sein Name zum Synonym für eine Marke werden.

Als Ergebnis seiner Erfahrungen in Amerika führte er eine Reihe von Neuerungen in die Schuhherstellung ein: Er übertrug den Herstellungsprozess der amerikanischen Schuhindustrie auf die manuelle italienische Fertigungsweise, indem er ein „menschliches Fließband“ einführte, in dem der Schuhmacher als Experte erst zu einem bestimmten Stadium in die Arbeit eingriff. Zudem führte er das amerikanische Schuhgrößensystem ein, das eine Vielzahl an Größen erlaubte und nicht nur die verschiedenen Fußlängen, sondern auch die verschiedenen Fußbreiten berücksichtigte. Er erfand neue technische Lösungen, zum Beispiel eine stählerne Mittelsohle, die den Spann unterstützen sollte. Im Laufe der Jahre erhielt er für eine Reihe struktureller Neuerungen Patente und setzte damit Trends: von der vollkommenen Freiheit bei der Auswahl bis zum Experimentieren mit Materialien jeglicher Couleur, von den edelsten und teuersten bis zu den neuesten Erfindungen oder zu solchen mehr traditioneller Art. Letztere wurden nicht selten wieder grundlegend verwandelt durch ihre ungewöhnliche Verwendung und durch die unerwarteten Kombinationen von Farben und Dekorationen. So erhielt z. B. Spitze aus Tavarnelle dank Ferragamo neue Nutzungsfelder, und Strohzöpfe, die sonst auf Hüte appliziert wurden, bildeten nun das Obermaterial raffinierter Schuhe. Ferragamo, ein Mann seiner Zeit, war auch der zeitgenössischen Kunst gegenüber aufgeschlossen und ergänzte sein Unternehmen selbst durch einen Künstler. Lucio Venna, ein Vertreter des Futurismus, entwarf die erste Werbekampagne des Unternehmens und das Logo für die Schuhetiketten. Als einer der großen Industrie-Designer seines Zeitalters erfand Ferragamo außergewöhnliche Formen auf der Basis der besonderen Anforderungen ihrer Träger. Er schuf einzigartige, exklusive Stücke, die in ihrer Raffinesse und in ihren liebevollen Details künstlerischen Objekten gleichkamen. Gleichzeitig ließ er sich jede Idee patentieren, die das Potenzial zur Massenproduktion hatte, und trat so dem Problem der Industrialisierung offensiv entgegen. Nahezu 400 Patente, die sich auf Verzierungen, praktische Verbesserungen, Erfindungen oder kommerzielle Aspekte bezogen, sind noch kürzlich im römischen Staatsarchiv aufgestöbert worden. Sie dokumentieren die Verbindung seiner ungebundenen schöpferischen Energie mit meisterhafter technischer Konstruktion.

gegenüberliegende Seite
Joan Crawford im *Hollywood Boot Shop*, 1926

Audrey Hepburn und Salvatore Ferragamo, 1954

Innovation in Leder und anderen Materialien

Ferragamos Kreationen der späten 1920er und frühen 1930er Jahre fielen sowohl durch die Dekorationen der Obermaterialien als auch durch ihre starken und bestimmenden Farbtöne auf, die er außergewöhnlich und kühn in seinen „Patchworks" aus Ledern und Stoffen kombinierte. Beim Obermaterial koppelte er gewundene und gebogene Linien mit geometrischen Mustern, inspiriert von der abstrakten Kunst jener Zeit. Daneben nutzte er geschickt das ganze Spektrum der florentinischen Kunsthandwerkstradition: von den prächtigen schmiedeeisernen architektonischen Verzierungen bis hin zu den kleinen Mosaiken, die die heimischen Goldschmiede produzierten. Letztere wandelte er mit Motiven von klassischem oder orientalischem Beigeschmack ab. Wenn sich Ferragamo auch einerseits sehr mit exklusiven Schmuckformen befasste, mit denen er eine individuelle Aufmachung seiner Modelle erreichen konnte, legte er andererseits ebenso großen Wert auf deren Funktionalität.Jedoch zwangen schlechtes Management und die Weltwirtschaftskrise, die 1929 auf den Wertverfall des Dollars folgte, Ferragamo, seine schöpferische Produktion zu unterbrechen und 1933 seine erste Werkstatt in der Via Mannelli Nr. 57 zu schließen. Salvatore ließ sich jedoch nicht entmutigen, mietete wenig später neue Räumlichkeiten im Herzen von Florenz an, im Palazzo Spini Feroni in der Via Tornabuoni, und nahm dort seine Arbeit und die Exportgeschäfte in die USA mit noch mehr Energie und Enthusiasmus als zuvor wieder auf. Sein Geschäft lebte rasch wieder auf und bereits 1938 war Salvatore in der Lage, das Gebäude zu kaufen, in dem er seine Werkstatt im Obergeschoss und den Verkaufsraum im Erdgeschoss eingerichtet hatte. Im selben Jahr eröffnete er noch zwei Filialen: eine in der Old Bond Street in London und eine in der Via Condotti in Rom.

In den Vorkriegsjahren war jeder Schuh, den Ferragamo entwarf, nahezu ein architektonisches Werkstück im Zusammenspiel seiner Details, in seinen Symmetrien und in der perfekten Balance von Gewichten und Maßen. Die berühmteste Erfindung Ferragamos aus dieser Epoche war wohl der Keilabsatz aus Kork. Er erhielt dafür 1937 das Patent – also schon zwei Jahre bevor sich der Korkabsatz als letzter Schrei und als Ikone des Zeitgeschmacks durchsetzen konnte. Dieser Absatz war ursprünglich aus einem funktionalen Bedürfnis entwickelt worden: Er sollte die Ferse anheben und dem Spann eine stabile Unterstützung geben. Der Keilabsatz löste außerdem auf fantasievolle und brillante Weise ein Problem, das zu Beginn des Krieges in Äthiopien entstanden war. Die wirtschaftlichen Sanktionen, die der Völkerbund über Italien verhängt hatte, betrafen unter anderen importierten Materialien auch deutschen Stahl, den Ferragamo für seine Mittelsohlen benötigte. Der Keilabsatz bot zudem einem Künstler wie ihm die Gelegenheit, seiner kreativen Fantasie auf größeren Oberflächen als nur auf Absätzen und Obermaterialien freien Lauf zu lassen.Die wirtschaftlichen Sanktionen gegen das mit Hitlerdeutschland verbündete und kriegführende Italien hatten die Probleme, die mit der Materialknappheit und dem Mangel an Energieressourcen verknüpft waren, noch vertieft. Sie stimulierten jedoch Ferragamos Erfindergeist, nicht nur, was das Dekor anging, sondern vor allem auch, was die Technologie der Schuhe betraf. So gestaltete er Absätze aus zusammengenähten Weinflaschenkorken und bezog sie mit Leder, ließ sich spezielle Verfahren für Ledererersatz patentieren und erfand Absätze aus transparentem Bakelit und mit Gelenken versehene Holzsohlen, deren Obermaterial aus Galalith bestand oder mit Glas dekoriert wurde, die ihrerseits Autoreifen oder Nähgarnrollen imitierten. Seine natürliche Neigung zu einfachen Materialien zeigte, dass Luxus nicht vom Wert des verwendeten Materials abhängt, sondern von den Einfällen und der Qualität des Handwerks. Das führte bereits ab den frühen 1930er Jahren dazu, dass er häufig Stoffe verarbeitete wie Hanf, Stroh, Wollfäden und Cellophan, das aus Einwickelpapier von Süßigkeiten stammte und glänzende, dicke oder gefältelte Oberflächen bildete.

Goldene Jahre nach dem Zweiten Weltkrieg

Die Wiedereröffnung der Grenzen nach Kriegsende und die Wiederaufnahme des Handels läuteten für Ferragamo und das gesamte italienische Design eine besonders fruchtbare Periode ein. Italienisches Design eroberte nun in großem Stil die Weltmärkte. Salvatore Ferragamo wurde berühmt als Repräsentant italienischer Fantasie und italienischen Modestils. 1947 ersann er ein Obermaterial aus transparentem Filamentfaden und schuf daraus die „unsichtbare" Sandale, mit der er zusammen mit Christian Dior in Dallas den Neiman-Marcus-Award gewann – den Oskar für die Mode. Noch bevor der internationale Jetset in den 1950er Jahren seine Vorliebe für Florenz entdeckte, knüpfte Ferragamo Beziehungen zu einer Reihe von Prominenten an, darunter Königinnen, Aristokratinnen und Schauspielerinnen. Sie alle kamen in der Folgezeit häufig höchstpersönlich in die Räume mit den Freskogemälden im Pallazzo Spini Feroni, um von ihm die Maße ihrer Füße nehmen und sich beraten zu lassen.

Salvatore Ferragamo und Emilio Schuberth präsentieren *Ferragamos Kimo* auf der ersten Italienischen Modenschau in Florenz. 1951

In der zweiten Hälfte der 1950er Jahre begann Ferragamo, sich über den Fortgang seines Unternehmens Gedanken zu machen, denn wie sollte er mit dem wachsenden Konkurrenzdruck und den hohen Anforderungen der internationalen Märkte umgehen. In weniger als zehn Jahren hatten die industriellen Aktivitäten in Italien einen beispiellosen Stand erreicht und wuchsen schneller als in jedem anderen Land Europas. Die politische Allianz mit den Vereinigten Staaten hatte eine ökonomische Partnerschaft hervorgebracht, die zu einem massenhaften Verkauf von amerikanischen Maschinen, industriellen Ausrüstungen und Patenten in die „Alte Welt" geführt hatte. Mit der Ausbreitung der Industrialisierung nahm aber auch die Demokratisierung der Konsumgüter gewaltig zu. Da die Arbeitskosten in Italien im Vergleich zu anderen europäischen Ländern zu jener Zeit immer noch niedrig waren, konnten die Preise italienischer Waren stabil bleiben und erlangten auf dem Weltmarkt zunehmende Wettbewerbsvorteile. Der Wandel der italienischen Wirtschaft, das Auftauchen neuer Schuhhersteller und Schuhmarken auf den internationalen Märkten sowie die wachsende inländische Nachfrage veranlassten Salvatore Ferragamo, erneut seine Produktionsstrategien zu überdenken. 1948 hatte er noch das Angebot eines amerikanischen Schuhfabrikanten abgelehnt, diesem für 20 Jahre die

Nutzungsrechte an seiner Marke *Ferragamo Debs* zu verkaufen. Doch wenn Ferragamo dabei blieb, dass seine Schuhe ihre Position auf dem Weltmarkt erhalten und ausbauen sollten, dann musste er neue Wege einschlagen. Während er zukünftig einen Teil seiner Modelle weiter von Hand anfertigen ließ, entwarf er gleichzeitig verschiedene, weniger spektakuläre und preiswertere Kollektionen: Die in England hergestellten *Ferragamo Debs* und *Ferrina* wurden zu 60 Prozent immer noch manuell, zu 40 Prozent jedoch maschinell produziert. Gleichzeitig erweiterte Ferragamo seine Produktpalette, entwarf erste Handtaschen und bedruckte Seidenschals mit Motiven, bei denen er sich von den großen italienischen Städten und deren Kunstschätzen inspirieren ließ. 1959 lieh er seinen Namen einer Sportmode-Kollektion, die von der Firma *Lord and Taylor* herausgebracht und von seiner Tochter Giovanna entworfen wurde.

Die Ferragamo-Familie: Salvatore Ferragamo mit seiner Frau Wanda und den Kindern Fiamma, Ferruccio, Giovanna, Fulvia, Massimo und Leonardo

Die Legende lebt weiter

1960 verstarb Salvatore und die Geschäftsführung übernahm seine Frau Wanda gemeinsam mit den sechs Kindern. Jedes Familienmitglied bekam klar definierte Aufgaben. Zehn Jahre lang wurde die Firma *Salvatore Ferragamo* nunmehr allein von Frauen geleitet. Wanda, die sich bis dahin auf die Rolle der Ehefrau und Mutter beschränkt hatte, sah sich vor der schwierigen Aufgabe, eine vormals kleine Firma, die sich auf eine Marktnische konzentriert hatte, in ein neues großes Unternehmen zu überführen, dessen Produkte in 35 verschiedene Länder verkauft wurden. Giovanna entwarf weiter ihre Damen-Konfektionskleidung in immer vollkommeneren Kollektionen, mit denen sie sich die Teilnahme an den italienischen Modeschauen sichern konnte, die ab 1965 in den renommierten Veranstaltungsräumen des Palazzo Pitti in Florenz abgehalten wurden. Der ältesten Tochter, Fiamma, dem einzigen Kind, das schon eng mit dem Vater zusammen gearbeitet hatte, wurde die Verantwortung für die kreative Leitung der Fußbekleidungsabteilung übertragen. Sie musste schon sehr bald die wichtige Entscheidung treffen, endgültig von der manuellen Schuhproduktion zur industriellen zu wechseln und nur noch wenige Handarbeitsschritte im Herstellungsprozess beizubehalten. Dieser Übergang schien notwendig zu werden, wenn das Unternehmen seinen Absatz ausbauen, wettbewerbsfähige Preise erzielen und dabei die Charakteristika eines Luxusproduktes erhalten sollte.Nach dem Tod ihres Vaters musste sich Fiamma zudem dem Mangel an Vertrauen entgegenstellen, das der Markt anfangs in das Weiterleben der Marke über Salvatores Tod hinaus setzte. Im Januar 1961 stellte sie dann in London ihre erste eigene Kollektion vor, die zu ihrer Überraschung nicht nur auf ein positives, sondern auf ein begeistertes Käuferecho stieß. *„Sie fragten mich"*, berichtete Fiamma weiter, *„ob einer der Entwürfe noch von meinem Vater sei. Ich sagte ihnen, wir hätten so viele Modelle im Archiv, die er entworfen, aber nicht mehr produziert hätte, dass ich noch Jahre davon zehren könnte. Diese Antwort war ausreichend, um sie zu beschwichtigen. Die Aufträge flossen herein. Ich hatte* *erreicht, was ich wollte, ihr Vertrauen gewonnen und die Fortsetzung der Tradition garantiert."* In jeder Saison führten Fiamma und Giovanna, die zu „Teenagern der Mode" ernannt wurden, ihre Kollektionen in Italien, in London und in den Vereinigten Staaten vor.

Der Lifestyle-Konzern als Familienunternehmen

In den 1960er Jahren wirkte sich der Wirtschaftsboom des vorherigen Jahrzehnts nicht nur in Italien spürbar aus und rief Begeisterung für den industriellen Fortschritt hervor, der als Spender des neuen Reichtums angesehen wurde. Sogar das oberste Segment des Marktes, das der Luxuswaren, konnte seinen Anteil vergrößern. Die Aufmerksamkeit der Unternehmen verschob sich von der elitären Kundschaft, die in den 1950ern noch die Zielgruppe gewesen waren, zur Mittelschicht. Denn diese Käufer strebten danach, ihren gesellschaftlichen Status durch die Benutzung eines besonderen Produktes zu demonstrieren: sei es ein Auto oder ein Paar Schuhe. Tatsächlich ist es kein Zufall, dass Name und Logo eines Designers gerade in dieser Zeit zum Garanten für Qualität und Erkennbarkeit eines Produktes wurden. *Ferragamo* veränderte in dieser Zeit sein Logo. Der Name *Ferragamo Creations*, der bis in die 1950er Jahre für die Schuhe gestanden hatte, wurde durch eine Grafik mit der Unterschrift des Gründers ersetzt, die seine schöpferische Identität lebendig erhalten sollte. Diese prangt seitdem auf allen Waren, Ladenschildern, Verpackungen und Werbemitteln der Firma. Bei den Herstellern zeigten sich zwei unterschiedliche Reaktionen auf den neuen Markentrend. Einige senkten fortan ihre Qualitätsstandards und begannen, Massenherstellung zu favorisieren, während sich andere, wie *Ferragamo*, die eine Tradition und eine renommierte Marke zu verteidigen hatten, entschlossen, die Kluft zwischen den Qualitätsniveaus zu erweitern. Einerseits wurde auf niedrigerem Niveau für die Mittelklasse produziert, andererseits galt es weiterhin, auf besonders hohem Standard gezielt exklusive Schuhe für eine ausgewählte Kundschaft zu entwerfen. *Ferragamo* gestaltete weiterhin „High-Fashion" und von Hand gearbeitete Maßschuhe in der herausragenden Qualität und verwandelte dabei nahezu jedes Modell in ein Unikat und eine Stil-Ikone. Daneben entwickelte die Firma eine eigene Kollektion für die Massenproduktion, die zur Konfektionsmode passte. Aber auch die Massenlinie zeichnete sich durch Liebe zum Detail aus und verwendete Materialien, die auch für Spitzenmodelle benutzt wurden. Im Laufe des folgenden Jahrzehnts nahm die Herstellung von Maßschuhen jedoch allmählich ab, da das Unternehmen seinen Schwerpunkt auf den stetig wachsenden internationalen Vertrieb und die Erweiterung seiner Produktpalette zu legen begann. So wurden ab 1965 z. B. Taschen in das Produktionsprogramm aufgenommen. Größten Wert legte das Unternehmen weiterhin auf den Sitz und die Bequemlichkeit seiner Schuhe, ohne deren Ästhetik zu vernachlässigen. Nunmehr wurde es auch erforderlich, die interne Organisation des Unternehmens zu verändern. Betrug die Schuh-Tagesproduktion in den 1950er Jahren noch 350 Paar, hergestellt von der eigenen Belegschaft mit 750 Handwerkern, so stieg diese in den 1960er Jahren auf 2000 Paar. Sie wurde in kleinen Fabriken in der Region um Neapel und in den Industriegebieten nahe Florenz produziert, die ausschließlich für *Ferragamo* arbeiteten. Der kreative Teil einschließlich des Baus der Prototypen und der Leisten, von denen die Passform der Schuhe abhing, verblieb in der Firma selbst. 1964 trat auch Ferrucio, Salvatores ältester Sohn, in das Unternehmen ein. Ihm folgten 1970 die Schwester Fulvia, die die Kontrolle über das Design und die Produktion von Seidenaccessoires wie Schals, Krawatten und Geschenkartikeln

erhielt, und der Bruder Leonardo, der die Abteilung für Herrenbekleidung und Accessoires für den Herrn aufbaute. Leonardo war es auch, der in den folgenden Jahren die Expansion der Firma in den Fernen Osten vorantrieb. Als jüngster Bruder trat Massimo in das Familienunternehmen ein. Ihm fiel die anspruchsvolle Aufgabe zu, den US-amerikanischen Markt zu betreuen, der für *Ferragamo* immer der wichtigste und profitabelste Verkaufsmarkt gewesen war.

Indem die Familie auf die Gründungsprinzipien von Salvatore Ferragamo aufbaute, kam Wanda und ihren Kindern der Verdienst zu, das Beste aus der schwierigen schöpferischen Hinterlassenschaft Salvatores gemacht zu haben. In Abwesenheit des großen Designers, der die Geschichte der Fußbekleidung mit seinen Ideen und Modellen revolutioniert hatte, haben sie sich auf einen eigenen Weltstadt-Stil konzentriert. Dieser versucht, Design mit hoher handwerklicher Kunst zu verbinden, ohne die Sorgfalt beim Detail zu vernachlässigen und neue Materialien auszuschließen. Wenn die Produktion des Unternehmens *Ferragamo* zu Salvatores Lebzeiten vor allem in der Originalität seiner Modelle, deren ständiger Erneuerung und manchmal sogar exzentrischer Entwürfe wurzelte, so zielte sie nach seinem Tode auf maßvolle Eleganz, die den Anforderungen eines viel größeren internationalen Marktes gerecht werden musste und die sich auf unterschiedliche Kleidungskulturen einzustellen hatte. Das bedeutete zweifellos nicht das Ende von Neu-Entwicklungen und Experimentierphasen. Unter den vielen Patenten des Unternehmens, die von rutschfesten Sohlen bis zu Brieftaschen aus Kohlenstofffasern reichen, müssen vor allem der Spiral- und der Skulpturabsatz herausgehoben werden, mit denen Fiamma zwanzig Jahre nach ihrem Vater den Neiman-Arcus-Award für Kreativität in der Fußbekleidung gewinnen konnte. Erwähnenswert sind auch die beiden am meisten gefeierten Symbole der heutigen *Ferragamo*-Markenwelt: *Vara*, die 1978 gestalteten klassischen Pumps mit niedrigem Absatz und einer Schleife, und *Gancino*, ein Dekor, der als Handtaschenverschluss von Salvatore entworfen worden war, aber erst durch Fiammas erstes Handtaschenmodell weltweit berühmt wurde.
Wenn Salvatore Ferragamo aufgrund seiner unermesslichen Kreativität im Schuh-Design in die Modegeschichte eingeht, wird Wanda Ferragamo vermutlich für ihre Geschäftsführung einen gleichwertigen Rang erhalten. Diese hat die Marke weltweit bekannt gemacht und es dem Unternehmen ermöglicht, ein Netzwerk von 500 Outlets zu errichten und seine Produktpalette – einem Lifestylekonzern gemäß – umfangreich auszudehnen: von Schuhen zu Accessoires, zu Damen- und Herrenbekleidung, Brillen, Parfums und Uhren. Vor allem aber hat Wandas Geschäftsführung den Ruf des soliden Unternehmens Ferragamo gefestigt. Der Familie ist es gelungen, die Kreationen des Gründers für zukünftige Generationen bewahrt zu haben. Sie sind Zeugnisse eines außergewöhnlichen Talentes und Beweise für eine Produktkultur, die auf der Ästhetik des Alltäglichen sowie auf innovativer und funktionaler Schönheit fußt. Diese Produktkultur ist nach wie vor der Dreh- und Angelpunkt für *Ferragamo* auch im 21. Jahrhundert. 1995 beschloss die Familie Ferragamo, da sie sich des wertvollen Erbes bewusst war, ihre Firmengeschichte für die Öffentlichkeit zugänglich zu machen. Sie dachte dabei besonders an jüngere Leute, die ständig auf der Suche nach Stimuli und Bezugspunkten sind. Und so wurde im Palazzo Spini Feroni, dem Hauptsitz des Unternehmens, das *Salvatore Ferragamo Museum* eingerichtet um darzustellen, dass Mode ein untrennbarer Teil der Kultur und Kunst eines Landes geworden ist.

Detaillierte Beschreibung der Schuhmodelle auf Seite 206

Übersetzung Heidemarie Menge

„... und die Schuhkarawane zieht unaufhaltsam weiter“[1] – „Outsourcing“ und „Offshoring“ der globalen Schuhproduktion

Hartmut Roder

Die deutsche wie die internationale Schuhindustrie wird seit über einem Vierteljahrhundert von tiefgreifenden Wandlungsprozessen erschüttert. Nicht nur wächst die Weltbevölkerung weiter und die Zahl der nachgefragten Schuhe nimmt zu, in einer rasanten Geschwindigkeit hat sich auch die Herstellung von Schuhen weltweit verlagert. Schon lange nicht mehr war die Produktion von Schuhen auf rein handwerkliche Art und Weise am Ort oder in der Region erfolgt, bereits im 19. Jahrhundert hatten sich nationale Herstellungszentren herausgebildet. Seit den 70er Jahren des 20. Jahrhunderts schließlich verlagerten die Unternehmen zunehmend die Produktion ins kostengünstigere europäische Ausland. Aber selbst Portugal, Malta oder Rumänien, Polen und Litauen erwiesen sich als Zwischenstationen. Die nach wie vor arbeitsintensive Herstellung von Schuhen ist seit geraumer Zeit in China und Vietnam angekommen; denn dort herrschen bei einem Überangebot von Arbeitskräften weit niedrigere Arbeitskosten als an den bisherigen Standorten. Das „Outsourcing“, also Verlagern der kompletten Herstellungskette in die neuen asiatischen „Werkbänke der Welt“, bewirkte in den alten Industriestaaten ein gravierendes Schrumpfen der Schuhproduktion und den Verlust von tausenden von Arbeitsplätzen, ja das Veröden ganzer Regionen. Ähnlich wie in der Textil- oder Möbelbranche und neuerdings sogar in der Computerindustrie hat sich auch in der Schuhproduktion eine neue internationale Arbeitsteilung durchgesetzt.

Schuhmacherdenkmal vor dem Schuhmuseum in Hauenstein

Stagnation und Boom in der Schuhproduktion – zwei Seiten einer Medaille

Eine Tour entlang der 120 km langen „Deutschen Schuhstraße“ in Rheinland-Pfalz vermittelt noch heute einen kleinen Eindruck von der Leistungsfähigkeit und Kompetenz der untergegangenen deutschen Schuhindustrie. Zwischen Pirmasens und Hauenstein gab es 1960 noch ca. 270 Betriebe mit über 32 000 Beschäftigten, die einen großen Teil des deutschen Marktes versorgten.[2] Längst zerfallen die ehemaligen Fabrikhallen, und Museen haben die Aufgabe der Erinnerungspflege übernommen. Nur wenigen Betrieben ist es bis heute gelungen, auf Nischenmärkten zu überleben. Aber das Sterben der Produktionsorte für Schuhe in Deutschland geht von Jahr zu Jahr weiter. Machten 2005 noch 102 Betriebe mit 13 313 Beschäftigten die gesamte deutsche Schuhindustrie aus, so gab es ein Jahr später lediglich 95 Unternehmen. Von den 105 000 Beschäftigten 1960 blieben 2006 noch 13 250 übrig. Ein Rückgang der Paarzahlen macht deutlich, dass heimische Hersteller nunmehr eine Randposition auf dem Markt einnehmen: Während 1969 noch 180 Millionen Paar Schuhe in Deutschland gefertigt wurden, reduzierte sich die Inlandsproduktion 2006 auf 25 Millionen Paar. Allein 2006 wurden über 438 Millionen Paar Schuhe nach Deutschland eingeführt, von denen mehr als zwei Drittel auf den deutschen Markt gelangten, während ca. ein Drittel reexportiert wurde.[3] Dabei ist die Chance, Schuhe trotz der Konsumflaute an den deutschen Verbraucher zu bringen, eigentlich recht günstig, denn der jährliche Pro-Kopf-*Verbrauch* liegt zwischen drei und fünf Paaren. Auch scheint sich der Trend zu hochwertigen und umweltverträglichen Materialien, zu modischem Design und bester Verarbeitung immer mehr zu verstetigen. Mit leicht sinkender Tendenz beliefen sich die Pro-Kopf-*Ausgaben* für Schuhe in Deutschland im Jahre 2006 allerdings auf nur 109,96 €, sodass die Schuhwirtschaft noch kein Ende der langjährigen Absatzkrise auf dem deutschen Schuhmarkt feststellen konnte.

Während nunmehr die *Herstellung* von Schuhen in Deutschland seit Jahren rückläufig ist und sich auf eine immer kleinere Gruppe von Betrieben konzentriert, fand spiegelbildlich eine immer größere Konzentration im deutschen *Schuhhandel* statt. Der kontinuierliche Rückgang des Marktvolumens für Schuhe hat zur verstärkten Aufgabe des unabhängigen, sogenannten „kooperierenden" Fachhandels, also des Schuheinzelhandelsgeschäftes um die Ecke, geführt. Der erhöhte Wettbewerbsdruck, der fast ausschließlich über den Preis ausgetragen wird, hat nicht nur die freien Filialisten (wie *Deichmann* oder *Reno*) gestärkt, sondern hat in Gestalt der Discounter *Aldi*, *Lidl* oder *Tchibo*, die ihre Nonfood-Angebote auch auf Schuhe ausgedehnt haben, eine große Anzahl branchenfremder Vertriebswege geöffnet. Auf der einen Seite verlangt und erwartet der deutsche Verbraucher preislich äußerst günstige Angebote, sodass die massive Hinwendung zu Discountern und Verbrauchermärkten auf der grünen Wiese anhält, auf der anderen Seite jedoch bedauert er den Verlust des beratenden Fachhandels vor Ort und möchte aus nostalgischer Sehnsucht möglichst noch den Tante-Emma-Laden um die Ecke zurückhaben, dessen Preise er jedoch keinesfalls zu zahlen bereit wäre.

Textil- und Schuhimporte 2004/2005 aus China

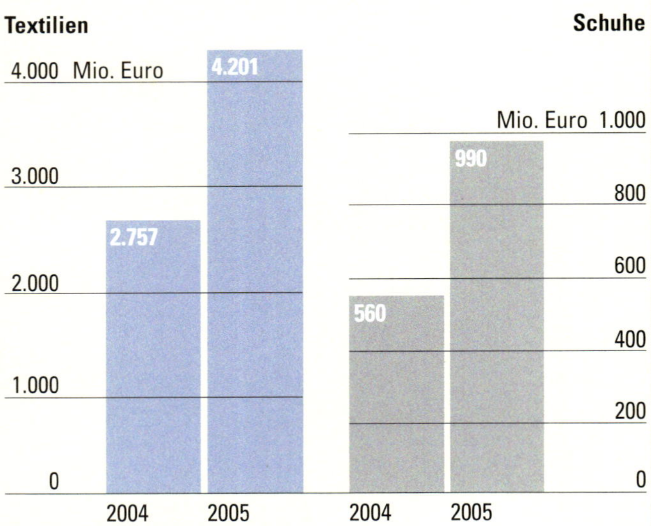

Quelle: Statistisches Bundesamt

Ähnlich wie schon in den 1970er Jahren die Textilindustrie, so reduzierte auch die deutsche Schuhindustrie einige Jahre später ihre Produktionskapazitäten, baute Betriebe und Beschäftigung im Inland ab und verlagerte die Fertigung ins Ausland. Stagnation und Deindustrialisierung in den alten Industriestaaten Europas und Nordamerikas und Auslagerung der Produktion ins nähere oder auch fernere Ausland gehören also zur unternehmerischen Strategie, die sowohl eine billigere Produktion als auch eine günstigere Marktposition ermöglichen soll. Alle ehemalig großen deutschen, europäischen wie auch amerikanischen Hersteller begannen somit, im Ausland fertigen zu lassen, während Verwaltung, Marketing und Design noch im Ursprungsland verblieben. Althergebrachte Branchen, die nicht viel Know-how und Kapital, aber viele fleißige Hände benötigten, wanderten aus: erst in europäische Randstaaten und später nach Asien. Als „Infant Industry" begannen alle sich zu Industriestaaten entwickelnden Länder mit der Textilbranche, der die Leder- und Schuhindustrie bald nachfolgte. Nach dem Gesetz der komparativen Kosten ergab sich eine neue weltwirtschaftliche Arbeitsteilung, in der westliche Markenprodukte zunehmend in asiatischen Ländern gefertigt wurden, die ihrerseits wiederum die westlichen Konsummärkte mit Ware versorgten.

Seitdem die Volksrepublik China 1978 mit ersten Wirtschaftsreformen begann und die Sozialistische Republik Vietnam nach dem Abschluss eines bilateralen Handelsabkommens mit den USA im Jahre 2001 sich in die Weltwirtschaft zu integrieren anfing, entstanden in beiden ehemals kommunistischen Ländern tausende von Betrieben vor allem der Leichtindustrie, die auf westliche Rechnung Serien von Konsumgütern fertigten. Die Schuhherstellung entwickelte sich vor allem in diesen beiden Ländern zu einer Domäne der Weltwirtschaft: von 14 Milliarden Paar Schuhen weltweit kamen 2006 allein acht Milliarden Paar aus China und 450 Millionen Paar aus Vietnam. In beiden Ländern setzte ein Schuh-Boom ein, der mittlerweile zur Versorgung von 60 % des Weltbedarfs an Schuhen führte.

Die Schuhwerkstatt der Welt: China

Nachdem die Textilindustrie sich weitestgehend aus Europa zurückgezogen und sich mittlerweile in China gewaltige Produktionskapazitäten aufgebaut hatte, die für Bekleidungsunternehmen aus aller Welt schneiderten, wiederholte sich kurz darauf diese „Auswanderung" in der Schuhfabrikation. Auch in dieser Branche stellte zumeist die Hongkonger Industrie den Wegbereiter in das „Land der Mitte" dar. Selbst zu teuer in den Gestehungskosten geworden, verlagerte eine Reihe von Hongkonger Unternehmen ihre Betriebe in das chinesische Hinterland. Vor der eigenen Haustür wurde mit Hongkonger Kapital und Management eine neue Leichtindustrie aus dem Boden gestampft. Als erste Sonderwirtschaftszone bot die Provinz Guangdong im Perlfluss-Delta ideale Voraussetzungen: neben steuerlichen Vorteilen ein unerschöpfliches Heer von willigen und disziplinierten Arbeitskräften, deren Lohnkosten konkurrenzlos niedrig waren. Damit saugte Guangdong Fertigungskapazitäten aus Europa, Nordamerika und anderen Hochlohnländern ab, verbilligte Arbeit und Produkte, vervielfachte diese und verschiffte sie per Container auf überseeische Märkte. Allein zwischen 1985 und 1994 stiegen die Exporte aus dem am schnellsten wachsenden Industriegebiet der Welt von 2,9 Milliarden auf 50 Milliarden Dollar. Mittendrin in dieser Sonderwirtschaftszone entwickelte sich die Stadt Dongguan von einem verträumten Bauernstädtchen mit ca. 50 000 Einwohnern im Jahre 1980 zu einer Sieben-Millionen-Metropole zwanzig Jahre später. In dieser Stadt stehen ca. 20 000 von den insgesamt ca. 480 000 Fabriken im gesamten Perlfluss-Delta zwischen Hongkong und Guangzhou (dem früheren Kanton). Neben Computerzubehör hat sich in Dongguan ein „Cluster", also ein Herstellungszentrum und -schwerpunkt, für Schuhe herausgebildet.[4] Allein in Dongguan wurden 2007 ca. 600 Millionen. Paar Schuhe von den insgesamt in China produzierten neun Milliarden Paar hergestellt. Allein aus dieser Stadt stammen 10 % aller Schuhexporte weltweit, die von mehr als 2000 Unternehmen in tausenden von Fabrikationslinien hergestellt werden. Als Original Equipment Manufacturer werden

Provinz Guangdong im Perlfluss-Delta mit den Städten Dongguan, Guangzhou und Foshan

Rohmaterialien nach vorgefertigten Mustern verarbeitet. Von den ca. 30 000 Schuhfabriken in China gelten ca. 18 000 als groß und mittelgroß,[5] wobei ein stetes Auf und Ab von Neugründungen und Pleiten zu verzeichnen ist. Allein für die gigantischen Yue-Yuen-Schuhfabriken in Dongguan, Tochtergesellschaften des taiwanesischen Pou Chen-Konzerns, arbeiten auf nahezu zwei Millionen m² Produktionsfläche ca. 100 000 Menschen. Yue Yuen ist der größte Auftragshersteller für Sportschuh-Markenartikel auf der Welt. Allein für *Adidas*, das seit über 15 Jahren keine Schuhe mehr selbst produziert, verlassen jährlich über 20 Millionen Paar diese Fabriken. Der Ausstoß für *Nike*, *Reebok*, *Puma*, *Timberland* usw. dürfte ähnliche Größenordnungen erreichen. In rund 50 Arbeitsschritten wird ein Sportschuh hergestellt, wobei Handarbeit weiterhin dominiert. Die Belegschaft arbeitet an sechs Tagen von 7 bis 17 Uhr mit einer Stunde Pause. Sie ist in werkseigenen Unterkünften untergebracht und bekommt einen Monatslohn von durchschnittlich unter 100 Euro (2006).[6] Jedoch verliert für viele der geschätzten fünf Millionen Wanderarbeiter allein in Dongguan die harte Arbeit in den Sweatshops der Schuhindustrie zunehmend an Attraktivität. Geringe Löhne, beengteste Arbeits- und Lebensbedingungen und Schichten mit Überstunden bis zu 14 Stunden führten bereits 2004 zu einem verminderten Zufluss an Arbeitskräften in diese Boomregion und zu Blockaden und Streiks, die in der Volksrepublik China eigentlich verboten sind. Die Tatsache, dass lediglich jeder sechste chinesische Erwerbstätige krankenversichert ist und nur 20 % rentenversichert sind, sowie die rabiate Missachtung von sozialen Vorschriften und Regeln der Arbeitssicherheit ließen das Konfliktpotenzial weiter ansteigen. Auch die Einführung von Compliance-Managern, also Kontrolleuren, die die Einhaltung arbeits- und umweltrechtlicher Minimalstandards überwachen sollten, vermochte nicht, das zunehmend ins Gerede gekommene Image der Schuhbranche in China nachhaltig zu verbessern. So verwundert es nicht, dass *Nike* z. B. nach der Unterzeichnung eines 45-Mio.-Dollar-Werbevertrages mit Basketballstar Michael Jordan und einem Jahreslohn von 0,001 % dieses Betrages für den chinesischen Hersteller des „Air Jordan"-Schuhes in die Gesellschaft von Sklavenhaltern gestellt wurde. War die danach entstandene Compliance-Industrie zwar bemüht, Schaden vom Ruf der Marken abzuwenden, so hatten es die Kontrolleure häufig mit „massenhafter Urkundenfälschung"[7] zu tun bzw. scheiterten an ihrer mangelhaften Durchsetzungskraft in den Betrieben. Erstmals begaben sich die Anwerber von Dongguan verstärkt in die armen chinesischen Provinzen, um Nachschub an Arbeitskraft zu rekrutieren, und erstmals ergaben sich für die chinesischen Arbeitnehmer Spielräume für Lohnerhöhungen.[8] Mit einem Exportvolumen von 18,4 Milliarden Dollar im Jahre 2005, was 6,7 Milliarden Paar Schuhen entsprach, setzten die chinesischen Auftragshersteller ihren Siegeszug auf dem Weltmarkt fort. Auch in Deutschland stehen die chinesischen Schuhexporte einsam an der Spitze der Einfuhren. Mit 197 Millionen Paar decken sie einen Anteil von 45 % aller Importschuhe ab. Der vielzitierte „China Price“ hat aufgrund erhöhter Rohstoffpreise und Lohnkosten zwar 2006 zu einem erhöhten durchschnittlichen Einfuhrpreis pro Paar Schuhe in die Bundesrepublik von 5,27 €, bei Lederschuhen sogar von 10,51 € (vor Zoll und Abgaben) geführt,[9] er wird jedoch auch in Zukunft das entscheidende Kriterium für die westlichen Marken sein, in der größten Schuhwerkbank der Welt weiter produzieren zu lassen. Allerdings deuten sich auch hier die ersten Bestrebungen der chinesischen Industrie an, auf absehbare Zeit mit Eigenmarken den deutschen Markt zu erobern oder schlichtweg hochwertige westliche Marken zu erwerben, damit Auftraggeber und Auftragnehmer in einer Hand sind. Folgerichtig empfehlen deutsche Investmenthäuser wärmstens, Aktien der prosperierenden chinesischen Schuhindustrie als ideale Renditebringer zu erstehen. Mit der Ausrichtung auf hochwertige Lederschuhe bedrängen die chinesischen Fabriken nicht nur die verbleibende deutsche Schuhindustrie, sondern sie werden zunehmend den traditionellen europäischen Schuh-Großproduzenten Italien, Spanien oder Portugal weitere Marktanteile streitig machen. Erste Produktionsversuche „Made in Portugal“ oder „Made in Italy“ von chinesischen Immigranten in diesen europäischen Ländern zeugen vom Variantenreichtum der Wettbewerber aus Fernost. Die US-amerikanische wie auch die japanische Schuhindustrie bedienen mit ihren 40 bzw. 100 Millionen Paar 2006 nur noch Nischenmärkte und haben sich aus dem internationalen Geschäft ohnehin als Produzenten schon lange zurückgezogen.

Vietnam – der neue Schuh-Tiger

Als zweitgrößtes deutsches Schuheinfuhrland hat Vietnam 2006 mit 66 Millionen Paar seinen Platz behauptet. Das überrascht trotz der im Vergleich zu China wesentlich geringeren Löhne und somit auch geringeren Einfuhrpreise schon, denn das Land konnte sich erst spät den internationalen Märkten öffnen und vermochte erst 2007 mit dem Beitritt zur Welthandelsorganisation eine weitere Aufhebung von Einfuhrregelungen in Drittländern zu erreichen. Mit rund 500 000 Beschäftigten in ca. 400 Unternehmen konnte Vietnam auch im Jahre 2006 seinen Rang als viertgrößter Exporteur von Schuh- und Lederwaren weltweit behaupten. Mit Löhnen, die bei ca. 3 € am Tag liegen (2006), ist die Karawane der internationalen Sportschuhmarken wie *Adidas*, *Nike* und *Reebok* schon längst im neuen wirtschaftlichen „Tigerstaat“ Vietnam angekommen, wo ihre koreanischen oder taiwanesischen Sub-Unternehmer produzieren lassen. Rund um Ho Chi Minh Stadt haben sich die mehrheitlich in privater Hand befindlichen bzw. auslandsinvestierten Unternehmen wiederum clusterartig angesiedelt. 2006 ging fast die gesamte Produktion von 579 Millionen Paar Schuhen aus dem überwiegend unteren Preissegment in den Export. Dabei nahmen die europäischen Staaten 55 % des Volumens ab. In Deutschland machten die vietnamesischen Einfuhren 2006 insgesamt 15 % der Schuhimporte aus. Anders als in China, wo auch auf reiche Rohstoffressourcen zurückgegriffen werden kann und eine komplette Produktionskette existiert, muss diese Schlüsselindustrie Vietnams 80 % der Rohmaterialien einführen. Dort wird nur verarbeitet. Sind die zu 85 % in der vietnamesischen Schuhindustrie beschäftigten Frauen auch froh, einen Arbeitsplatz zu haben, und zeugen Zuwachsraten von rund 15 % im Jahr von einem außergewöhnlichen Wachstum dieser Branche, so gibt es kaum Ansatzpunkte für eine eigene vietnamesische Entwicklung, die die

gegenüberliegende Seite:
von oben nach unten
Schuhfabrik in China und Vietnam
Produktionshalle
Näherinnen
Endfertigung

Abhängigkeit von ausländischem Kapital und ausländischen Aufträgen kompensieren könnte.[10] Nach wie vor stellt auch die Anpassung an internationale soziale Standards ein Problem dar, was das Selbstverständnis der Sozialistischen Republik trifft, denn diese lagen laut Human Development Report 2005 auf Rang 108 von 199. Dabei folgt Vietnam mit einer sichtbaren Zeitverzögerung dem Entwicklungsmodell Chinas, das mit Hilfe ausländischer Investoren eine Wettbewerbsökonomie gleichzeitig entfesseln und kontrollieren will.

Strafzölle zur Rettung der europäischen Schuhindustrie?

Nachdem die Quoten der Europäischen Union für Schuheinfuhren Anfang 2005 ausgelaufen waren und eine Schuhschwemme aus China und Vietnam einsetzte, erhielt die Diskussion um die beste Abwehrstrategie gegenüber der chinesischen Konkurrenz neuen Zündstoff. Vor allem die südeuropäischen Schuhhersteller aus Italien, Spanien und Portugal alarmierten mit Hilfe ihres Verbandes, der „Confédération Européenne de l'Industrie de la Chaussure" (CEC), die Europäische Kommission, indem sie Strafzölle zur Eindämmung der Flut von Billigimporten verlangten. Auch Frankreichs Schuhindustrie stellte öffentlich Überlegungen an, wie der unaufhaltsame Abstieg der nationalen Fertigung gestoppt werden könnte, waren doch gerade (2005) die traditionellen Luxushersteller Jourdan und Kélian in die Insolvenz gegangen. Die südeuropäischen Hersteller, deren Industrie in den vergangenen Jahrzehnten auch Einbußen zu verzeichnen hatte, dabei jedoch weiterhin auf eine nennenswerte nationale Produktion verweisen konnte, verdächtigten China und Vietnam nicht nur der vormaligen Umgehung des Quotensystems durch Drittstaaten, sondern des Dumpings in Form von staatlicher Subventionierung der heimischen Schuhindustrie (günstige Kredite, Steuerbefreiung usw.). Sie warfen beiden südostasiatischen Ländern vor, noch unterhalb der wirklichen Produktionskosten zu verkaufen und daher unlauteren Wettbewerb zu betreiben. Als besonderen Widerspruch führte die CEC ins Feld, dass die Verkaufspreise der besagten Länder im Jahre 2005 um ganze 22 % zurückgegangen seien, während die Verkaufspreise in Europa auf gleichem Niveau verharrt hätten.[11] Obwohl der überwiegende Teil der Mitgliedsländer der Europäischen Union und eine große Zahl der nationalen Verbände der Schuhindustrie einer Untersuchung des Dumpingvorwurfs durch die Europäische Union wie auch der Verhängung von Strafzöllen ablehnend gegenüberstanden, sprach die Europäische Kommission China und Vietnam den Marktwirtschafts-Status ab und verhängte als provisorische Maßnahme aufgrund von Stichproben mit dem Vergleichsland Brasilien ab dem 6. Oktober 2006 mit vorläufig zweijähriger Laufzeit gegenüber China einen Strafzoll von 16,5 % und gegenüber Vietnam von 10 %. Da es keine Mehrheit in der Europäischen Kommission gegen diese Zölle gegeben hatte, konnte die CEC also einen kleinen Sieg verbuchen. Seine protektionistische Strategie zur Rettung der nationalen Schuhindustrie wurde vehement von den Verbänden der Schuhindustrie in Deutschland oder England abgelehnt, die kaum noch über eigene Fertigungskapazitäten im Lande verfügen und deren Unternehmen erheblich von der Produktion in den beiden südostasiatischen Ländern profitieren und somit durch Strafzölle benachteiligt werden. Der Hauptverband der deutschen Schuhindustrie setzte eher auf eine Marktöffnung in China, um das Gesundschrumpfen der europäischen Industrie nicht zu unterbrechen und um hochwertige deutsche Schuhe unbeschränkt bei der schnell wachsenden chinesischen Mittelschicht absetzen zu können. Auch die „Footwear Association Importers Retailchains" (FAIR), die die Interessen von mehr als 100 Schuhimporteuren vertritt (darunter *Deichmann* und *Wortmann* aus Deutschland), rechnete aufgrund ihres hohen Importanteils aus China und Vietnam selbst mit größeren finanziellen Einbußen. Allen CEC-Forderungen entsprach die EU-Kommission jedoch nicht. Während Kinderschuhe unter die Strafzölle fielen, wurde das große Segment von Sportschuhen ausgenommen. Somit hatte dieser Beschluss der EU-Kommission, der ohnehin nur mit knappster Mehrheit zustande gekommen war, eher symbolische Bedeutung, denn er betraf lediglich Lederschuhe, die nur ungefähr 11 % der importierten Schuhe ausmachen. Während die chinesische wie auch die vietnamesische Regierung den Vorwurf des Dumpings vehement zurückwiesen und freien Welthandel einforderten, zeichneten sich – wenn auch kaum sichtbare – arbeitsplatzerhaltende Effekte in der europäischen Schuhindustrie ab. Jedoch schlossen in der Provinz Guangdong 2006/07 ca. 1000 Schuhfabriken, die zum einen über Auftragsrückgänge aus Europa klagten, sich aber vor allem nicht imstande sahen, die weitere Kosten verursachenden neuen Arbeitsschutzbedingungen in China einzuhalten. Für die chinesischen Schuhfabriken hatten die Strafzölle nicht nur negative Auswirkungen. Wie der Gründer des chinesichen Schuhherstellers *Aokang* aus Wenzhou anmerkte, erfolgt seitdem eine beschleunigte Konzentration der Herstellungsbetriebe und eine Optimierung im Betriebsablauf. Auch die vietnamesische Schuhindustrie klagte eingangs über Auftragseinbrüche, fand jedoch durch außergewöhnlich anziehende Exporte in die USA einen neuen Ersatzmarkt.[12] Da die Strafzölle kaum Auswirkungen zeigten, ist es fraglich, ob eine Überprüfung im Oktober 2008 zu deren Verlängerung führen wird.

... und morgen: Schuhe made in India oder Indonesia?

Dass die Schuhe herstellenden Industrien Europas zu den Verlierern der Globalisierung zählen, wurde in den vergangenen Jahrzehnten deutlich. Ohne „Offshoring", also das Verlagern von Herstellungsprozessen in der Teile- oder Vorproduktfertigung oder Endmontage ins östliche oder asiatische Ausland, können selbst die überlebenden Hersteller hochwertiger Lederschuhe kaum existieren. Demgegenüber gehören die großen Schuhhandelshäuser ebenso wie bekannte Schuhmarken wie auch ein Großteil der Verbraucher zu den momentanen Gewinnern dieser Verlagerungen, denn hohe Margen und niedrige Verkaufspreise sorgen bislang für gute Stimmung. Seitdem selbst Vietnam in rasantem Tempo zu den großen Schuhe produzierenden Nationen aufgestiegen ist, mobilisieren auch indische und indonesische Hersteller. Im eigenen Land mit Versorgung riesiger Menschenmengen befasst und mit billigen Arbeitskräften versorgt, warten Unternehmer in diesen Ländern auf ihre Lohnchance, die sich dann ergibt, wenn trotz unerschöpflicher Kontingente von Wanderarbeitern die Arbeitskosten in China oder Vietnam weiter ansteigen. Dann, so hoffen sie, zöge die Billiglohn-Karawane zu ihnen weiter. Gemäß chinesischer Industrieplanung soll jedoch der erfolgreichen Weltmarktintegration, deren Katalysator ausländische Unternehmen oder ausländisches Kapital waren, der Aufbau eigener Welt-Marken und entsprechender Unternehmen bzw. der Erwerb vormaliger Großkunden aus dem Ausland folgen. Daher ist es nicht ausgeschlossen, dass *Puma*- oder *Nike*-Schuhe auf absehbare Zeit nicht mehr nur in China oder Vietnam hergestellt werden, sondern dass die Marken auch in den Besitz großer chinesischer Staatsholdings gelangen.

Zunehmend werden im chinesischen Schuh-Binnenmarkt nicht nur die Vorteile der Techniktransfers durch die Joint-Ventures mit westlichen Unternehmen erkannt, sondern es werden auch eigene Design- und Produktentwickler, die sich an den Modemärkten des Westens orientieren, bald mit eigenen Produktlinien auf den Weltmarkt treten. Bislang ist ein weiter wachsendes China für die globale Wirtschaft zweifellos ein „ähnlich positiver Schub wie es die USA im 19. Jahrhundert“ [13] waren und eher eine wohlstandsmehrende Chance als eine Bedrohung, jedoch kann sich dies auf Chinas Weg zur „omnipotenten Produktionsnation“ durchaus langfristig wandeln. Drohen somit „neue kalte Kriege“ [14] um Arbeitsplätze, Talente, Patente oder Märkte oder stehen wir am Beginn eines „neuen Jahrhunderts des Teilens“, [15] in dem die asiatischen Wachstumsstaaten nunmehr lediglich ihren gerechten Anteil einfordern? Sicher scheint einstweilen zu sein, dass sich weder die in den westlichen Industriestaaten bislang überlebende Schuhindustrie, noch die tausende von Schuhen herstellenden Sweatshops in China oder Vietnam konsolidiert haben. Gewiss allerdings ist, dass der Weltschuhmarkt kontinuierlich wachsen und somit der Kampf um Hersteller, Lieferanten und Verbraucher weitergehen wird.

Anmerkungen

[1] So Philipp Urban, Hauptgeschäftsführer des Hauptverbandes der Deutschen Schuhindustrie (HDS), zit. in Hamburger Abendblatt vom 19.09.2005.

[2] Siehe taz vom 2./3.12.2006.

[3] Alle Angaben aus Anette Hämmerling (Hg.): Kompendium der Schuhwirtschaft 2008. Jahrbuch für Handel, Industrie und Dienstleister, Frankfurt/Main 2007, S. 16ff.

[4] Siehe Wolfgang Hirn: Herausforderung China, Frankfurt/Main 2005, S. 71f. und ders.: Angriff aus Asien, Frankfurt/Main 2007, S. 155f.

[5] Vgl. 24–7 pressrelease vom 29. Februar 2008.

[6] Siehe www.yueyuen,com; wikipedia: yueyuen; Wolfgang Hirn: Angriff aus Asien, S. 154.

[7] So das Resultat eines compliance officers, zit. bei Isabel Hilton: Made in China, in: Lettre 69, 2005, S. 42; vgl. Frankfurter Allgemeine Sonntagszeitung Nr. 9 (2005); Die Zeit Nr. 45 (2004).

[8] Vgl. Georg Blume: China ist kein Reich des Bösen, Hamburg 2008.

[9] Vgl. Kompendium der Schuhwirtschaft 2008, S. 187ff.

[10] Siehe Vietnam-Brief des Delegiertenbüros der deutschen Wirtschaft Vietnam 2007, S. 3ff.; ebenda 2003, S. 2ff.; Der Trend des 21. Jahrhunderts, in: Deutsche Welle vom 26.11.2006; Kompendium der Schuhwirtschaft 2008, S. 18 u. 31. Vgl. Karl Pilny: Das Asiatische Jahrhundert, Frankfurt/New York 2005, S. 260f.

[11] So CEC Position Paper of the need of anti-dumping measures against imports from China and Vietnam, Brüssel 2006; vgl. FAZ vom 19.09.2005, vom 12.01.2006 und 5.10.2006; Kompendium der Schuhwirtschaft 2008, S. 20 und 31.

[12] So die Nachricht der Tagesschau vom 13.12.2007; siehe Vietnam-Brief 2007, S. 4.

[13] So Karl Pilny, S. 123.

[14] Siehe Wolfgang Hirn, Herausforderung China, S. 88 und ders., Angriff aus Asien; S. 217f.

[15] So die Grundthese von Frank Sieren in: Der China-Schock, Berlin 2008.

Schuhreklame

Schuhreklame
Pinet,
DLM Ledermuseum Offenbach

Diese und gegenüberliegende Seite Schuhreklame der Firma *Salamander.*
1913 bewirbt *Salamander* seine Produkte mit der Teilnahme an den hochangesehenen Weltausstellungen, hier 1913 in Gent. Und der Schuh / das Schuhmodell selber wird Bestandteil der Werbung. Rheinisches Industriemuseum Oberhausen

Salamander verkauft sich als moderne Marke für die modernen Großstadtmenschen. 1927 Rheinisches Industriemuseum Oberhausen

1939: Nicht mehr nur die Schuhmodelle werden vorgestellt. Die Anlässe und das dazu gehörige Lebensgefühl werden mit verkauft. 1939 Rheinisches Industriemuseum Oberhausen

Zielgruppe ist nun die moderne Frau, die jetzt auch berufstätig ist. 1960 Rheinisches Industriemuseum Oberhausen

Seite 184
Schuhwerbung in der Wegwerfgesellschaft. Man trennt sich schnell von den alten Modellen und kauft viele neue. Männer machen das, um ihren Status unter Beweis zu stellen. 1971 Rheinisches Industriemuseum Oberhausen

Alte Schuhe wirken ärmlich.
Weg damit.
Denn die 71er Schuhe sind
schön wie noch nie.
Das Aktuellste
über Schuh und Mode
steht im Aprilheft
von BURDA MODEN!
Beratungskreis
DSI
Schuh & Mode

Zeigt mir eure Schuhe und ich sag euch, wer ihr seid …?!

Julia Gautier

„[…] *ein scharfer Beobachter erkennt am Zustand der Schuhe immer, mit wem er es zu tun hat* […]".
Honoré de Balzac

Ist es nicht so, dass sie Botschaften transportieren oder etwas über die Herkunft oder Persönlichkeit ihrer Träger verraten? Unsere Schuhe!
Sagen Schuhe etwas über den Charakter eines Menschen aus oder wird dieser eventuell sogar über seine Schuhe definiert? Fest steht, die Vorstellung, dass Schuhe nur als rein funktionell angepasste Kleidungsstücke anzusehen sind, haben die meisten Menschen hinter sich gelassen. Trotzdem scheinen Schuhe sich wohl in erster Linie den unterschiedlichen Lebenssituationen des Menschen angepasst zu haben – meistens zumindest. Die Sängerin Mariah Carey, die in ihrem Video „Honey" mit Pumps schwimmen geht, mag eher eine Ausnahme darstellen. Und als Frau kann man wohl häufig dem Schuhdesigner Diego della Valle zustimmen, der so treffend bemerkte: „[…] *sehen Sie bei einer Dinnerparty unter den Tisch und Sie werden feststellen, dass die meisten Frauen ihre Schuhe abgestreift haben* […][1]".

Neben der reinen Schutzfunktion und der für die meisten Träger als viel wichtiger wahrgenommenen Modefunktion stehen Schuhe sicherlich auch für den gesellschaftlichen Status oder die Gruppenzugehörigkeit ihrer Träger. So symbolisieren beispielsweise glänzende, hochwertige Herrenschuhe – ein Muss für jeden Businesslook – dass ihr Träger sich solche Schuhe leisten kann, ja eventuell sogar eine Investition darin sieht. Schuhe transportieren also Botschaften!
Doch welche Aussagen über Individualität oder Charakter ihrer Besitzer vermitteln Schuhe tatsächlich?

Anhand von sechs ausgewählten, völlig unterschiedlichen, eher zufälligen, jedoch prominenten Beispielen soll diese Frage von verschiedenen Seiten beleuchtet werden.
Schauspieler, Models, Würdenträger, Sportler und Politiker – sie alle zeichnen sich durch ein wie auch immer erworbenes hohes Maß an individueller Bekanntheit in der Öffentlichkeit aus. Als Merkmale ihrer Prominenz gelten in der Regel oft Schönheit oder Sportlichkeit, Reichtum und Macht, durch die sich die sogenannten Stars von den Normalbürgern zu unterscheiden scheinen. Ist dieser Unterschied auch direkt an ihrer Schuhmode erkennbar?

„Schuhe sind wichtiger als Kleider" – die Schuhgeschichte der Marlene Dietrich

Als erstes Beispiel soll die Sängerin und Schauspielerin Marlene Dietrich (1901 – 1992) fungieren. In ihrem Nachlass in der Deutschen Kinemathek in Berlin befinden sich sage und schreibe 430 Datensätze zu ihren Schuhen[2]. Des Öfteren liegen gleichartige Modelle sogar in mehrfacher Ausführung vor. Dies spiegelt zum einen ihren legendären Perfektionismus wider, zum anderen haben sich diese Unmengen an Schuhen angesammelt, weil Marlene Dietrich sie alle aufbewahrt hat. Jedoch kaufte sie die Schuhe mit Sicherheit nicht einzig um derer selbst willen.

Als in der Öffentlichkeit stehende Persönlichkeit lebte „die Dietrich" in zwei Welten. Für ihr sogenanntes „wirkliches Leben", ihr Familienleben im engsten Kreis, bevorzugte sie Alltagskleidung und bequeme, flache Schuhe. In ihrem streng durchorganisierten Leben als Glamour-Star, das in jeder Facette inszeniert wurde, vom Showbusiness über die Theaterauftritte bis zu den damit verbundenen Parties und Reisen, stellte sie sich komplett anders dar. Als Star, der in der Öffentlichkeit im Vordergrund stehen sollte, wurde sie völlig neu erfunden. Zu dieser Inszenierung gehörte vor allem die Kleidung, durch die ihr Image vom früheren, kleinen Tingelmädchen Lola zur Leinwandikone Marlene Dietrich neu gestaltet wurde. Zur „Diva Dietrich" gehörten immer und grundsätzlich neuwertige, elegante und meist hochhackige Schuhe. Sie selbst sagte einmal:„ [...] *Schuhe sind wichtiger als Kleider. Gute Schuhe geben der ganzen Erscheinung Eleganz. Man trägt keine Schuhe mit offenen Spitzen zu Kostümen oder wenn man nachmittags elegant sein will. Ich weiß, sie sind bequem, aber elegant sind sie nicht* [...][3]". Von gleichartigen Schuhen besaß sie mehrere Paare, damit

ihr perfektes Gesamtbild nicht durch fleckige Schuhe oder schief gelaufene Absätze irgendwelche Risse bekam. Genauso wichtig wie die Imagefrage war jedoch die gezielte Provokation, die von ihrer Gesamterscheinung ausging. Marlene Dietrich lebte im Berlin der 20er-Jahre und verkörperte keinesfalls das traditionelle Frauenbild ihrer Zeit. Um Karriere machen zu können, musste sie sich zuerst einen eigenen Namen schaffen und das ging am besten durch Provokationen. Die Dietrich kleidete sich sehr männlich, trug Anzug, des Öfteren auch Zylinder und Stock. Zu diesem Outfit gehörten ebenfalls die von der Männermode geprägten zweifarbigen Schuhe, meist mit Absatz. Mit ihrer demonstrativen Androgynie setzte sie vor allem im als prüde geltenden Amerika ganz neue Maßstäbe. Im Fall von Marlene Dietrich zeigt sich daher deutlich, dass die Wahl ihrer Schuhe charakteristisch für ihre verschiedenen Lebensbereiche war und ihr Image maßgeblich dadurch getragen wurde.

„Schuhe als Glücksbringer" – die Stiefel von Waris Dirie

Doch nicht jeder Prominente hält sich an vermeintlich mit seiner Prominenz verbundene Kleiderkonventionen. Als zweites Beispiel wurde Waris Dirie, ein 1965 in Somalia geborenes Fotomodell, das sich von 1997 bis 2003 als UN-Sonderbotschafterin gegen die Beschneidung von Frauen und Mädchen engagierte und heute als Schriftstellerin tätig ist, gewählt. In ihrem Leben als Fotomodell würde man zwangsweise eine Inszenierung ihrer Person vermuten, meint man doch, ein Model könne schlecht im bequemen Freizeitoutfit mit ausgetretenen Schuhen zu einem Casting erscheinen. Doch weit gefehlt.

Im Fall von Waris Dirie offenbaren Schuhe eine andere Geschichte über ihre Besitzerin. Frei nach Bette Middler´s Credo „[...] *gib einem Mädchen die richtigen Schuhe und sie wird die Welt erobern* [...][4]", hat Waris Dirie während ihrer Kindheit in Somalia nur den einfachen Wunsch nach Schuhen hegen können, bevor sie sich überhaupt erstmals ein Paar leisten konnte. Das hier beschriebene Paar Stiefel von Waris Dirie zeigt deutliche Abnutzungsspuren durch wichtige Stationen ihres Lebens und ist dadurch zu einer Art Glücksbringer für sie

geworden. Mit diesen Stiefeln lief sie durch die Wüste, durch New York und Hollywood und ist sogar mit ihnen in den Atlantik gefallen. Literarisch hat sie diese für sie ganz besonderen Schuhe in ihrem Buch „Brief an meine Mutter[5]" verewigt. „[...] *Meine Lieblingsstücke sind Schnürstiefel, die ich mir vor zwanzig Jahren in New York in einem kleinen Geschäft an der Lexington Avenue gekauft habe und die mich schon überallhin auf der Welt begleitet haben. Sie sind für mich so etwas wie „Glücksschuhe". Ich trug sie immer dann, wenn ich zu wichtigen Castings ging, bei Vertragsgesprächen bei Verlagen war und sogar anlässlich von UN-Konferenzen.* [...] *Obwohl sie schon sehr abgetragen sind, würde ich sie nie wegwerfen* [...]."

Auch hier kann durchaus von einer Inszenierung durch das Outfit gesprochen werden, obwohl bei einem Model eine andere Art der Selbstdarstellung zu erwarten wäre. Jedoch gerade die Persönlichkeit und der Charakter von Waris Dirie ermöglichen ihre Unabhängigkeit von der Norm. Auch in diesem Fall sagen die Schuhe von Waris Dirie eindeutig etwas über die Persönlichkeit und die Herkunft ihrer Trägerin aus sowie über den Wert, den sie ihren Schuhen beimisst. Dieser Wert drückt sich zum einen im bloßen Besitz der Schuhe aus, zum andern in der individuellen Wertigkeit der Schuhe, die diese durch die mit ihnen erlebten Erfahrungen bekommen haben.

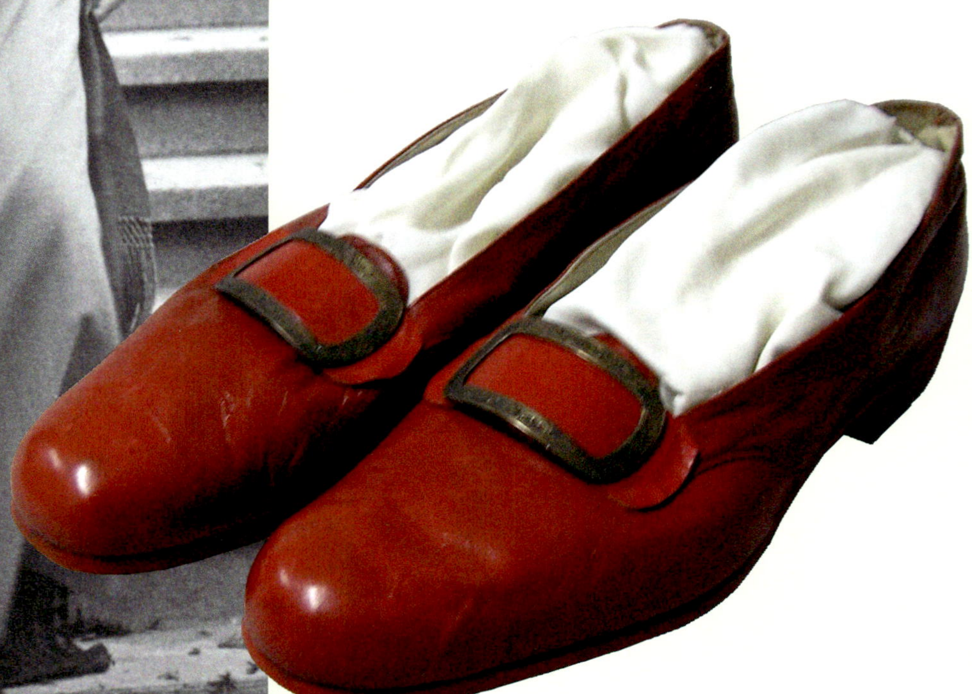

Schuhe aus Handtaschenleder – Erfindungsreichtum in der Nachkriegszeit

Schuhe müssen nicht zwingend Rückschlüsse auf ihren Besitzer zulassen, sondern geben auch ganz andere Geschichten und Informationen preis. Sie können beispielsweise Lebensumstände von Personen beleuchten, in denen diese zum Zeitpunkt des Besitzes der Schuhe gelebt haben.
Ein prominentes Beispiel für eine solche Geschichte ist Kardinal Clemens August Graf von Galen (1878–1946). Internationale Bekanntheit erlangte Kardinal von Galen durch seinen Osterhirtenbrief. Darin griff er schon im Jahre 1934 die zentralen Aussagen der NS-Ideologie an. Seine drei im Juli und August 1941 gehaltenen Predigten, in denen er die Nazis öffentlich des Mordes bezichtigte, brachten ihm im Volksmund den Beinamen „Löwe von Münster" ein und trugen zu seiner Bekanntheit bei. Können etwa seine, im Museum Heimathaus Münsterland GmbH in Telgte ausgestellten, roten Schuhe etwas über die Persönlichkeitsstruktur dieses mutigen Mannes aussagen? Das vorliegende Paar Schuhe eher nicht. Es kann aber auf jeden Fall die Zuschreibung bestätigen, wonach die Farbe Rot eine wichtige Rolle in der Bekleidung der Kardinäle spielt. Die Farbe Rot hat in der liturgischen Gewandung viele Bedeutungen – sie reichen über Rot als der Farbe der Mächtigen bis zu Rot als der Farbe der Märtyrer. Wie die Kardinäle, so verteidigt beispielsweise auch der Papst (als früherer Kardinal) seinen Glauben mit seinem Blut. Dies steht symbolisch für die Erinnerung an das Blutvergießen der Märtyrer[6]. In einer vergangenen Sonderausstellung der Domschatzkammer in Münster, in der der gesamte Ornat des Kardinals ausgestellt war, fand sich eine interessante Einzelheit. Der Betrachter erfuhr hier nichts über die imposante Schuhgröße des Kardinals – immerhin Größe 48. Stattdessen erhielt er Auskunft über die Beschaffungsschwierigkeiten von rotem Oberleder knapp ein Jahr nach Kriegsende. Auf dem Schildchen waren die Schuhe „[...] *als Geschenk des Schuhfabrikanten August Tovar aus Ahlen, Februar 1946* [...][7]" bezeichnet worden. Aufgrund dieser Information und der Erinnerungen der Familie Tovar konnte rekonstruiert werden, dass der Kardinal seine roten Schuhe der Spende einer Ahlener Dame verdankte. Diese hatte dem Schuhfabrikanten ihre rote Handtasche für das notwendige rote Oberleder geschenkt! Die Geschichte dieser Schuhe erlaubt also keine Aussage über diese charismatische Person, die sie trug, sie steht vielmehr sinnbildlich für die schwere Nachkriegszeit in Deutschland und den Erfindungsreichtum der Menschen damals.

Tod der Marie-Antoinette oder das Ende einer Herrschaftsform

Als viertes Beispiel, bei dem Schuhe nun sowohl über die Person als auch über die Zeit, in der diese lebte, erzählen, ist die Geschichte von Marie-Antoinette (1755–1793) erwähnenswert. Der Erzherzogin von Österreich und Königin von Frankreich und Navarra wurde ein ausufernder Lebensstil nachgesagt, der geprägt war von einem ausgesprochen mondänen und verwöhnten Geschmack. Dies spiegelte sich auch in ihrer ausgeprägten Vorliebe für Schuhe wider. Damals Unsummen für die neueste Mode auszugeben, stieß beim französischen Dritten Stand, der ums Überleben kämpfte, auf völliges Unverständnis und auf harten Widerstand. Als Marie-Antoinette im Zuge der Französischen Revolution daher 1792 ins Gefängnis *Conciergerie* kam, um ein Jahr später hingerichtet zu werden, wurden ihr lediglich dünne Hausschuhe aus Stoff zugeteilt. Für eine Frau, die sich fast

vorhergehende Seiten
links I Marlene Dietrich
Marlene Dietrich Collection, Berlin

rechts I Waris Dirie

gegenüberliegende Seite
Kardinal Clemens August Graf von Galen
Museum Heimathaus Münsterland, Telgte

ausschließlich über ihre Kleidung und somit auch über ihre Schuhe definierte, war das eine bittere Strafe und damit auch das Symbol für eine untergehende Herrschaftsform.

Sissi – Schuhgeschichten einer Kaiserin

Ein weiteres außergewöhnliches Beispiel dafür, dass nicht jeder Mensch frei über die Schuhe, die er trägt, verfügen kann, stellt Kaiserin Elisabeth von Österreich, genannt Sissi (1837 – 1898) dar. Die für sie typischen Seidenstiefel mit halbhohem Absatz und seitlicher Schnürung [8] stehen für die stark konservative Auffassung der Zeit um 1865. Sissi geriet darüber mit ihrer Schwiegermutter, der Erzherzogin Sophie, in Konflikt, da Sophie streng nach dem Protokoll Kaiser Karls V. handelte. Geregelt war das Zeremoniell durch die Goldene Bulle Kaiser Karls IV. Durch Karl V. kam das steife Zeremoniell des spanischen Hofes nach Deutschland und Österreich. Zu diesem Hofzeremoniell, auch Hofetikette genannt, gehörte die Anordnung der verschiedenartigen Hoffeierlichkeiten und aller am Hofe vor sich gehenden Handlungen. Diese Etikette schrieb ebenfalls die dafür vorgesehene Kleiderordnung vor. Für Sissi galt beispielsweise, bei jedem offiziellen Anlass ein Paar neuwertige Schuhe zu tragen [9]. Die getragenen Schuhe wurden danach, der Hierarchie bei Hofe folgend, an die Bediensteten weitergegeben. Sissi werden daher bis zu 113 Paar dieser Schuhe zugeschrieben. Die junge Kaiserin versuchte – allerdings erfolglos – sich gegen diese Regelung bei Hofe zur Wehr zu setzen. Mit dieser Weigerung stieß sie selbst bei ihrem Personal auf Empörung, da die Herstellung der kaiserlichen Schuhe eine ihrer wenigen Einnahmequellen darstellte. Letztlich kann man sicher davon ausgehen, dass sich Sissi persönlich nicht besonders über ihre Schuhe oder die Art sie zu tragen definierte. Dennoch war diese Sitte typisch für den Machtmechanismus des Wiener Hofes des 19. Jahrhunderts, dem sich selbst eine Kaiserin nicht entziehen konnte.

Experimentelle Archäologie – römischer Schuh zu neuem Leben erweckt

Ein modernes Beispiel, in dem nicht der Schuh die Geschichte erzählt, sondern eine Geschichte über Schuhe erzählt wird, stellt das Experiment des Archäologen Marcus Junkelmann [10] und seines Teams dar. Das Interesse an Schuhen aus vergangenen Zeiten war 1985 Teil eines Experimentes mehrerer Freiwilliger um Marcus Junkelmann. Diese fragten sich, wie die römischen Legionäre wohl ihre langen Gewaltmärsche über die Alpen hatten bewältigen können. Es muss, so die Hypothese, auch am Schuhwerk gelegen haben. Dieses galt es zu testen. In einem 24 Tage dauernden, annähernd 600 km langen Marsch von Augsburg nach Verona, in original römischer Kleidung, rekonstruierten sie den Feldzug der Stiefsöhne des Augustus, Drusus und Tiberius. Diese hatten im Jahre 15 v. Chr. die Alpen überquert, mit dem Ziel die Alpenvölker zu unterwerfen. Das Schuhwerk der Legionäre bestand aus den damals typischen Militärsandalen der Römer, den *caligae*. Dieses exakt nachgebaute Schuhwerk wurde auch von den freiwilligen Testpersonen des Experimentes getragen. Junkelmann und sein Team waren nach ihrem Marsch sehr überrascht, denn tatsächlich zeigten sich an den Schuhen weit weniger Abnutzungsspuren als zuvor geschätzt. An Blessuren wiesen die Legionäre eher brennende Fußsohlen und weniger die zu erwartenden Blasen auf. Nun ist es ausgeschlossen, dass die Teilnehmer sich über diese Schuhe definierten, aber ihr Interesse an experimenteller Archäologie und ihr Mut, sich dieser Aufgabe zu stellen, haben wichtige Erkenntnisse über Tragekomfort, Leistungsfähigkeit und die Belastbarkeit römischer Schuhe geliefert.

Schuhe: multiple Botschafter und Geschichtenerzähler

Die ausgewählten Beispiele belegen eindeutig, dass Schuhe Geschichten und damit auch Geschichte erzählen. Sie transportieren dabei ganz unterschiedliche Botschaften, die mitunter mehrfache Interpretationen erlauben. Bewiesen scheint, dass Schuhe mehr sind als ein endloser Jahrmarkt der Eitelkeiten, aber auch mehr als ein banales Kleidungsstück, das uns lediglich eine bessere Anpassung an die Umwelt ermöglicht. Sie sind aber auch mehr als nur eine kostspielige Marotte, wie es die Schauspielerin Sarah Jessica Parker formuliert. Die hier vorgestellten Schuhgeschichten sollen dazu anregen, einem vermeintlich alltäglichen Kleidungsstück mehr Beachtung zu schenken. Jeder möge einen Blick unter den Tisch riskieren und sich die Frage stellen, ob er die eigenen Schuhe mit Stolz vorzeigen würde und was sein Schuhwerk über ihn selbst erzählen kann. Wählen wir wirklich bewusst bestimmte Schuhe aus, um spezielle Botschaften zu

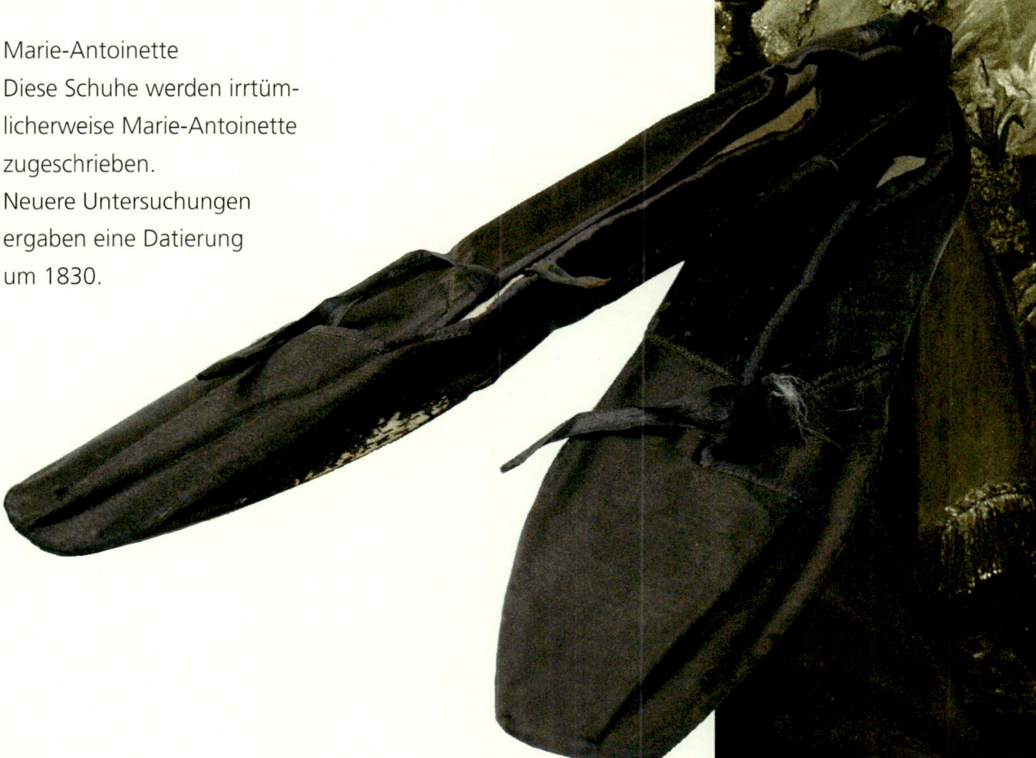

Marie-Antoinette
Diese Schuhe werden irrtümlicherweise Marie-Antoinette zugeschrieben.
Neuere Untersuchungen ergaben eine Datierung um 1830.

vermitteln? Was verbirgt sich hinter der Wahl der roten Pumps oder den auf Hochglanz polierten Herrenschuhen? Werden die Schuhe wirklich nur getragen, weil sie zum Gesamterscheinungsbild passen oder stehen sie darüber hinaus sinnbildlich auch noch für ganz andere Wünsche, Träume oder sogar Trugschlüsse?
Nutzen Sie Ihre Schuhe als Inszenator oder vielleicht als Imageobjekt, so wie Marlene Dietrich? Sehen Sie in Ihren Schuhen Glücksbringer, die Erinnerungen an ganz besondere Zeiten bewahren, oder sprengen Sie mit der Wahl Ihrer Schuhe bewusst vorgegebene Konventionen wie Waris Dirie? Tragen Sie Ihre Schuhe als Zeichen ihres Amtes wie Kardinal von Galen oder Kaiserin Sissi? Oder suchen Sie sich die Schuhe nach ihrer Funktionalität aus wie die römischen Legionäre?

Zu welcher Antwort Sie auch immer gelangen, wenn Sie ihre Schuhe oder die Schuhe ihres Gegenübers betrachten, denken Sie daran:

Nur der Schuh weiß, wenn der Strumpf ein Loch hat.

Anmerkungen

[1] Eine Lange Nacht von Schuhen und Füßen, „The shoe must go on", Manuskript vom 14.8.1999, Deutschlandfunk.

[2] Barbara Schröter, Deutsche Kinemathek – Marlene Dietrich Collection, Berlin.

[3] Barbara Schröter, Deutsche Kinemathek – Marlene Dietrich Collection, Berlin.

[4] Zitat von Bette Middler, in: Manuela Hahofer, Die größte Leidenschaft der Frauen. Wiener Journal, 13. April 2007.

[5] Waris Dirie, Brief an meine Mutter. Berlin 2007.

[6] Radiointerview mit Dr. Lawrence Cunningham, Theologieprofessor an der University of Notre Dame, Indiana, USA, National Public Radio – 17. April 2008. – Why Does the Pope Wear Red Shoes?

[7] Vortrag von Manfred Schmolke, Rotary Club Ahlen und Beckum, 25. Juli 2006.

[8] Marie-Josèphe Bossan, Die Kunst der Schuhe. New York 2004, 177.

[9] Deutsches Leder- und Schuhmuseum Offenbach, Katalog Heft 6, 6.19 / 52. Offenbach 1980.

[10] Marcus Junkelmann, Die Legionen des Augustus. Der römische Soldat im archäologischen Experiment. Mainz 2003.

Das Volk und die Schuhe – Von nackten und beschuhten Füßen in Märchen und Popularkultur

Dieter Richter

Barfüßele

Wer keine Schuhe hat, hat oft auch kein Brot. Ist „ein kleines armes Mädchen mit bloßem Kopf und nackten Füßen“[1], das im Winter durch den Schnee laufen muss wie Hans Christian Andersens *Kleines Mädchen mit den Schwefelhölzern* das Urbild kindlicher Armut, gesehen aus der Perspektive bürgerlichen Mitgefühls. Ist Gänsemagd, Hütejunge oder Barfüßele, die kleine Heldin von Erich Auerbachs gleichnamiger Dorfgeschichte (1856), die von dem Waisenkind Amrei erzählt, das seinen niederen Stand durch Schuhlosigkeit schon fast selbstbewusst zur Schau stellt: „Sie ging mit Ausnahme des höchsten Winters barfuß und man sagte, sie müsse ein Geheimmittel haben, dass sie nicht krank werde und sterbe“[2]. Denn Armut fängt bei den Füßen an. Wer schlechte, abgerissene oder gar keine Schuhe hat, gibt damit schon äußerlich zu erkennen, dass Not in seinem Hause wohnt.

Auch Stadt- und Landleute unterscheiden sich durch das, was sie an den Füßen tragen – oder nicht tragen. Als in dem Grimm´schen Märchen *Die beiden Wanderer* (Kinder- und Hausmärchen, KHM 107) ein Schneider auf der Wanderschaft einem Schuster erzählt, er sei auf dem Weg in die große Stadt, um dort Arbeit zu suchen, antwortet der Schuster: „Gerade dahin wollte ich auch [...] in einem kleinen Nest ist nichts zu verdienen, und auf dem Lande gehen die Leute lieber barfuß.[3]“ Der Schneider ist in diesem Fall übrigens die böse, der Schuster die gute Figur – und das nicht nur hier. In den Volkserzählungen ist der Schuhmacher meist ein redlicher Mann, Vertreter eines ehrbaren Handwerks und ohne böse Hintergedanken (wie sie etwa Schneidern, Müllern, Köhlern oder Schmieden gern zugeschrieben werden).

Nicht nur Arme und Reiche, Land- und Stadtleute, auch Kinder und Erwachsene konnten sich durch Schuhe-Tragen unterscheiden[4]. Bis zu Beginn des 20. Jahrhunderts liefen auch Stadtkinder wie selbstverständlich oft barfuß, wenigstens in den warmen Sommermonaten; erst nach der Konfirmation und mit den ersten langen Hosen gehörten Schuhe zum festen „Outfit“. Wie demütigend es allerdings sein konnte, auch als Kind überhaupt keine Schuhe zu besitzen, erzählt die Marienlegende vom Schüler, der gern im Chor mitsingen möchte, aber ohne Schuhe die Kirche nicht betreten darf; als er es heimlich dennoch tut, wird er vom Schulmeister verjagt.[5]

Ruth Koser-Michaelis (1896 – 1968) Illustration zu Hans Christian Andersens Märchen „Das kleine Mädchen mit den Schwefelhölzern“, 1938

oben
Kindergruppe, um 1900

unten
Benjamin Vautier (Morges 1829 – Düsseldorf 1898)
Illustration zu Berthold Auerbachs Dorfgeschichte „Barfüßele"

Unbeschuhte Demut

Wo eigenes Schuhwerk als Zeichen von Rang und Reichtum so bedeutend war, konnte das freiwillige Ablegen der Schuhe zu einem Zeichen besonderer Art werden: Es signalisierte Demut und Bußfertigkeit. Dass man sich dem Heiligen unbeschuht zu nähern habe, gehört zum archaischen Wissen vieler Kulturen. „Zieh deine Schuhe von deinen Füßen, denn der Ort, darauf du stehst, ist heiliges Land". Diese Stimme hört Mose aus dem brennenden Dornbusch (2. Mose 3,5). Ohne Schuhe schickt Jesus seine Jünger auf Predigerreise (Lukas 10,4) – demütig und ungeschützt sollen sie das Evangelium verkünden. Franz von Assisi hat den Schuhverzicht für seine „Barfüßermönche" übernommen. Bettlern gleich sollten sie über Land ziehen, der „Schwester Erde" nicht entfremdet. Auch für die Kongregation der von der spanischen Mystikerin Theresa von Avila gegründeten „Unbeschuhten Karmeliterinnen" gehörte der Schuhverzicht zum Programm der Weltentsagung. Auch Selbstkasteiung kann beim Schuhverzicht eine Rolle spielen. Wallfahrten und Pilgerreisen wurden, gleichsam unter verschärften Bedingungen, manchmal barfuß durchgeführt; die Sitte lebt bis heute im Mittelmeerraum weiter. Und im Wort vom „Canossagang" hat sich die legendäre Überlieferung erhalten, wonach Kaiser Heinrich IV. im Winter des Jahres 1077 barfuß und im Büßerhemd im verschneiten Schloßhof von Canossa von Papst Gregor VII. die Absolution erbeten habe.

Schuhe der Hoffart

Schuhe, schöne Schuhe zu tragen erscheint daher in der Volksüberlieferung häufig als ein Zeichen der Hoffart und der Überheblichkeit. Giambattista Basiles *Lo cunto de li cunti*, das älteste europäische Märchenbuch (1632/34), erzählt in seiner Rahmenhandlung die Geschichte von der verschlagenen, falschen Braut – „nämlich einer lumpigen Sklavin, die zwar noch nie Schuhe an den Füßen getragen hatte, aber eine Krone auf dem Kopf haben wollte".[6] Am Ende wird die Betrügerin entlarvt und lebendig begraben. Denn, so erzählt die Geschichte, Hochmut kommt vor dem Fall, das wissen auch die Jäger, die einen Affen fangen wollen: Sie stellen Stiefel auf, die eitlen Tiere zwängen die Beine hinein und kommen nicht wieder heraus.[7]

Auch *Der Gestiefelte Kater* in seiner durch Charles Perraults *Le chat botté* (1697)[8] berühmt gewordenen Version ist ja eine Trickster-Geschichte nach dem Muster von „Kleider machen Leute". Kaum hat ein ganz normales Katzenvieh glänzende Stiefel an – schon gilt es als ein vornehmer Herr und alle hofieren ihn.

Als ganz besonders begehrenswert (da nur feinen Leuten zukommend) gelten in den Grimm´schen Märchen rote Schuhe. Im *Machandelboom* (KHM 47) wirft der geheimnisvolle Bruder-Vogel dem Schwester Marlenichen ein solches Paar in den Schoß und macht sie damit glücklich: „ ‚Ach', säd se, ‚ick wöör so trurig, as ik henuut güng, un nu is my so licht, dat is maal en herrlichen Vagel, hett my en Poor rode Schö schenkd' ".[9] Und auch *Das kluge Gretel* (KHM 77), ein eitles aber pfiffiges Mädchen, ist stolz auf ihre farbigen Schuhe – wobei der Erzähler deutlich macht, dass diese Art von Fußbekleidung ihrem Stand eigentlich ganz und gar nicht angemessen ist: „Es war eine Köchin, die hieß Gretel, die trug Schuhe mit roten Absätzen, und wenn sie damit ausging, so drehte sie sich hin und her, war ganz fröhlich und dachte: ‚Du bist doch ein schönes Mädel'...". [10]

Weniger humorvoll, dafür sehr moralisch wird von der Verführung durch den Glanz schöner Schuhe in Hans Christian Andersens Märchen *Die roten Schuhe* (1845) erzählt. Die kleine Karen ist in ihre roten Glanzleder-Schuhe so vernarrt, dass sie damit sogar zum Abendmahl in die Kirche geht. Zur Strafe fangen die Schuhe an ihren Füßen an zu tanzen, sodass die Kleine nicht mehr innehalten kann, bis man ihr schließlich beide Füße abhackt. Verkrüppelt, aber von der Sünde des Hochmuts erlöst, kommt das Kind am Ende in den Himmel – „und da war niemand, der nach den roten Schuhen fragte"[11].

Eduard Schwoiser (1826 – 1902)
Kaiser Heinrich IV. im Schlosshof von Canossa, 1862
München,
Stiftung Maximilaneum

Die Schuhe ablaufen

Solche Geschichten lassen auch erkennen, dass die „feinen", die „besonderen", die „modischen" Schuhe in der Volksüberlieferung kein besonderes Ansehen genossen. „Ich sehe, du hast feine Stiefel an, die glänzend gewichst sind" – sagt der Soldat im Gimm´schen Märchen *Der Stiefel von Büffelleder* zu einem unbekannten Mann im Wald (der sich später als der König des Landes zu erkennen geben wird) – „wenn du aber herumziehen müsstest wie ich, so würden sie nicht lange halten. Schau die meinigen an, die sind von Büffelleder und haben schon lange gedient". [12] Denn Schuhe sollten haltbar, sollten „festes Schuhwerk" (wie man früher sagte) sein, wurden ja eigens vom Schuhmacher nach Maß angefertigt. Und wenn sie gut waren, konnten sie fast ein Leben lang halten. „Er wird nicht mehr viel Schuhe zerreißen", sagte man früher im Sprichwort von einem alten Menschen.[13] Schuhe, die haltbaren Begleiter eines Menschenlebens, sind daher im Zaubermärchen auch Objekte, an denen das Vergehen der Zeit gemessen wird. Sieben Paar eiserne Schuhe muss Parmetella, die Heldin in Basiles Märchen *Der goldene Stamm* ablaufen, bis sie in die Anderswelt kommt, wo sie endlich auf Erlösung hoffen kann.[14] Und hochdramatisch erzählt ein Volksmärchen aus dem Veneto von einem jungen Mann, der sich in den Kopf gesetzt hat, niemals sterben zu müssen, und der daher ins Land

LE MAISTRE CHAT,
OU
LE CHAT BOTTE'.
CONTE.
VN Meusnier ne laissa pour tout biens à trois enfans qu'il avoit, que son

der Unsterblichkeit geflohen war. Als er zurückkommt, begegnet er einem Fuhrmann mit einem Karren alter Schuhe, der ihn bittet, vom Pferd abzusteigen und ihm für einen Moment behilflich zu sein. Aber da ist der junge Mann gerade an den Richtigen gekommen: „Endlich bist du in meiner Hand, ich bin der Tod! Siehst du all die kaputten Schuhe da auf dem Wagen? Sie alle habe ich deinetwegen abgelaufen in all den Jahrtausenden, die ich hinter dir her war. Aber jetzt ist auch für dich Schluss mit dem Ausreißen, denn früher oder später fallen mir doch alle in die Hände". [15]

Siebenmeilenstiefel

Wo der allmähliche Verschleiß von Schuhen das stete Vergehen der Zeit deutlich macht, kann umgekehrt – ebenfalls als Motiv des Zaubermärchens – der Schuh zum Motor der rasenden Reise durch Raum und Zeit werden. Schon die antike Mythologie kennt die Flügelschuhe des Götterboten Hermes (Merkur): Sinnbild einer dem irdischen Menschen verwehrten Beweglichkeit wie sie auch in den Märchen-Motiven des *Fliegenden Teppichs*, des *Wunschrings* oder des *Zaubermantels* zum Ausdruck kommt. Dabei sind es nicht nur die Guten, die sich mit den Zauberschuhen glücklich vor den bösen Verfolgern retten. „Mit jedem Schritt eine Stunde" legt auch die Hexe mit ihren „Meilenstiefeln" in *Der liebste Roland* (KHM 56) zurück. [16] Und in Ludwig Bechsteins Märchen *Der kleine Däumling* (zurückgehend auf Perraults *Le Petit Poucet*) verfolgt der Menschenfresser die Kinder, die seinen Mordgelüsten entflohen sind, mit seinen Siebenmeilenstiefeln – „das waren Stiefel, wenn man damit sieben Schritte tat, so war man eine Meile gegangen". [17] Aber das Märchen hat im Allgemeinen eine optimistische Weltsicht, und in diesem Verständnis sind auch die Zauberschuhe Teil jenes utopischen Denkens, das sich fabulierend über die Grenzen der Realität hinwegsetzt und den Schwachen über den Starken triumphieren lässt. In diesem Sinne erzählt Wilhelm Hauffs Märchen *Der kleine Muck* von dem liebenswürdigen, ein wenig behinderten Pechvogel, der, immer in zu großen Kleidern steckend, schließlich wie durch Zufall in ein Paar viel zu große Pantoffeln schlüpft, mit denen er aber zu seiner eigenen Überraschung plötzlich hinfliegen kann, wohin er nur will, sodass er sogar als königlicher Schnell-Läufer Karriere macht. Am Schluss allerdings zieht er sich aus der Welt zurück, wird ein Misanthrop, und von den magischen Pantoffeln ist nicht mehr die Rede. [18] Vielleicht ist es eben doch kein Glück, sofort überall dort sein zu können, wo man sein möchte.

Diese Botschaft ist auch das Thema in *Die Galoschen des Glücks* von Hans Christian Andersen, fast einer Art von Programm-Märchen. Die junge Fee des Glücks hat vor dem Haus einer Abendgesellschaft eben jene Zauberschuhe niedergelegt, durch die „jeder, der sie anzieht, augenblicklich an die Stelle und in die Zeit versetzt wird, wo er am liebsten sein will". [19] Aber was auf den ersten Blick als das größte Glück erscheint, entpuppt sich rasch als Unglück für alle Beteiligten, die an dem Experiment teilnehmen. Und am Ende behält die alte Fee der Sorge Recht, die weiß, dass das Glück nicht im Wünschen besteht.

In Adelbert von Chamissos Märchen-Novelle *Peter Schlemihls wundersame Geschichte* (1813) sind dann die Siebenmeilenstiefel zum Schlüssel-Bild jener Auslöschung von Raum und Zeit geworden, wie sie für die Naturwissenschaften im Zeitalter der heraufkommenden Moderne typisch werden sollte. Peter Schlemihl, der seinen Schatten an den Teufel verloren hat, wandert am Ende, aus der Gesellschaft der Menschen ausgestoßen, als Gelehrter im Dienste der Wissenschaft über die Erde, in Windeseile jeden Winkel des Planeten erkundend: „Ich habe, soweit meine Stiefel gereicht, die Erde, ihre Gestaltung, ihre Höhen, ihre Temperatur, ihre Atmosphäre in ihrem Wechsel, die Erscheinungen ihrer magnetischen Kraft, das Leben auf ihr, besonders im Pflanzenreiche, gründlicher kennen gelernt, als vor mir irgendein Mensch [...] Ich werde Sorge tragen, dass vor meinem Tode meine Manuskripte bei der Berliner Universität niedergelegt werden".[20] Die Siebenmeilenstiefel sind zur Kompensation für den Verlust des Schattens geworden.

gegenüberliegende Seite
Charles Perrault:
Der Gestiefelte Kater
Illustration zur Erstausgabe,
Paris 1697

Ludwig Richter (1803–1884)
Illustration zu Ludwig
Bechsteins Märchen,
„Der kleine Däumling"

Blut ist im Schuh

Auffallenderweise ist im Märchen, wenn Schuhe zum Thema werden, häufiger von Frauen- als von Männer-Schuhen die Rede. Das mag vordergründig damit zusammenhängen, dass Frauen sich auch im „wirklichen Leben" mehr mit Schuhen beschäftigen als Männer. Es verweist aber noch auf etwas Anderes: auf die erotischen Qualitäten des Schuhs als „weibliches" Objekt – bis heute spielt die Werbung mit diesem Motiv. Dem Märchenleser kommt dabei vermutlich sofort die Schuhproben-Szene aus *Cinderella* in den Sinn, einem der weltweit populärsten Märchen, das durch die *Kinder- und Hausmärchen* der Brüder Grimm in Deutschland als *Aschenputtel* (KHM 21) bekannt geworden ist. Das Motiv taucht bereits in der antiken Literatur – bei Strabon (ca. 63 v. Chr bis ca. 23 n. Chr.) und Claudius Aelianus (um 200 n. Chr.)[21] – auf, wo von einem Adler erzählt wird, welcher der Hetäre Rhodope einen Schuh raubt und dem König in den Schoß fallen lässt. Der König, von Liebe entflammt (es ist das Motiv der „Fernliebe", wie sie auch durch ein Bild oder einen anderen intimen Gegenstand der Frau erweckt werden kann), lässt daraufhin die Besitzerin des Schuhs ausfindig machen und heiratet sie. Die erotische Konnotation des weiblichen Schuhs ist dabei eindeutig, ohne dass man – wie es die psychoanalytische Symbol-Theorie tut – den Schuh direkt als Vagina-Symbol deuten muss. In Basiles barocker *Cinderella*-Fassung *(Die Aschenkatze)* steigert sich der König beim Anblick des verlorenen Mädchen-Schuhs – „ein Schühchen mit Korkabsatz, wie man noch kein hübscheres Ding gesehen hatte" – regelrecht in erotische Erregung: „Wenn das Fundament so schön ist, wie wird erst das Haus sein? O schöner Leuchter, der die Kerze hielt, die mich verzehrt..."[22] – und am Ende fliegt das Schühchen sogar von selbst zum Fuß der Schönen. In Perraults galantem französischen Salon-Märchen *(Cendrillon)* ist der Schuh ein gläsernes Pantöffelchen, natürlich ebenfalls „das schönste von der Welt", und der Prinz entbrennt bei seinem

Schuhwerbung Italien, 2008

Anblick so sehr in Liebe, dass er das Ballgeschehen um sich herum gänzlich vergisst. Das Märchen endet mit einer gereimten Moralité: „Die Frauenschönheit ist ein edler Schatz / Und keiner, der nicht gerne sie bewundert…".[23] Denn der schöne Schuh steht für die schöne Frau, wer ihn trägt, muss selber schön sein: Darin spiegelt sich auch die Anschauung der alten Gesellschaft, die weit davon entfernt ist, Schönheit als ausschließlich inneren Wert zu verstehen. Und der schöne Schuh weckt das männliche Verlangen, ihn der schönen Frau überzustreifen, beim Hineingleiten des Fußes sich vielleicht noch ein anderes Hineingleiten auszumalen. Vermutlich gehört auch die früher bezeugte Sitte vom Schuh als Verlobungsgeschenk in diesen Zusammenhang.[24]

Brüder Grimm: Aschenputtel, Illustration von Werner Klemke, 1963

In Deutschland haben die Brüder Grimm in ihrem *Aschenputtel*-Märchen der manifesten erotischen Motivik weniger Aufmerksamkeit geschenkt, dafür die Selbstverstümmelung der bösen Schwestern breiter ausgemalt und deren Bestrafung durch die Tauben, die ihnen am Ende die Augen aushacken, hinzuerfunden. *Rucke di gu, rucke di gu / Blut ist im Schuh*[25]. Die Szene hat die Deutungsphantasien der Psychoanalytiker angeregt, die nach latenten sexuellen Bedeutungen des „Blutes im Schuh" suchen: Ist das Menstruationsblut damit gemeint oder vielleicht eine „symbolische Selbstkastration", mit der die beiden älteren Schwestern „ihre Weiblichkeit zu beweisen" versuchen?[26] In jedem Fall macht die Szene deutlich, dass die Relation von Schuh und Person nicht beliebig ist, sondern dass es eine innere Notwendigkeit der Zugehörigkeit des einen zu dem anderen gibt. Das lapidar umgangssprachliche „Passt schon!" im Sinne eines „So genau kommt es nicht darauf an", gilt für die Logik der Märchen nicht.

Wie angegossen

Dass der Schuh einem Menschen „wie angegossen" sitzt und damit nachgerade zum Identitätsmerkmal einer bestimmten Person werden, sogar zum Aufspüren dieser Person führen kann – auch das ist ein Motiv des Märchens[27]. Vielleicht spielt realhistorisch dabei die banale Tatsache eine Rolle, dass die Füße des (erwachsenen) Menschen immer die gleiche Größe behalten, auch dann, wenn der Mensch altert oder seine Figur sich stark verändert. Über den verlorenen, den zurückgelassenen oder den geraubten Schuh kann man daher die Spur eines Menschen aufnehmen – so beispielsweise in dem Grimm´schen Märchen *Das blaue Licht* (KHM 116), in dem die durch Zauber entführte Prinzessin am Ort ihrer Demütigung heimlich einen Schuh hinterlässt, durch dessen Auffinden der Entführer identifiziert wird. Auch in *Der gelernte Jäger* (KHM 111) ist der Schuh der Prinzessin ein präzises Identifikationsmerkmal: als eine Art Liebespfand heimlich entwendet und am Ende gegen den Betrüger als Beweis für die eigenen Ansprüche ins Feld geführt. Wohl nirgendwo gehören Schuh und Person so eng zusammen wie im Märchen. Ähnlich wie ein verborgenes Muttermal[28] verweist der Schuh untrüglich auf die Identität eines Menschen – vielleicht lebt darin die archaische Erinnerung an Zeiten weiter, in denen der Mensch nur ein einziges Paar, eben „seine" Schuhe hatte. In Heinrich Hoffmanns *Struwwelpeter*-Geschichte von „Paulinchen mit dem Feuerzeug" (1845) überleben diese Schuhe – übrigens ebenfalls rote Schuhe – sogar ihre Trägerin, fallen als einzige nicht dem flammenden Strafgericht über die ungehorsame kleine Zündlerin zum Opfer: „Verbrannt ist Alles ganz und gar,/ Das arme Kind mit Haut und Haar. / Ein Häuflein Asche blieb allein / Und beide Schuh', so hübsch und fein".

Heinrich Hoffmann,
Illustration zu:
„Die gar traurige Geschichte
von Paulinchen mit
dem Feuerzeug"

Zertanzte Schuhe

Eines der rätselhaftesten „Schuh-Motive" des Märchens taucht in der verbreiteten Erzählung von den „zertanzten Schuhen" auf, wie sie auch in dem gleichnamigen *Kinder- und Hausmärchen* der Brüder Grimm (KHM 133) vorliegt. Ein König schließt, in Sorge um seine schönen Töchter, das Schlafzimmer der Mädchen jeden Abend eigenhändig ab und verriegelt es, muss aber am Morgen, wenn er die Tür aufschließt, feststellen, dass die Schuhe vor den Betten der Mädchen ganz zertanzt sind – „und niemand konnte herausbringen, wie das zugegangen war"[29]. Um dem Geheimnis auf die Spur zu kommen, verspricht der Vater eine seiner Töchter demjenigen, der es zu lösen verstehe. Ein armer Soldat widersteht einem Zaubertrank der Töchter und heftet sich nachts in einem Tarnmantel auf ihre Spur. Und er sieht, dass die Mädchen allnächtlich prächtig geschmückt in die Erde hinabsteigen, einen Fluss überqueren und sich im Tanz mit zwölf Königssöhnen vergnügen, bevor sie am Morgen wieder in den Palast zurückkehren.

Das Motiv der „abgelaufenen" Schuhe lässt erkennen, dass die Reise der Mädchen eine sehr lange gewesen sein muss. Der unterirdische Fluss, den sie überqueren, steht im Mythos immer wieder für die Grenze zwischen dem Reich der Lebenden und der Welt der Toten. Von einer nächtlichen Jenseitsfahrt dürfte also wohl ursprünglich erzählt worden sein, von lustvollen Vergnügungen der Mädchen mit Dämonen[30] (die erst in jüngeren Zeiten des Erzählens in harmlose „Königssöhne" verwandelt wurden). Ähnlich wie in den Hexen-Ausfahrten eine Wunde oder ein Brandmal, so erinnern hier die abgenutzten Schuhe der Zurückgekehrten an die geheimnisvollen Wege der Frauen, die sie ohne Wissen ihrer Männer unternehmen.

Und die Schuhe bringen es an den Tag. Denn im Märchen sind sie kein „Accessoires", sondern ein Teil der Person selber.

Anmerkungen

[1] Andersen, Hans Christian: Märchen. Aus dem Dänischen von Eva-Maria Blühm, 3 Bände, Frankfurt am Main 4. Aufl. 1981. Bd. II, S. 91.

[2] Auerbach, Erich: Barfüßele. Mit 75 Illustrationen von B. Vautier, Stuttgart 1870, S. 59.

[3] Grimm, Brüder: Kinder- und Hausmärchen. Nach der Großen Ausgabe von 1857 hrsg. v. Hans-Jörg Uther, 3 Bände, München 1996, S. 196.

[4] Weber-Kellermann, Ingeborg: Die Kindheit. Kleidung und Wohnen, Arbeit und Spiel. Eine Kulturgeschichte, Frankfurt 1979, S. 120 u. 178 f.

[5] Gray, Ursula: Das Bild des Kindes im Spiegel der altdeutschen Dichtung und Literatur, Bern 1974, S. 41.

[6] Basile, Giambattista: Das Märchen der Märchen. Das Pentamerone. Hrsg. v. Rudolf Schenda, München 2000, S. 15.

[7] Ebd., S. 15 und Schenda, Rudolf: Das ABC der Tiere. Märchen, Mythen und Geschichten, München 1995, S. 24.

[8] Perrault, Charles: Le chat botté et les autres contes de Fées, übersetzt von Ulrich Friedrich Müller, München 1983, S. 54 ff.

[9] Grimm: 1996, Bd. I, S. 239 f.

[10] Vgl. ebd., Bd. II, S. 62.

[11] Andersen: Bd. II, S. 77.

[12] Grimm, Brüder: Kinder- und Hausmärchen. Ausgabe letzter Hand, hrsg. v. Heinz Rölleke, 3 Bände, Stuttgart 1980, Bd. II, S. 425 f.

[13] Röhrich, Lutz: Lexikon der sprichwörtlichen Redensarten, 3 Bände, Freiburg/Basel/Wien 1994, Bd. III, S. 1410.

[14] Basile: S. 435.

[15] Richter, Dieter (Hg.): Das Land, wo man nicht stirbt. Märchen vom Leben und vom Tod, Reinbek 1982, S. 12.

[16] Grimm: 1996, Bd. II, S. 284.

[17] Bechstein, Ludwig: Sämtliche Märchen, nach der Ausgabe letzter Hand hrsg. v. Walter Scherf, Darmstadt 1985, S. 162.

[18] Hauff, Wilhelm: Werke in sechs Teilen, hrsg. v. Max Drescher, Berlin o.J. (um 1920), Bd. I, S. 118 ff.

[19] Andersen: Bd. I, S. 146.

[20] Chamisso, Adelbert von: Sämtliche Werke in vier Bänden, hrsg. v. Adolf Bartels, Leipzig o. J. (um 1910), Bd. I, S. 203.

[21] Strabon, Geographika XVII: Claudius Aelianus. Varia Historia XIII. S. 33.

[22] Basile: S. 68.

[23] Perrault: S. 88.

[24] Grimm: 1996, Bd. IV, S. 48.

[25] Ebd., Bd. I, S. 126.

[26] Bettelheim, Bruno: Kinder brauchen Märchen, Stuttgart 1977, S. 255 ff.

[27] Cardigos, Isabel: Schuh. In: „Enzyklopädie des Märchens“, Bd. XII, Berlin/New York 2007, S. 212–27.

[28] Z. B. in: Der König vom goldenen Berg, Brüder Grimm, Kinder- und Hausmärchen KHM 92.

[29] Grimm: 1996, Bd. II, S. 312.

[30] Scherf, Walter: Das Märchenlexikon, 2 Bände, München 1995, Bd. II, S. 1442.

Anhang

Pflegetipps

Tragepausen bei Schuhen – warum eigentlich?
Schuhe nehmen beim Tragen Fußfeuchte auf. Wird der Schuh an mehreren Tagen hintereinander getragen, kann die Feuchte nicht austrocknen. Das Leder kann brüchig und unschön werden. Eine Tragepause von mindestens einem Tag ist ideal für die Pflege des Schuhs.

Kaugummi an den Schuhen – was tun?
Schuhe kurz im Tiefkühlfach anfrieren. Der Kaugummi wird hart und lässt sich ablösen. Die gleiche Methode funktioniert auch bei Leim oder Kleber.

Tagespresse und Schuhe – wann treffen sie aufeinander?
Wenn Schuhe nass sind, sollten sie mit Zeitungspapier ausgestopft werden. Über Nacht kann das saugfähige Papier die Nässe aufnehmen. Bei Raumtemperatur trocknet das Leder schonend ab. Beschleunigungshelfer wie Heizung oder Sonne sind schädlich für die Schuhe: Das Leder zieht sich zu schnell zusammen, wird rissig und hart.

Schritt für Schritt – wann wird imprägniert, wann gecremt?
Es wird empfohlen, die Schuhe zuerst zu imprägnieren. Der Wirkstoff kann so sehr gut ins Leder einziehen und dort seine imprägnierende Kraft entfalten. Im zweiten Schritt sollten die Schuhe mit einer Pflegecreme behandelt werden. Sie sorgt für den Glanz der Schuhe.

Was haben Bienen mit Schuhpflege zu tun?
Schuhcremes enthalten häufig Bienenwachs. Das natürliche Wachs zeichnet sich durch seine weiche Konsistenz aus und versieht das Leder mit einem schönen Glanz.

Schuhspanner – übertriebenes Extra?
Nach Vorbild des Leistens gefertigte Holzform und wichtiges Zubehör der Schuhpflege, da er die Form des Schuhs erhält und Gehfalten glättet. Schuhspanner aus Holz nehmen im Gegensatz zu Schuhspannern aus Kunststoff zudem noch Fußfeuchte auf.

Was ist ein Schuhlöffel?
Eine Art Leitschiene aus Holz, Horn oder Metall. Er hilft beim Hineinschlüpfen in den Schuh und schützt die Hinterkappe.

Wohin mit Winterschuhen im Sommer?
Schuhe werden manchmal länger nicht getragen, wie zum Beispiel Winterschuhe in den Sommermonaten. Es empfiehlt sich, sie gründlich zu reinigen. Tipp: Ein Baumwolltuch in einen Damenfeinstrumpf aus Nylon gestopft bringt das Leder bestens auf Hochglanz. Danach die Schuhe aufspannen und an einem trockenen, luftigen und staubfreien Platz lagern.

Fettflecken auf Schuhen – was ist zu tun?
Haushaltsübliches Reinigungsbenzin entfernt die Fettflecken am besten aus dem Leder.

Warmes und kaltes Wasser – was hilft am besten?
Zuckerhaltige Flecken lassen sich gut mit lauwarmem Wasser ausreiben. Blutflecken lassen sich am besten mit kaltem Wasser und Seife auswaschen.

Seife und Leder = Lederseife?
Glattlederschuhe lassen sich mit Seifenwasser und einer Bürste säubern. Allerdings laugt die häufige Behandlung mit normaler Seife das Leder aus. Mit einer speziellen Sattelseife, die rückfettende Inhaltsstoffe enthält, kann das Leder vor dem Austrocknen geschützt werden.

Kugelschreiberstriche auf Rauleder – wie werden sie unsichtbar?
Es gibt den seltenen Fall, dass Kugelschreiberstriche auf Raulederschuhen zu finden sind. Was ist zu tun? Einfach ein Klebeband auf den Kugelschreiberstrich legen und mit dem Fingernagel oder einem harten Gegenstand das Klebeband kräftig aufs Leder reiben. Das Band anschließend ruckartig abziehen. Diesen Vorgang eventuell mehrmals wiederholen bis der Strich unsichtbar wird.

Volksglaube und Quietschgeräusche – was haben Schuhe damit zu tun?
Sollte eine alte Volksweisheit wahr sein, dann sind einige Schuhe nur „geleast“. Sie besagt nämlich, dass Schuhe quietschen, wenn sie nicht bezahlt wurden. Aber es gibt auch eine rationale Erklärung: In den meisten Fällen handelt es sich um einen Verarbeitungsfehler bei der Schuhproduktion.

Wie entfernt man Schweiß- und Schneeränder?
Der Salzgehalt, der in Schweiß und in (Straßen-)Schnee enthalten ist, kann unschöne Ränder auf dem Leder hinterlassen. Am besten lassen sich diese mit lauwarmem Wasser und Lederseife entfernen. Dabei sollte der ganze Schuh (von außen) befeuchtet werden, da eine partielle Reinigung unter Umständen erneut Ränder verursachen kann.

Zusammenstellung Gudrun Eiden

Diese und gegenüberliegende Seite:
Historische Schuhpflegemittel und -reklame
Sammlung Manfred Blume

Glossar

Ballerina
Femininer Schuhtyp, der über einen runden Leisten gearbeitet wird und in der Rock'n Roll-Zeit sehr populär war.

Blücher
Diese Bezeichnung geht auf einen General Gebhard Leberecht Fürst Blücher von Wahlstatt zurück. Vorläufer war der Schnürstiefel der Infanteristen. Der *Blücher* ist ein Halbschuh und heute noch offiziell Teil der Ausgehuniform vieler Streitkräfte.

Budapester
Der *Budapester* ist ein klassischer *Full-Brogue Derby*, der sich in schwarzem Leder elegant und in braunem Leder rustikal gibt.

Chopine
Ein Schuh, den Katharina de Medici 1533 vor dem Traualtar trug. Eine Mischung aus Schuh und Galosche mit stelzenartigem Holzblock, der den ganzen Schuh erhöhte.

Derby
Ein in Europa verbreiteter Schuhtyp mit offener Schnürung. Das bedeutet, dass die Vorderkante der Seitenteile nicht mit dem Vorderblatt zusammengenäht ist.

Flip-Flop
Zehenstegsandale, meist aus Kunststoff.

Full-Brogue
Ein Schuhtyp, der charakteristisch eine geflügelte Vorderkappe und ein Lochmuster besitzt.

Golfschuh
Ein Sportschuh, der in der Laufsohle neun bis elf Spikes hat. Die Spikes sorgen für besseren Halt auf dem Rasen.

Monk
Der *Monk* (dt. Mönch) hat keine Schnürung, stattdessen verläuft über den Spann ein Riemen mit seitlich angebrachter Schnalle. Im 15. Jahrhundert wurde er von einem Mönch entworfen. Klassisch wird er zu Sakko und sportlicher Kleidung getragen. In den 1920er Jahren war er sehr in Mode.

Norweger
Der *Norweger* ist eine Variante des *Derby* Grundtyps und gibt sich extravagant und jugendlich. Sein rustikaler Charakter wird häufig durch stark genarbtes Oberleder unterstrichen. Er passt hervorragend zur legeren Tagesgarderobe.

Opanke
Opanken werden aus einem ovalen Stück Rindsleder hergestellt. Sie weisen rundherum unterhalb des Randes Schlitze auf, durch die ein Lederband gefädelt und das Leder zum Schuh gerafft wird.

Oxford
Der *Oxford* ist ein ästhetisches, elegantes Schuhmodell mit geschlossener Schnürung. Er besticht durch seine Schlichtheit und ist der klassische Business-Schuh.

Pantolette
Für die *Pantolette* ist charakteristisch, dass sie an der Ferse offen ist. Mit hohem Absatz wird sie auch *Sabot* oder *Mule* – ganz flach und vorne geschlossen *Pantoffel* genannt.

Pumps
Typischer, eleganter Damenschuh. Tief ausgeschnitten und mit höherem Absatz.

Sandale
Charakterisierend für die S*andale* ist der Fersenriemen, ganz gleich ob viel oder wenig Leder den Fuß umhüllt.

Semi Brogue
Ein Schuhtyp mit gerader Vorderkappe, die ein Lochmuster aufweist.

Slipper
Der *Slipper*, auch *Loafer* genannt, ist ein leichter Schuh ohne Schnürung oder Schnallen. Der Name leitet sich vom englischen to slip (hereinschlüpfen) ab. Sein Vorfahre ist der indianische Mokassin.

Sneaker
Sammelbegriff für Sportschuhe für den Alltagsgebrauch und Bezeichnung für einen modischen Straßenschuh.

Stiefelette
Die *Stiefelette* ist knöchel- oder wadenhoch. Es gibt sie mit Schnürung, Reißverschluss oder zum Hineinschlüpfen.

Stöckelschuh
Der *Stöckelschuh,* auch *Stiletto* genannt, ist ein sehr spitz zulaufender *Pumps* mit einem Pfennigabsatz. Er war in den 1950er Jahren sehr populär. Der Name *Stiletto* ist die italienische Bezeichnung für Bleistiftabsatz.

Trippen
Hölzerne Unterschuhe schützten im Mittelalter die aufwendig wendegenähten (Schnabel-)Schuhe vor Dreck und Schmutz. Der Ausdruck „trippeln“ lässt sich davon ableiten.

Weiterführende Informationen zu den Detailfotos

S. 3
Fuß mit Sandale einer Marmorstatue aus der frühen römischen Kaiserzeit
Staatliche Museen zu Berlin, Antikensammlung

S. 21
Mokassin, Mexiko
Überseemuseum Bremen

S. 22
Bestickter Frauenpantoffel, China
Überseemuseum Bremen

S. 47
Nach Originalfunden aus einer Siedlung in Wijster, Niederlanden, rekonstruierte römerzeitliche Reiteropanken

S. 48
Stiefel aus Alaska
Überseemuseum Bremen

S. 113
Chinesische Herrenstiefel mit Eisenbeschlägen
Überseemuseum Bremen

S. 114
Schuhe einer siamesischen Tänzerin
Überseemuseum Bremen

S. 163 / 164
Lloyd Schuhe

Weiterführende Informationen zu Abbildungen im Katalogbeitrag „Salvatore Ferragamo – Schuhmacher der Träume" Seite 165 – 172

S. 165 von oben nach unten
- Schuh mit Oberfläche aus gewebtem und gehäkeltem Zellophan, 1941
- Pumps mit gestickter Oberfläche aus Schnur und Ziegenleder, 1935 – 1936
- Schuh aus Schnur und Satin, 1949
- Sandale aus gewebtem Stroh von den Philippinen, 1936 – 1938

S. 167 von oben nach unten
- Brokat-Pumps, entworfen für die Schauspielerin Lana Turner, 1961
- Pumps aus Krokodilleder, entworfen für Marilyn Monroe, 1958 – 1959
- Sandale aus Ziegenleder mit bestickter Spitze für Sophia Loren, 1955 – 1956
- Schuh aus Patchwork-Wildleder mit Keilabsatz aus Kork (ebenfalls mit Wildleder bezogen), 1939 – 1940

S. 168 von oben nach unten
- Sandale, beklebt mit einem Mosaik aus Glassteinen, entworfen für die koreanische Schauspielerin Karen Mok, 2005
- Sandale aus Samt und Ziegenleder, 1939 – 1940
- Sandale aus Ziegenleder mit Sohle und Absatz aus Korkschichten, die mit Seide überzogen wurden. Ferragamo entwarf das Modell 1938 für Judy Garland.
- Sandale mit Korksohle (bezogen mit Ziegenleder), 1940

S. 171 von oben nach unten
- Sandale aus Satin und Ziegenleder, Sohle mit Samt bezogen und mit Messingornamenten und Strasssteinen verziert, 1938
- Sandale, mit Pailletten und Strasssteinen besetzt, Absatz ebenfalls mit Strasssteinen besetzt, 1956
- Schuh aus gewebtem Bast/ Paketschnur, 1942 – 1944
- Sandale aus Satin und Ziegenleder, Sohle mit Glasmosaik besetzt, Entwurf 1938 für die Schauspielerin Carmen Miranda
- Wildleder-Sandale mit geschnitzter und bemalter Holzsohle, 1935 – 1936

S. 172 von oben nach unten
- orientalische Pantolette aus Ziegen- und Wildleder, 1939
- Schnürstiefelette mit nach oben gebogener Spitze, 1935 – 1938
- Stiefelette aus Wildleder, mit Satin ausgekleidet, 1939
- „Unsichtbare Sandale" mit Riemen aus Nylonfäden und Keilabsatz aus Holz mit Leder überzogen, 1947

Kurzbiografien der Autoren

Patrick Angelstein M.A.
Studium der Geschichte und der Archäologischen Wissenschaften (Ruhr-Universität Bochum). Projektmitarbeiter bei der Sonderausstellung **schuh***tick*.

Dr. Peter-René Becker
studierte Biologie und Völkerkunde, ist Leiter der Abt. Naturkunde am Überseemuseum Bremen und arbeitete in Museen in Göttingen, Osnabrück und Bielefeld. Forschungsschwerpunkt: Werkzeuggebrauch im Tierreich.

Nike Breyer
studierte Modedesign an der FH Trier (gleichzeitig Ausbildung zur Damenschneidergesellin) und Geschichte und Kulturanthropologie an der Universität Mainz. Von 1989 bis 1994 Redakteurin bei Männer Vogue, seit 1995 freie Autorin für FAZ, taz, Architectural Digest, Fachmagazine, Gestaltung von Firmenausstellungen (u. a. „50 Jahre Sioux" 2004). Arbeitsschwerpunkte sind Kunst, Mode, Körperlichkeit und Gesellschaft.

Ao. Univ.-Prof. Dr. Markus Egg
leitet seit 2003 die vorgeschichtliche Abteilung und die Restaurierungswerkstätten und Laboratorien des Römisch-Germanischen Zentralmuseums in Mainz. Er lehrt seit 1987 am Institut für Archäologien der Leopold-Franzens Universität in Innsbruck. Forschungsschwerpunkt ist die ältere Eisenzeit nördlich sowie südlich der Alpen.

Gudrun Eiden M.A.
Studium der Kulturwissenschaften und Germanistik (Universität Bremen) und Fachjournalismus (Deutsche Fachjournalistenschule Berlin). Wissenschaftliche Assistentin im Überseemuseum Bremen (Abteilung Handelskunde).

Petra Eisenach M.A.
Studium der Vor- und Frühgeschichte, Klassischen Archäologie und Europäischen Ethnologie an der Philipps-Universität Marburg. Forschungsschwerpunkt: vorrömische Eisenzeit. Wissenschaftliche Volontärin des LWL-Museums für Archäologie, Westfälisches Landesmuseum in Herne. Projektassistentin der Sonderausstellung **schuh***tick*.

Dr. Susanne Epple
Studium der Ethnologie, Politikwissenschaften und Slawistik (Universität Mainz). Wissenschaftliche Mitarbeit bei verschiedenen Projekten der Ethnologie und Afrika-Studien. Assistenzprofessur am Department of Sociology and Social Anthropology, Addis Abeba University, Äthiopien.

Maren Gaertner-Krohn
Studium der Ur- und Frühgeschichte in Hamburg, Magisterabschluss über die Paderborner Lederschuhe. Mitarbeiterin der Stadtarchäologie Paderborn der LWL-Archäologie für Westfalen.

Julia Gautier M.A.
Studium der Ur- und Frühgeschichtlichen Archäologie und der Biologischen Anthropologie (Albert-Ludwigs-Universität, Freiburg im Breisgau). Forschungsschwerpunkt: vorrömische Eisenzeit. Wissenschaftliche Volontärin und freie Mitarbeiterin im museumspädagogischen Team des LWL-Museums für Archäologie, Westfälisches Landesmuseum, Herne. Projektassistentin der Sonderausstellung **schuh***tick*.

Roswitha Goedecker-Ciolek
Nach einem Praktikumsjahr im Landesmuseum Wiesbaden, Sammlung Nassauischer Altertümer, Ausbildung zur archäologischen Restauratorin im Rheinischen Landesmuseum Trier und am Römisch-Germanischen Zentralmuseum in Mainz. Seit 1979 Tätigkeit als Restauratorin. Fachgebiete: Restaurierung und Konservierung archäologischer Objekte aus Eisen und Buntmetall sowie organische Materialien (Textil und Leder). Im Jahr 1991 zuständig für die Konservierung der Gletschermumienfunde aus den Ötztaler Alpen.

Peter Knötzele
Studium der Provinzialrömischen Archäologie, der Alten Geschichte und der Urgeschichte in Freiburg und London. 1997 Organisation und Konzeption einer Ausstellung über römische Schuhe; weitere Ausstellungsprojekte folgten. Seit 1996 regelmäßige Teilnahme an Ausgrabungen im Libanon und in Syrien. 2001 bis 2005 Mitarbeiter am Aleppo-Projekt der Fachhochschule für Technik und Wirtschaft in Berlin, danach Grabungsleitung in Osterburken. Seit 2007 angestellt bei der Stadt Heidenheim als wissenschaftlicher Grabungsleiter.

Dr. Ingrid Loschek
ist Professorin für Modetheorie und Modegeschichte an der Hochschule für Gestaltung Pforzheim. Sie war Gastgelehrte an der Harvard University, Cambridge; Gastprofessorin in Tokio und Kairo. Zahlreiche Fachpublikationen, u. a.: Wann ist Mode? Strukturen, Strategien und Innovationen; Die Modedesigner. Ein Lexikon von Armani bis Yamamoto; Reclams Mode- und Kostümlexikon; Accessoires. Symbolik und Geschichte.

Ulf Mohrmann
Studium der Geschichte und Sozialwissenschaften in Oldenburg. Verschiedene Praktika in Museen und im Ausstellungsbereich.

Andrea Müller M.A.
Studium der Kulturwissenschaft, Kunst und Geschichte. Wissenschaftliche Mitarbeiterin an verschiedenen kulturhistorischen Ausstellungen im Überseemuseum Bremen. Projektleitung der Sonder-Ausstellung **schuh***tick*.

Dr. Rosita Nenno
Nach der Promotion über ein architekturhistorisches Thema Mitarbeit am Musée d'Art Moderne de la Ville de Paris. Seit 1989 stellvertretende Museumsdirektorin des DLM Ledermuseums Offenbach, zuständig für die Bereiche Angewandte Kunst, Kunst und Design, Lederwarenindustrie und das Deutsche Schuhmuseum. Veröffentlichungen zu den Museumsinhalten, zuletzt „Macht Leder Lust – Verborgene Codes der Lederbekleidung“, sowie zur zeitgenössischen Kunst.

Renate Niemann M.A.
Geboren in Bremen. Kulturwissenschaftlerin und Autorin. Mitarbeit an der Konzeption und Umsetzung zahlreicher Ausstellungen. Veröffentlichung mehrerer Kriminalromane und Short Stories.

Stefania Ricci
ist Kuratorin mehrerer Ausstellungen über Salvatore Ferragamo in Italien, England, USA, Japan und Mexiko. Seit 1995 Direktorin des Ferragamo-Museums in Florenz. Verfasste zahlreiche Bücher und Artikel über die Geschichte von Mode und Kleidung. Darüber hinaus ist sie Beraterin diverser Museen wie dem Museo Internazionale della Calzatura in Vigevano und bekleidet einen Lehrstuhl für Geschichte der Fußbekleidung an der Polimoda in Florenz.

Prof. Dr. phil. Dieter Richter
war bis 2004 Professor für Germanistik und Kulturwissenschaft an der Universität Bremen. Studien zur Volksliteratur, zur Märchenforschung und zur Grand Tour in Italien. Mitarbeit bei kulturhistorischen Ausstellungen, u.a. „Die letzten Stunden von Herculaneum" (2005). Zuletzt erschienen: „Der Vesuv. Geschichte eines Berges" (Berlin, Wagenbach, 2007).

Dr. Hartmut Roder
Leiter der Abteilung Handelskunde am Überseemuseum Bremen. Forschungsschwerpunkte: Internationale und Bremer Handelsgeschichte.

Dr. Sven Spiong
Studium der Ur- und Frühgeschichte in Göttingen und Freiburg. Magisterabschluss über die mittelalterliche Siedlung Mechelmeshusen im Kreis Göttingen. Doktorarbeit über mittelalterliche Fibeln als Indikatoren für menschliche Identität. Mitarbeit im Forschungsprojekt Montanarchäologie im Südschwarzwald. Diverse Ausgrabungstätigkeit in verschiedenen Bundesländern, Italien und Indien. Seit 1997 bei der LWL-Archäologie für Westfalen: zunächst in der Mittelalter- und Neuzeitarchäologie, anschließend Referent im Team für die wissenschaftliche Konzeption des LWL-Museums für Archäologie in Herne, seit 2003 Stadtarchäologe in Paderborn.

Ursula Strate
Freischaffende Modeexpertin. Studium in München mit Diplom in Modedesign. 35 Jahre Museumstätigkeit: ab 1973 als Textilrestauratorin (in München und Hamburg), seit 1987 Leiterin der Sammlung Mode- und Textil im Museum für Kunst und Gewerbe Hamburg. Von 1984 bis 2007 Kuratorin zahlreicher Ausstellungen zum Thema historischer und aktueller Mode mit entsprechenden Publikationen.

June Swann
1950 – 1988: Mitarbeiterin und Kustodin der Boot and Shoe Collection im Northampton Museum, England; 60 Veröffentlichungen, u. a. „Shoe and Leather Bibliography", „Glossary of Shoe Terms", „Catalogue of Shoe and Shoemaker Pictures and Works of Art", „Catalogue of Shoe Buckles". Seit 1976: Mitglied des „ICOM Costume Committee", Hg. „Guidelines for Costume". 1976 Verleihung des Ordens Most Honourable Order of the British Empire. Seit 1988: fachliche Beratungen, u.a. für das Clarks Shoe Museum, Somerset. Gründungsmitglied und ehemalige Vorsitzende von The Costume Society sowie Friends of Fashion of Museum of London. Weitere Veröffentlichungen: 1982, „Shoes". 1986, „Shoemaking". 2001, „History of Footwear in Norway, Sweden and Finland" und ca. 200 Fachartikel.

Abbildungsnachweis

All Star D.A.C.H. GmbH: 134. I Archäologischer Park Saalburg, Bad Homburg: 45. I Archäologisches Landesmuseum, Baden-Württemberg: 59. I Archiv Salvatore Ferragamo: 165 – 172. I Zita Attalai: 17. I Bayerisches Nationalmuseum, München: 77 (unten). I Manfred Blume: 87, 103, 113 202, 203. I Deutsche Kinemathek, Marlene Dietrich Collection, Berlin: 186 (links). I Deutsche Kinemathek, Marlene Dietrich Collection, Berlin; M. Lüder: 186 (rechts). I Waris Dirie Foundation, Wien: 187. I DLM Deutsches Ledermuseum, Offenbach: 76 (oben), 79 (oben), 106 – 112, 181 I Drents Museum, Assen, Niederlande: 42 (oben und unten), 47. I Susanne Epple: 140, 141, 143, 144. I Garant Schuh und Mode AG: 18 (unten). I Kreismuseum Syke: 85, 86. I Landesmuseum Württemberg; P. Frankenstein, H. Zwietasch: 44. I Lloyd Shoes GmbH, Sulingen: 156, 157, 159, 160, 161, 163, 164. I LWL-Museum für Archäologie, Herne; Patrick Angelstein: 136. I LWL-Museum für Archäologie, Herne; Oliver Kalus: 9, 10/11, 90, 92, 93. I LWL-Archäologie für Westfalen; Susanne Bretzel: 67 (oben) I LWL-Archäologie für Westfalen; Maren Gaertner-Krohn: 67(unten), 68, 70, 71. I Mannesmann Archiv, Mühlheim a. d. Ruhr: 18 (oben). I Musée Antoine Lécuyer, Saint-Quentin, France: 191 (rechts). I Museo de la Moda, Santiago/Chile: 76 (unten), 79 (unten). I Museum für Kunst und Gewerbe Hamburg: 75 (oben), 77 (oben), 80. I Museum Heimathaus Münsterland GmbH, Telgte: 188. I Renate Niemann: 117, 121. I Michael Ochs Archives/Getty Images: 135. I Picture Alliance: 133. I Regierungspräsidium Stuttgart, Landesamt für Denkmalpflege: 41. I Ludwig Reiter Schuhmanufaktur GmbH: 132. I Rheinisches Industriemuseum Oberhausen: 182 – 184. I Römisch-Germanisches Zentralmuseum, Forschungsinstitut für Vor- und Frühgeschichte, Mainz: 52, 54, 60. I Römisch-Germanisches Zentralmuseum, Forschungsinstitut für Vor- und Frühgeschichte, Mainz; J. Ribbeck: 50, 51, 53. I Sammlung Dieter Richter, Bremen: 194 (oben). I Deutsches Schuhmuseum in Hauenstein: 173. I Stadtarchiv Wilhemshaven, Bestand 5505/1: 84 (oben, mitte). I Staatliche Museen zu Berlin, Antikensammlung; Johannes Laurentius: 3. I Haus der Geschichte der Bundesrepublik Deutschland, Bonn: 82, 83. I Südtiroler Archäologiemuseum, www.iceman.it: 43 (links und rechts). I June Swann: 32, 33, 36. I Titelkupfer zum Jahrgang 1801 des „Journal des Luxus und der Moden“: 73, 80. I Überseemuseum Bremen; Historisches Bildarchiv: 18 (oben). I Überseemuseum Bremen; Andrea Müller: 48, 113. I Überseemuseum Bremen; Ingo Wagner: 13, 15, 21, 94, 114. I Überseemuseum Bremen; Gabriele Warnke: 16 (unten), 22, 27, 28, 29 (oben und unten), 148 – 153. I Überseemuseum Bremen; Inge Wulfken-Jung: 95, 99, 174, 175. I Michel Sancé, Vasles, Frankreich: 191 (links). I Verlag Kohlhammer: 40.

Wir danken allen Rechteinhabern für die freundliche Genehmigung zum Nachdruck. Trotz nachdrücklicher Bemühungen ist es uns nicht gelungen, alle Rechteinhaber zu ermitteln. Wir bitten diese daher um Verständnis, wenn wir gegebenenfalls erst nachträglich eine Abdruckhonorierung vornehmen können.

Impressum

Herausgeber
Hartmut Roder
LWL-Museum für Archäologie, Westfälisches Landesmuseum Herne
Reiss-Engelhorn-Museen Mannheim
Überseemuseum Bremen

Redaktion
Julia Hallenkamp-Lumpe, Hartmut Roder, Helga Schöner

Umschlaggestaltung
Inge Wulfken-Jung

Bibliografische Information der Deutschen Nationalbibliothek
Die Deutsche Nationalbibliothek verzeichnet diese Publikation in der Deutschen Nationalbibliografie; detaillierte bibliografische Daten sind im Internet über <*http://dnb.d-nb.de*> abrufbar.

212 Seiten mit 161 Farb- und 45 Schwarzweißabbildungen

Weitere Publikationen aus unserem Programm finden Sie unter:
www.zabern.de

ISBN: 978-3-8053-3938-4 (Buchhandelsausgabe)
ISBN: 978-3-8053-3941-4 (Museumsausgabe)

Gestaltung
Inge Wulfken-Jung, Bremen

Printed in Germany by Philipp von Zabern, Mainz
Printed on fade resistant and archival quality paper (PH 7 neutral) • tcf

Vielen Dank für die freundliche Unterstützung.

GÖRTZ

Hauptförderer der Ausstellung

0,000000
www.1komma6.com

LLOYD
GERMANY

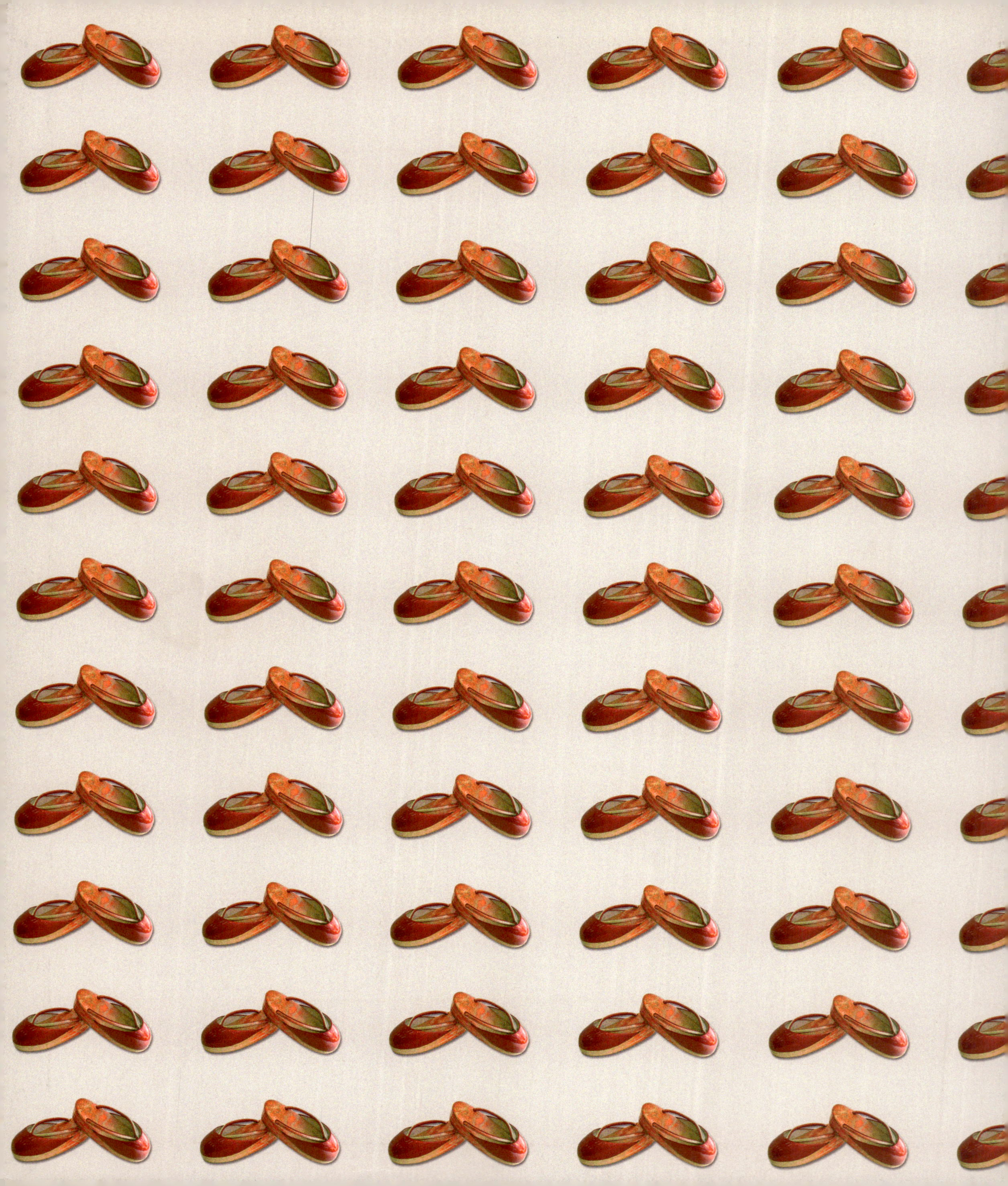